DOLF OEHLER

Aus der Tiefe des Wunsches

Fragment

I

Vorsicht Spielzeug!

Im Schaufenster des Waffengeschäfts nebenan steht seit kurzem ein richtiges kleines Maschinengewehr, diagonal auf einem Glassockel, mit der Mündung immer parallel am Körper des Betrachters vorbei ein unbestimmtes Ziel anvisierend. Mein Entsetzen beim Anblick dieses handlichen Instruments, das für private Liebhaber gedacht scheint, entwarf im Nu eine Art Phantombild des möglichen Kunden – abgeschmackterweise in Hut und gediegenem Anzug –, der sein Gesicht ans Schaufenster preßt und jenes Ding mit brennenden Augen, wie ein Kind ein besonders herrliches, schier unerreichbares Spielzeug im Fenster eines Spielwarenladens, betrachtet. Vielleicht ist jede Begierde eine nach Spielzeug und also im Grunde immer die wilde Hoffnung, mit einem Schlage erwachsen zu werden, erwachsen wie der liebe Herrgott. Wir, die wir uns nach altem Spielzeug oder nach neuen Abenteuern sehnen, wir wollen, ohne ganz daran zu glauben, diesen Kindertraum von neuem träumen: den Traum von der Allmacht, die der Besitz des glühend begehrten Gegenstands uns einbrächte. Und selbst wenn wir eingesehen haben, daß kein Besitz uns dieses Hochgefühl auf die Dauer bescheren kann, so bleibt es doch die Begierde selbst, nach der wir uns sehnen, von der wir befeuert sein möchten, jene Begierde, die uns immer den *einen* Gegenstand bezeichnen würde, der uns zum Glück gerade noch fehlt. Denn, geschwächt wie wir sind durch die Gewohnheit des täglichen und reichlichen Verzehrs, mangelt es uns vor allem an dem ursprünglichen Wunschvermögen. Daher seufzen wir diffus nach beidem: nach dem verlorenen Verlangen wie nach dem Objekt, das es zugleich erwecken und befriedigen könnte. Wie über einen endlosen Flohmarkt irren wir durch unser Leben, immer auf der Suche nach dem Fund, der uns erlöste und vor dem wir unter starkem Herzklopfen ausrufen könnten, *er sei es,* den wir immer schon gemeint hätten, ohne es selber zu wissen.

Wißbegierde

Das Wort erscheint glaubwürdiger als das klassisch beschönigende von der Liebe zur Weisheit. Ein abstraktionsfähiges Tier ist der Homo sapiens, unfähig jedoch, jemals wirklich von seinem Hunger, seinem Beutedrang abzusehen. Was wir Denken nennen, scheint mehr ein hartnäckiges Herumnagen an fixen Ideen zu sein. Das Interesselose will uns einfach nicht in den Kopf; zwar versuchen wir, es uns einzuhämmern, doch ohne es wirklich zu fassen. Was uns nicht heiß macht, können wir auch nicht wissen wollen. Jeder Erkenntnisdrang hat einen Hintergedanken: neue Genußquellen zu erschließen. Das Kind, das den Geheimnissen der Erwachsenensexualität nachforscht, bildet sich ein, mit dem Wissen zugleich die Potenz zu erwerben, und entsprechend ist jedes Erkennen-Wollen ein Besitzen-Wollen, ein Streben nach Genuß. Die Formel, Wissen sei Macht, hat eine satanische Pointe: der Wissenshungrige will werden wie Gott; aber nicht, um es ihm gleich zu tun, sondern um die Schöpfung zu verzehren wie die Frucht des verbotenen Baumes. Wißbegierde ist die mehr oder minder raffinierte Verlängerung unserer primitiven Begierden, und Vernunft nichts anderes als die List der Leidenschaft. Erkaltet diese letztere, so ist damit nicht etwa der Trieb sublimiert, sondern bloß der Wissensdrang abgestumpft. Wer es wissen will und aufs Ganze geht, der geht doch niemals aufs Ganze des zu Wissenden, sondern immer nur aufs Ganze dessen, was ihm wissens- und begehrenswert erscheint. Die Wissenschaft vom Ganzen ist so unmöglich wie, nach einem Wort Roland Barthes', die Wissenschaft des einzigen Wesens, die der Liebende betreiben möchte, mit dem Unterschied, daß man fürs Ganze sich gar nicht erst erwärmen mag.

Techniken der Raserei

Vermutlich bleibt uns nur die Wahl zwischen verschiedenen Formen von Verblendung, die uns vielleicht verschieden teuer zu stehen kommen. Der sogenannte gesunde Menschenverstand scheint noch eine der glimpflichsten, der Fanatismus eine der ärgsten, doch was dazwischenliegt, fordert ebenfalls seinen Preis. Besteht ein Verhältnis zwischen dem, was eine Erkenntnisweise einbringt und dem, was sie kostet? Es hat ganz den Anschein. Blind nennt die Sprache die Leidenschaft und spricht von ihrer Raserei. Gleichwohl scheint ihre Blindheit mit einer sonst nirgendwo anzutreffenden Hellsichtigkeit verbunden. Nur Augen haben für den Gegenstand des einen Wunsches heißt, das Licht des Paradieses aus ihm hervorbrechen sehen, wie überhaupt die Welt nur dann ein Interesse für uns besitzt, wenn der Wunsch sie erleuchtet. Wonach wir uns letztlich sehnen ist dieses: einen Blick in den Garten Eden zu tun. Noch vorm Fernseher sind wir Voyeure des Paradieses, das wir nicht verloren geben. Alles um sich her vergessen, wie gebannt auf das eine Schöne starren: wer wollte das nicht unentwegt? Doch der Verrat an der Wirklichkeit, wenn er mehr ist als ein legitimer Versuch der Entspannung, bleibt selten ungestraft, sie duldet es nicht, daß man sie vergißt. Es sei denn, man würde das Vergessen wiederum in Arbeit übersetzen – ihr also dennoch den Schweißzoll entrichten –, und selbst dann bliebe es gefährlich. Der Leidenschaft verfallen, des Unerfüllbaren, zumindest ahnungsweise, teilhaftig zu werden, ohne dabei den Verstand zu verlieren, die Passion zur Antriebskraft eines schöpferischen Tuns zu machen – das ist eigentlich Kunst. Kunst ist diejenige Technik der Raserei, die nicht im Stammeln, im Aufschrei, in der Explosion, sondern im Glück der Form kulminiert. Sie ist ein Kompromiß zwischen Leidenschaft und Erkenntnis, ein schöner Schein von beidem. Wie der Traum verschiebt Kunst die Erfüllung ins Imaginäre, jedoch in ein unverbrüchliches, worin die Lust gewissermaßen ewig ist. Was immer einzelne Künstler behaupten mögen: Kunst will nicht praktisch werden, nicht, wie das Denken, sich in die Tat umsetzen lassen, sie verweist immer nur auf sich selbst und auf den Wunschbereich, dem sie entstammt. Der Begriff, der dem Künstler vorschwebt, soll nicht dazu dienen, die Dinge verfügbar zu machen – er soll ihre Aura wiederherstellen: »Und so wohne ich der Entstehung eines Begriffes bei, der das Aufblitzen selbst der Dinge in sich birgt«, schrieb Artaud in seinem *Manifeste en langage clair.*

Kleist-Lektüre

In der Besprechung von *Ludwig Tiecks dramaturgischen Blättern,* in welcher er den »Schauder und Abscheu« eingesteht, den Kleist immer in ihm erregt habe, erteilt der alte Goethe einen leisen Wink, wie man mit dem zu verfahren habe, was nach seinem Empfinden bei Kleist als »unheilbare Krankheit« sich ausgewirkt hatte: »Da der Mensch doch einmal die Sehnsucht nicht loswerden will, so ist es heilsam, wenn sie sich nach einem bestimmten Objekte hin richtet, wenn sie sich bestrebt, ein abgeschiedenes großes Vergangene ernst und harmlos in der Gegenwart darzustellen.« Diese sonderbare Losung entspricht frappierend genau dem Vorwurf, den Kleist seinerzeit in einem der Epigramme des *Phöbus* gegen »Herrn von Goethe«, den allzu Abgeklärten, erhoben hatte: daß er »den Strahl, den seine Jugend sonst warf«, im Alter bloß noch würdig zerlege. Den Prolog zum *Phöbus* hatten einige gewaltige Verse gebildet, die das Ungestüm des Sturm und Drang, selbst das des frühen Goethe, womöglich noch überboten: »Wettre hinein, o du, mit deinen flammenden Rossen, / Phöbus, Bringer des Tags, in den unendlichen Raum!« – und dieses halsbrecherische Kleistsche Tempo hat in der Tat etwas Schaudererregendes, da, trotz aller gegenteiligen Versicherungen geradewegs auf den Abgrund Zustürzendes: »Ruhig! Ruhig! Nur sacht! Das saus't ja, Kronion, als wollten / Lenker und Wagen und Roß, stürzend einschmettern zu Staub! / Niemand, ersuch' ich, übergeprescht! Wir lieben die Fahrt schon, / Munter gestellt, doch es sind die Häls' uns und Beine uns lieb.« *(Epilog zum Phöbus)*

Kleist ist, hierin unter den Romantikern vielleicht keinem so ähnlich wie Géricault, ein von seinen Leidenschaften förmlich Vorwärtsgepeitschter: die Leidenschaft selbst scheint ihm die Feder zu führen wie jenem den Pinsel. Sein Arbeiten geht bis zur Raserei, wie das des Malers des *Radeau de la Méduse* oder später das seiner besessensten Leser, Robert Walsers und vor allem Franz Kafkas, der gleichfalls wie unter der Peitsche schrieb. Walser hat sich Kleist vorzustellen versucht, wie er am Fenster seines Zimmers in Thun steht und auf den See hinausblickt: »Er möchte in das Bild hineinsterben«. (Hätte der Satz nicht schon in Büchners *Lenz* vorkommen können?) Eben diese Leidenschaft, die um der höchsten Innigkeit willen das Subjekt und mit ihm alle gesicherten Konturen der Welt aufzulösen trachtet, war es, die die Sachwalter der Aufgeklärtheit in Harnisch bringen mußte. Im Ton der Gereiztheit bricht Hegel ex cathedra den Stab über die Kleistschen Helden: »Charaktere, in denen dem wachen Zustande fester Konsequenz gegenüber das Magnetische, der Somnambulismus, das Schlafwandeln als das Höchste und Vortrefflichste dargestellt ist.«

An Kleist schieden sich die Geister wie später an Kafka: die einen verbannten diese Passioniertesten aus ihrem Pantheon, die andern verehrten sie als Wegbereiter einer höheren Form von Erkenntnis, die an Zusammenhänge rührt, welche dem Verstand unzugänglich bleiben. Was Goethe und Hegel Kleist vorwarfen: daß er sich weigerte, Vernunft anzunehmen, das macht nach anderer Lesart gerade das Verdienst dieser Form von Literatur aus: ihre Unbedingtheit. Sagte ich vorhin, Kunst sei ein Kompromiß zwischen Erkenntnis und Leidenschaft, so muß ich nun ergänzen, daß in der Kunst, von der hier die Rede ist, der Kompromiß gleichsam *in extremis* und nur dadurch zustande kommt, daß das Denken, die kritische Vernünftigkeit, geradezu selbstmörderische Zugeständnisse macht: im Leben der betreffenden Künstler ist er niemals gesichert, und es selbst hat die Tendenz, von der Raserei, der es sich ausliefert, buchstäblich aufgezehrt zu werden. Einen Künstler wie Kleist verstehen zu können, setzt voraus, daß man zu ähnlichem Entflammen fähig ist: »Und da ist die Dame Penthesilea ... Ich wage es nicht, mich in der heutigen Welt nach einer Darstellerin für sie umzusehen«, bemerkt, kauzig wie oft, Robert Walser, und Kafka schreibt in einem der zugleich unverhofftesten und einleuchtendsten Vergleiche, mit denen jemals die Wirkung von Kunst ausgedrückt worden ist: »Kleist bläst in mich wie in eine alte Schweinsblase. Damit es nicht zu arg wird ... gehe ich jetzt in die Lucerna [ein Prager Kabarett].« Der Humor gibt sich den Anschein, als könne er das Fulminante parieren, doch in Wirklichkeit sind Walser und Kafka längst angesteckt. Die Sentenz, in der Baudelaire sein Prosagedicht *Le Confiteor de l'artiste* zusammenfaßt: »Das Studium des Schönen ist ein Duell, in dem der Künstler vor Schrecken aufschreit, bevor er besiegt ist«, gilt auch für den Leser, der sich aufs Kunstwerk einläßt. Noch die Lektüre ist ein Spiel mit dem Feuer.

Delacroix – Porträt des romantischen Genius als Dandy

»Klasse, Spitze, Wahnsinn«: so oder ähnlich beschwört der Jargon der Jugend die gleichsam naturgegebene Intensität jugendlicher Empfindungen. Doch gerade die stereotype Form seiner Übertreibungen verrät eine Ratlosigkeit vor dem eigenen Erleben: an das solcherart berufene Hochgefühl vermag man noch so wenig zu glauben wie an sich selbst. Der Leidenschaft, die sich nicht ausdrücken kann, fehlt ein Entscheidendes; es ist, als gäbe es sie nicht so recht, sie muß sich austoben, um zu beweisen, daß sie existiert. Doch erst der Ausdruck entreißt sie dem Traumbereich. Um aber die Leidenschaft ausdrücken zu können, muß man sie in gewissem Sinne schon beherrschen, und um sie zu beherrschen, will das Verhältnis erst einmal umgekehrt sein, in das sie einen treibt: Man selbst muß ihr gegenüber zum handelnden Subjekt werden und sie zum Objekt machen können.

Diese Fähigkeit war es, um derentwillen Baudelaire den Maler Delacroix mehr als jeden andern bewundert hat. Dessen Genie charakterisiert er in seinem Nachruf von 1863 als »eine immense Leidenschaft, die noch verstärkt wird von einem ungeheuren Willen«. Der Wille nimmt die Leidenschaft in der Weise in Regie, daß sie, statt sich bloß auszuleben und zu verzetteln, schöpferisch werden kann; sie wird reflexiv und befriedigt sich im wesentlichen dadurch, daß sie sich unablässig selber darstellt. (Doch die Melancholie des Dargestellten läßt auf einen Groll wegen der Versagung der primären Befriedigungsobjekte schließen. Wenn Delacroix' Frauen schwermütig sind, so nicht deshalb, weil er die Verfassung der Frau in seinem Jahrhundert hätte thematisieren wollen – sie sind allesamt Abbilder jener Traumfiguren, die er selbst nie hatte besitzen können; dergestalt, daß der Künstler, indem er die eigene Enttäuschung in seine Gestalten hineinmalt, zum kongenialen Erfasser der Stimmung seiner Epoche wird, was für Delacroix genauso gilt wie, mutatis mutandis, für seinen Verehrer Baudelaire, für Flaubert, Keller oder Fontane.) So sind schließlich Wille und Leidenschaft kaum mehr voneinander zu unterscheiden; beide treiben den Maler zu seiner Arbeit an, befeuern seinen Blick, seine Hand, so daß sie ganz in dem Wunsch, die »glühenden Erscheinungen des Lebens« abzubilden, im Furor des Malens, aufgehen. Baudelaire feiert in Delacroix den Künstler, dem es gelungen ist, seine Leidenschaft zu disziplinieren und dadurch sich weitgehend immun zu machen gegen die bloße Natur, den Künstler, der sich weder vor der Zeit an seinem eigenen Feuer verzehrt, noch den für den gewöhnlichen Sterblichen unausweichlichen Abkühlungsprozeß des Alterns erleidet.

Einen maßgeblichen Anteil an diesem Gelingen scheint Baudelaire dem Dandyismus seines Vorbilds zuzuschreiben, auf den hinzuweisen er nicht müde wird. Der Dandy ist ein Künstler seines Ich, ein lebendes Bild. »Der Dandy muß danach streben, ununterbrochen sublim zu sein; er muß vor einem Spiegel leben und schlafen.« Die Vita des dandyistischen Malers Delacroix ist ein unaufhörlicher Triumph über die Natur, eine immer von neuem gemeisterte Aufhebung der Leidenschaften in der »Intensität des Surnaturalismus«. Die mit dem Willen und der Intelligenz verschmolzene Passion bleibt dem Maler zeitlebens mit der gleichen, wo nicht gar mit einer sich beständig steigernden Stärke erhalten, sie verjüngt sich, indem sie sich – im Kunstwerk – verwirklicht. »Leidenschaftlich verliebt in die Leidenschaft« sei Delacroix gewesen: das ist die Zauberformel der Intensität, und das Ethos des Dandy wie das des Künstlers dient dazu, der Liebe Dauer zu verleihen.

Der »coup de foudre«

Merkwürdige, rätselhafte Koexistenz der uralten Liebesmythen mit den gegenwärtigen Sex-Ideologien! Der Phantasien vom Verzehrenden, vom Tödlich-Beglückenden, vom unendlich Süßen oder Bitteren mit der geschmacklosen Wirklichkeit unseres Geschlechtslebens, die in der Art, wie darüber geredet wird (»mein Bekannter«, »Kontakt«, »intim werden« etc., von den sonstigen neudeutschen Verben, die den Liebesakt verballhornen, ganz zu schweigen), ihren zwar immer noch geradezu viktorianisch verlogenen, dabei aber irgendwie unrettbar dumm-unschuldigen Charakter offenbart. Während das mythische Feuer der Liebe in unserem Alltag auf jene Zigarettenlänge heruntergekommen ist, mit der der Sex noch assoziiert wird, zusammen mit der Tasse Kaffee, zu der man die einlädt, auf die man ein Auge geworfen hat, erhält die Kulturindustrie weiterhin die Illusion der heroischen Leidenschaft aufrecht. In den Städten kitzeln die Passanten einander die sprühenden Funken aus den Augen, ohne ernstlich daran zu glauben, daß es sie wirklich einmal erwischen könnte. Und dennoch: dieser Aufwand an Phantasmen, diese immer ins Grenzenlose schweifende Sehnsucht! Die Menschen, wenn sie miteinander spielen und kokettieren, sind hin- und hergerissen zwischen dem Wahn, sie betrieben nur einen Freizeitsport und der unsinnigen Hoffnung auf den *coup de foudre*. Und plötzlich ist das Drama wieder da, als hätte es den Reich- oder den Oswald-Kolle-Boom nie gegeben, plötzlich brechen Ehen auseinander, wird, was für die Scheidungsanwälte reine Formsache ist, wie ein paar Knochenbrüche für den Unfallchirurgen, für die Beteiligten zur Frage auf Leben und Tod, plötzlich sieht man wieder, wie in der Oper, wie im Roman, die lächerlich unzeitgemäßen großen Gebärden, die »emphatische Wahrheit der Geste in den großen Momenten des Lebens«, die Baudelaire einst den Gemälden Delacroix' nachrühmte!

Look 84: Aus Neu mach Alt

Fatale Frauen umwirbeln uns in Scharen. Groteske Wiederauferstehung alter Klischees! Verständlicher, allzu verständlicher Protest gegen die Abdankung der Erotik durch den Sex, doch in Form einer Rückkehr zur Dämonie des Biedermeier. Mérimée, Bizet: es ist zum Auswachsen. Als ob eine Zuckergußallegorie der Freiheit, wie diese Carmen, die schon zu ihrer Zeit antiquiert war, unsere Gefühlswelt revolutionieren könnte! Mögen sie so kritisch sein wie sie wollen, so kunstfertig auch, mögen sie aus dem spießbürgerlichen Spiel von Liebe und Tod einen Totentanz der alleingebliebenen Phantasie machen, Brook, Godard und Saura schwimmen nichtsdestominder auf der Welle, die mächtig zurückschwappt zum Gefühlskitsch des 19. Jahrhunderts, dorthin, wo es am stupidesten ist.

(Pardon wegen der Heftigkeit. Vielleicht habe ich ja unrecht. Sollte mir irgendeine Laus über die Leber gelaufen sein? Und wenn ja, welche? Die Laus Nostalgie? Die Laus *dernier cri*? Auf jeden Fall bitte ich um Entschuldigung, nehme alles zurück und behaupte nicht einmal mehr das Gegenteil.)

Baudelaires Passantin als Figur der Askese

»Le plaisir qui tue«, heißt es in Baudelaires berühmtem Sonett *A une Passante,* das einen echt großstädtischen *coup de foudre* aus der Sicht des Betroffenen darstellt, von dem Schmelz in den Augen der Passantin: »die Lust, die tötet«. Das Oxymoron ist mehr als nur ein Topos der Liebeslyrik: Hinweis darauf, daß der Verzückte, der sich da so auffällig unter dem Blick der schönen Unbekannten krümmt, in Wirklichkeit und allem vorwurfsvollen Lamentieren darüber, daß sie nicht stehenblieb wie festgewurzelt – schließlich hätte er sie doch geliebt! schließlich wußte sie das doch! –, zum Trotz, keineswegs ihre nähere Bekanntschaft machen, geschweige denn, sie erobern oder ihr angehören wollte. Allein auf diesen einen, ihn ganz und gar durchzuckenden Augenblitz hatte er gewartet, um sich endlich wieder selbst zu fühlen als jemand, der zur großen Liebe fähig ist. Zu neuem Leben erweckt, bedarf er der flüchtigen Schönheit nicht mehr: Soll sie ruhig ihrer Wege gehen, sie hat ihre Schuldigkeit getan! Aufgeladen mit der Gewißheit seiner wiedergekehrten Potenz, der Sicherheit, angekommen zu sein, sowie mit der köstlichen Wehmut des großen Niemals, verwandelt der Blickgeküßte die entschwundene Straßenbekanntschaft in eine schwarze Muse, die ihn nach Haus und an den

Schreibtisch treibt. Er, der so oft davon träumte, ein Engel würde vom Himmel fahren und ihn an die Arbeit peitschen, ist nun einem Engel der Straße begegnet, der dadurch peitscht, daß er ihn leer ausgehen ließ. Denn die Dame ist nur Vorwand, Prätext zum erst noch zu Schreibenden, dem sein wirkliches Augenmerk gilt, den er aber ohne den Anreiz dieser Liebe auf den ersten und letzten Blick schwerlich hätte verfassen können. Nicht die Liebe ist das Ziel der Wünsche dieses Verliebten, sondern der Text, der sie einfängt und verewigt. An die Liebe kann man nur solange glauben, wie man sie nicht erlebt. Daß es sein Doppelspiel mit der Passion nicht verleugnet, macht eigentlich die Schönheit und Modernität dieses Gedichts aus.

Flaubert, jener wunderliche Heilige, der seine Frauengestalten überhaupt nur dadurch erfinden konnte, daß er den leibhaftigen Geliebten systematisch aus dem Wege ging, klagt einmal in einem Brief über sein »armseliges Leben, dessen Abenteuer die Sätze sind«. Ungleich besser noch als Baudelaire versteht er sich auf die Kunst, die eigene Inspiration von einer zurückgedrängten Leidenschaft zu nähren. (Kafka wird ihn sich auch in dieser Beziehung zum Vorbild wählen.) Solange man brennt, ist man gerettet. Aber wenn die Flamme vorhalten soll, darf sie nicht nach außen brechen: Das ist der Glaube all jener Asketen der reinen Kunst, die, um des Schaffens willen, sich zu Parasiten ihrer Begierden machten.

Mit weichen Knien trat eines Tages der junge Henri Pichette vor seinen Meister Antonin Artaud, um ihm zu gestehen, daß er nicht umhin könne, zu heiraten und eine Familie zu gründen. Doch wie groß war sein Erstaunen, als das befürchtete Donnerwetter ausblieb und Artaud, ihn groß ansehend, nur kurz, sanftmütig beinahe, bemerkte: »Nun werden Sie dreimal am Tag essen müssen.« Erst sehr viel später habe er begriffen, setzte Pichette hinzu, als er mir die Anekdote erzählte, daß Artaud ihm damals ins Gewissen geredet und ihn vor dem vorzeitigen Ende seines Poetenlebens gewarnt habe. Alles, was dem Körper zugeführt wird, wirkt zugleich als ein Sedativum der Seele. Der Künstler muß stets etwas vom Hungerkünstler haben, braucht er doch die Erregung, die Weißglut, die mit dem Behagen unvereinbar ist. »Man muß immer trunken sein«, fordert Baudelaire, doch am besten, ohne zu trinken.

Zigarettenpause eines Nichtrauchers

»Immer hab ich bemerkt, daß unter den Tabakrauchern die gutartigsten Leute sein. Das setzt eine gewisse Stille und Zufriedenheit des Gemüts voraus, in der man sich bloß hinsetzt, um zu genießen, und jede Pause in unserer Seele ist uns heilsam, in der sie sich ein wenig zurechtlegen kann und Ordnung in ihre Begehrungskräfte bringen.« Das Ergreifende an dieser Beobachtung, die beinahe die Gemütsruhe derer atmet, die sie so liebevoll ins Auge faßt, liegt darin, daß sie von einem Dichter stammt, dem es verwehrt blieb, seiner Seele eine Pause zu gönnen und »Ordnung in ihre Begehrungskräfte zu bringen«: Jakob Michael Reinhold Lenz. Der Evokation der seelischen Heiterkeit durch den Frenetischen verleiht der Nachklang von Unrast die gleiche Intensität wie dem Gefühl körperlichen Wohlbefindens ein langer Schmerz, der fast schon abgeklungen ist.

II

Über Reinheit und Strenge der Nachtgedanken

1 Finsternis

»In der Nacht erhebt sich mein Herz«, schreibt Flaubert seiner Freundin Louise Colet. Tagsüber ist es gepreßt, bedrängt und betäubt von den Wechselfällen des Lebens, die in nichts bösartiger sich ausdrücken als in dem unerbittlichen Vorrücken des Uhrzeigers. Die Nacht hingegen in ihrer grenzenlosen Dunkelheit gibt einen Vorgeschmack des Unvergänglichen; sie hat eben nicht, wie der Tag, zwölf Stunden – das ist nur eine Rationalisierung von denen, die Gründe haben, sie zu verwünschen – sie ist ein großes, unendliches Stillstehen, Zuflucht und Labsal des Menschen, den die Zeit zermartert.

Die Nacht kennt nicht die trügerische Transparenz des Tages, auch seine Banalität kennt sie nicht: Es gibt keine Allnacht, wie es einen Alltag gibt. Undurchdringlich ist sie und voller Geheimnisse; und Geheimnisse sind, wie Novalis einmal notiert, »Condensatoren des Divinations- des Erkenntnisvermögens«. Das Paradox, welches Marthe Robert im Hinblick auf Kleists Helden formuliert: daß sie der Nacht bedürfen, um klar zu sehen, trifft ganz allgemein auf eine Weise der Erkenntnis zu, die darauf versessen ist, den Ausdruckscharakter der Dinge, ihr leidenschaftliches Aufblitzen, zu Gesicht zu bekommen: die künstlerische. Daher sind Künstler Nachtarbeiter – aber kann man ihre Exaltation noch Arbeit nennen? –, oder stellen, wie Rousseau, der seine Uhr ablegte, oder wie Proust, der sein Zimmer mit Kork abdichtete, oder wie die zahllosen Schwermütigen unter ihnen – Nervals *desdichados* –, mehr oder minder unfreiwillig, mehr oder minder künstlich Nacht her. »Er klagte, daß es sein Los sei, den Tag in die Nacht zu verwandeln«, erinnert sich ein ehemaliger Mitstudent an Georg Büchner: *ecce poeta*.

»In der Dunkelheit wiegen die Worte doppelt schwer«, bemerkt Elias Canetti in seinen Aufzeichnungen *Die Provinz des Menschen*. Man könnte auch sagen: In der Dunkelheit finden die Worte leichter zu ihren Ursprüngen zurück. Die Gedanken erhalten eine Leuchtkraft, wie kaum je über Tage. Nicht umsonst werden die Seher als Blinde vorgestellt: Die Nacht öffnet den Blick für die normalerweise unsichtbaren Zeichen der Erscheinungswelt, sie macht alle Dinge bedeutend. »Was Benjamin sagte und schrieb, klang, als käme es aus dem Geheimnis. Seine Macht aber empfing es durch Evidenz«. Adornos berühmte Kennzeichnung konstruiert einen Gegensatz da, wo nur für das Licht der Vernunft einer ist. Die Evidenz dessen, was »aus dem Geheimnis« kommt, ist eine grundsätzlich andere als die dessen, was den Gesetzen der Logik gehorcht – und auch ihre Macht ist eine andere. Ähnlich wie Adorno bei Benjamin erfaßt Hans Brockner mit seiner an sich scharfsinnigen Bemerkung über Søren Kierkegaard: »Er konnte gleichsam eine Bagatelle zu welthistorischer Bedeutung emporreflektieren«, nur das eine Moment dieser Denkweise – daß sie das scheinbar Gleichgültige mit einer dem ruhigen Verstande schier unerklärlichen Bedeutung auszustatten vermag – und verkennt das andere, das unwillkürliche: Für den Denker der Nacht gibt es keine Bagatellen, ein jedes Ding hat für ihn seine »welthistorische Bedeutung«. (Benjamin sucht den Geist des vergangenen Jahrhunderts im Unscheinbarsten, im Abfall, und erhebt das poetische Prinzip zum erkenntnistheoretischen.) »Bei den Karaiben gilt ›der, welcher in der Nacht arbeitet‹, als der Schöpfer der Welt«, steht in Kafkas Tagebüchern. Der schöpferische Mensch hebt nachts die Welt aus dem Chaos, in die jeder Tag sie von neuem versenkt. Kein Zweifel: hier sprechen die Antipoden all jener blind Vernunftgläubigen, die, wie Hegel, von der Nacht geringschätzig als von dem Ort reden, wo alle Kühe schwarz sind.

Einst war die Nacht der große Sonntag des Begehrens, auch des geistigen. Im Schutze der Nacht wagte man das Unerhörte: die Liebe, das Verbrechen, das Schreiben. Was man den Fortschritt nannte, war ein langer Exorzismus der Nacht – und der Natur –, dem keine Romantik Einhalt zu gebieten vermochte. Schließlich haben Wissenschaft und Technik das Werk der Aufklärung zugleich vollendet und pervertiert: die Lumières sind in der elektrischen und elektronischen Dauerberieselung zu sich selbst gekommen, und die so glanzvoll ausgetriebenen »Mächte der Finsternis« treten, als Licht- und Freudenbringer verkleidet, Abend für Abend im Fernsehen auf. Bewegungen wie der Surrealismus, die eine Erneuerung des Denkens und Lebens aus dem Geiste des Traumes versuchten, waren von Anfang an dazu verurteilt, Kuriosa zu bleiben: Wie die Nacht ist der Traum bis in die letzten Winkel ausgeleuchtet, und jeder Werbefachmann weiß inzwischen, wie man Kapital aus ihm schlägt. Nacht und Traum existieren gerade noch als Metapher oder als Arrangement für Kunden, die das Besondere lieben.

2 Stille

»Horch teure! horch! die nacht die leise schreitet!« Hier in Paris, der Stadt, in der dieser – in Georges Übertragung wiedergegebene – Vers vor vier mal dreißig Jahren entstand, ist eine solche Anrede seither schlechterdings unvorstellbar geworden. Die Begleitumstände der Nacht, die allesamt Bedingungen konzentriertester Gedanken- und Seelenarbeit sind, drohen mit ihr zugleich aus der Welt zu verschwinden. »Silence, how dead! and darkness, how profound!, rief Young in seinen *Nightthoughts* aus. Die Ohren vollgestopft mit Oropax, können wir uns all jene dankbar zärtlichen Texte, die die feierliche Stille der Nacht begrüßen, allenfalls noch mit Wehmut ins Gedächtnis rufen. So den schönen Satz Kierkegaards aus den *Diapsalmata ad se ipsum,* der wie eine Prosafassung des eingangs zitierten Baudelaire-Gedichts *Recueillement (Sammlung)* klingt: »Ich habe nur eine Vertraute: die Stille der Nacht; und warum ist sie meine Vertraute? Weil sie schweigt«, oder die Hymnen von Novalis – der ihr Schweigen »die liebliche Stimme der Nacht« nennt – und den englischen Romantikern, oder den Anfang des, allerdings vom Sendungsbewußtsein verzerrten, *Nachtlieds* Zarathustras. Uns liegt, dröhnt und wimmert die Zivilisation auch zur Schlafenszeit noch in den Ohren, und jenes balsamische Zwiegespräch mit der Stille der Nacht oder der eigenen Wehmut, jenes Lauschen auf die inneren Stimmen, »fernab vom Lärm der Menschen«, dessen Surrogat im heillosen Anderswo des Urlaubs angeboten wird, ist nur noch Gegenstand unserer Sehnsucht. »Das vollkommene

Schweigen ... ist ein bedeutender Anlaß geistiger Erhebung«, schrieb Flaubert, derselbe Flaubert, der, in der *Education sentimentale,* demonstrierte, daß das Schweigen, das der Tourist sucht, ein Schweigen über eine mörderische Wirklichkeit, der man entschlossen den Rücken kehrt, einschließt.

3 Alleinsein

»Der Wunsch nach bedingungsloser Einsamkeit. Nur mir gegenübergestellt sein«, oder: »Ich werde mich bis zur Besinnungslosigkeit von allem absperren«. Vorsätze wie die hier aus Kafkas Tagebüchern herausgegriffenen finden sich bei all jenen Leidenschaftlichen, die es darauf ankommen ließen und den Dingen auf den Grund gingen, auf die Gefahr hin, zugrunde zu gehen. Die Gemeinschaft erfordert Rücksicht, Mäßigung, Anpassung, Verstellung, das Ungemeine ist ihr unheimlich. Mit sich allein muß man keine Rolle mehr spielen, keine schönen Worte mehr machen. Der Einsame kann es sich leisten, »bis zur Besinnungslosigkeit« wahrhaftig zu sein. In der »bitteren Nacht des Exiles« ist der Tod sein letztes Stelldichein. Verglichen mit den Werken der Einsamen, die im Schoße der Nacht entstanden sind, wirkt jede andere Kunst leicht wie Geschwätz. Gleichsam über Nacht kann einer, der Vereinsamte, zu einem Pathos finden, das das Alltagsempfinden gar nicht erst zuließe. (Verwaist durch den Tod des Menschen, der ihm der liebste war, wie ausgesetzt in einer ihm schlagartig entfremdeten Welt, verwandelt sich Roland Barthes aus einem mondän sensiblen Schriftsteller in einen emphatischen. Sich vertiefend in die Bilder der Verstorbenen, dringt er ins Wesen der Fotografie ein und stößt, getrieben vom Schmerz des Verlustes, auf einen neuen Begriff, den des *punctum:* einen erlittenen.)

Jedes Wort des Einsamen besitzt das Gewicht eines letzten.

4 Versenkung

»Alles, was sich nicht auf Literatur bezieht, hasse ich«: eine Intoleranz, die aus den Eingeweiden der Seele kommt. In seiner wütenden Ausschließlichkeit erträumt sich Kafka eine Daseinsform, die in nichts anderem bestünde als in einem unablässigen schreibenden Hinuntertauchen in die Wunschabgründe des Ich. »Einmal schriebst Du, Du wolltest bei mir sitzen, während ich schreibe; denke nur, da könnte ich nicht schreiben ... Schreiben heißt ja sich öffnen bis zum Übermaß; die äußerste Offenherzigkeit und Hingabe, in der sich ein Mensch im menschlichen Verkehr schon zu verlieren glaubt und vor der er also, solange er bei Sinnen ist, immer zurückscheuen wird – denn leben will jeder, solange er lebt – diese Offenherzigkeit und Hingabe genügt zum Schreiben bei weitem nicht. Was von dieser Oberfläche ins Schreiben hinübergenommen wird – wenn es nicht anders geht und die tiefern Quellen schweigen – ist nichts und fällt in dem Augenblick zusammen, in dem ein wahreres Gefühl diesen obern Boden zum Schwanken bringt. Deshalb kann man nicht genug allein sein, wenn man schreibt, deshalb kann es nicht still genug um einen sein, die Nacht ist noch zu wenig Nacht. Deshalb kann nicht genug Zeit einem zur Verfügung stehn, denn die Wege sind lang, und man irrt leicht ab, man bekommt sogar manchmal Angst und hat schon ohne Zwang und Lockung Lust zurückzulaufen (eine später immer schwer bestrafte Lust), wie erst, wenn man unversehens einen Kuß vom liebsten Mund bekäme! Oft dachte ich schon daran, daß es die beste Lebensweise für mich wäre, mit Schreibzeug und einer Lampe im innersten Raume eines ausgedehnten, abgesperrten Kellers zu sein. Das Essen brächte man mir, stellte es immer weit von meinem Raum entfernt hinter der äußersten Tür des Kellers nieder. Der Weg um das Essen, im Schlafrock, durch alle Kellergewölbe hindurch, wäre mein einziger Spaziergang. Dann kehrte ich zu meinem Schreibtisch zurück, würde langsam und mit Bedacht essen und wieder gleich zu schreiben anfangen. Was ich dann schreiben würde! Aus welchen Tiefen ich es hervorreißen würde! Ohne Anstrengung! Denn äußerste Koncentration kennt keine Anstrengung. Nur, daß ich es vielleicht nicht lange treiben würde und beim ersten, vielleicht selbst in solchem Zustand nicht zu vermeidenden Mißlingen, in einen großartigen Wahnsinn ausbrechen müßte.«

Dieser Brief Kafkas an Felice enthält die Poetik schlechthin des Nachtdenkers, die zuallererst eine rigorose Moral ist. Als Vorbild seiner Auffassung vom Beruf des Künstlers diente ihm, wie gesagt, jener Eremit von Croisset, der in einem seiner Nachtbriefe Louise gefragt hatte, ob sie »schon einmal so etwas wie eine große Sonne aus der Tiefe (ihrer) selbst (habe) aufsteigen fühlen«, die sie blendete, und der ein andermal seufzte: »Wie glücklich erscheinen mir diejenigen, die nicht das Unmögliche erträumen«. In einem zwei Tage nach dem Brief des Kellerbewohners für Felice verfaßten kleinen Kommentar zur Arbeitsweise Flauberts, führt Kafka seine Utopie der radikalen Abstinenz weiter: es ginge darum, in der Vertiefung, in der Raserei des Schreibens, »sich jedem menschlichen Auge« zu verlieren. Das wiederum erinnert an den bekannten Aphorismus aus den *Betrachtungen über Sünde, Leid, Hoffnung und den wahren Weg*: »Von einem gewissen Punkt an gibt es keine Rückkehr mehr. Dieser Punkt ist zu erreichen.«

In den großartigen Wahnsinn, in den Kafka nur fürchtete auszubrechen, ist Antonin Artaud tatsächlich ausgebrochen. Artaud, der von *L'art et la mort* bis zu den *Lettres de Rodez* die These vertreten hat: »Alles, was kein Tetanus der Seele ist oder nicht von einem Tetanus der Seele herkommt ... ist nicht wahr und hat in der Dichtung keine Stätte.« Daß seine Texte auch für allerlei schikkes Geliebäugel mit dem Irrationalismus herhalten müssen, tut ihrer Wahrhaftigkeit keinen Abbruch; es ist nur ein Indiz mehr für die Bedrohtheit des reinen Wunschdenkens.

Unnumeriertes Einschiebsel: Leichtsinniges Eingedenken

Neujahrssonntag 1984. Blick auf den frisch ausgetauschten Kalender. Mit den besten Wünschen für 1984. Hoechst. Über dieser Legende ein Frauenbildnis von Palma Vecchio. *La Bella:* ein herrliches, naiv gescheites Gesicht; die Augen hält sie fast, als male sie sich selber. Gefühl des Neuanfangs, als ob es keine Routine gäbe. Dabei gehört auch das zur Routine. Das ewige Ritual des Neubeginns. Wir werden dran glauben müssen.

Sacré-Cœur blitzt herunter – weiß wie ein Gebiß aus den Staaten. Der Jungbrunnen des Datums. Kein Nachgeschmack auf dem Gaumen, als wenn nichts geschehen wäre. Die Augen weit aufgesperrt, als steckten sie im Kopf eines Reisenden früherer Jahrhunderte. Die erste Begegnung mit dem Alltag meiner Gedanken soll mich nicht gleich umwerfen. Apfelfrisch wie die Kalenderblattschöne. Welch ein begnadetes Mündchen sie hat! Könnte man doch ein Tänzchen mit ihr wagen: wie wollte man ihr in diese Augen sehen, ihr feines Renaissance-Italienisch in sich einschlürfen! Würde ich so weit gehen, sie mit unsern Gegenwartsnöten zu behelligen? Nineteeneightyfour, Bella cara, und ihr den Rosenkranz unsrer Krisenherde herunterbeten? Gewiß doch, um mich interessant zu machen. Aber vielleicht täte ich besser daran, es bei den ewigen Gebärden des Zwischengeschlechtlichen bewenden zu lassen. Wozu habe ich übrigens akademische Lehrerfahrungen mit dem *Decameron* gesammelt? Graziosissima donna, si naturalmente pietosa, wir würden uns schon zu verständigen wissen.

5 Melancholie

»... die Impulse zum Malen entstanden in den Schichten, in denen die Unerträglichkeit des Lebens ihre Wurzeln hatte«, bemerkt Peter Weiß in der *Ästhetik des Widerstands* über Géricault, in dem er einen Blutsverwandten erkannt hat. Melancholie ist das eigensinnige Beharren auf dem Gedanken an den Tod. Einer Beobachtung Kierkegaards zufolge verschanzt sich der Melancholiker in seiner Schwermut wie der Engländer in seinem *home*: Der Kummer ist seine Ritterburg. Doch nicht nur das Vermögen, vor der Außenwelt sich zu verschließen, zeichnet den Melancholiker aus – die Fähigkeit des Eingedenkens ist bei ihm bis zur Manie gesteigert, sein Tiefsinn von unvergleichlicher Vehemenz. In den »unerforschten Limben der Traurigkeit«, die Formulierung stammt aus dem Delacroix-Essay des jungen Baudelaire, entwirft er fieberhaft seine Gegenwelten. Denn die Melancholie ist die dunkle Zwillingsschwester der Utopie, eine Utopie, die sich von der Praxis nichts mehr erwartet und also auch nichts von der Zukunft, die immer nach Hause geht, zurück an die Wiege der Träume. Der Verfassung des Melancholikers nahe verwandt ist die Stimmung des Gekränkten, die gleichfalls jenes jähe Auflodern einer rätselhaften Zuversicht kennt, das Kleist an seinem Kohlhaas wahrnimmt: »und mitten durch den Schmerz, die Welt in einer so ungeheuren Unordnung zu erblicken, zuckte die innerliche Zufriedenheit empor, seine eigene Brust nunmehr in Ordnung zu sehen«. Daß alles endlich ist: darin liegt die Kränkung, die dem Melancholiker von der Weltordnung angetan wurde, und um sie auszulöschen, macht er sich zum Liebhaber des Todes. Sein ganzes Streben, sein immerwährendes Wüten gegen die Zufälle des Lebens, zielt aufs Unmögliche ab: die Verewigung der Wunschwelt. Sein erlittenes Wissen ist die strenge Verweigerung eines besseren. Im Kunstwerk, das zugleich Ver- und Entwirklichung ist, schlägt es im günstigsten Fall sich nieder. In ihm errichtet der Melancholiker seinen Leidenschaften ein *monumentum aere perennius,* ein Grabmal aus schönem Schein.

6 Glück als Schrecken und Verhängnis

»Gestern sagte meine Schwester: ›Alle Verheirateten (unserer Bekanntschaft) sind glücklich ...‹, auch dieser Ausspruch gab mir zu denken, ich bekam wieder Angst.« So Kafka unter der Überschrift »Zusammenstellung alles dessen, was für und gegen meine Heirat spricht« in seinem Tagebuch. Nichts ist dem Künstler so fürchterlich wie die Aussicht auf Erfüllung, und Glücksversprechen sind ihm nur dann erträglich, wenn sie, wie im Kunstwerk selbst, die Gewähr bieten, daß sie nicht eingelöst werden. Weil er davon überzeugt ist, daß das Glück eine Katastrophe bedeuten würde, weicht der Künstler ihm aus, ja er sucht förmlich das Scheitern. Ohne das Mißerfolgsverhalten, mit dem Sartre ein für allemal abrechnen zu müssen meinte, ist das frenetische Wunschdenken kaum vorstellbar. »Sie sind ein glücklicher Mensch, Sie tun mir leid, mein Herr!« erwidert Baudelaire dem Literaturkritiker Jules Janin, der sich über Heines Weltschmerz mokiert hatte. Durch die Erfüllung wird der Wunsch trivial und die Phantasie abgetötet. Der unentwegt Glückliche kann gar nicht anders, als borniert sein und womöglich noch zynisch.

»Wir sind mit nichts als mit der Erhaltung einer heiligen ... Flamme beschäftigt«. Der Spruch von Novalis hat etwas Beschämendes; längst ist die Romantisierung des Lebens zur Domäne der Werbung geworden, die die profanste aller Flammen wachhalten will: die Kauflust. Umstellt von lauter einmaligen Gelegenheiten, hat der Zeitgenosse gar keine andere Wahl als zuzugreifen.

7 Die Übertretung

Das Unmögliche: der, von Bataille reaktivierte, Titel eines Gedichts der *Saison en enfer* spricht aus, worauf die Moderne einmal hinauswollte. Ihr Unmögliches war nicht das technisch, sondern das moralisch, das metaphysisch Unerreichbare: die Blume des Bösen. Der Idealismus hatte die dunklen Mächte aus Kunst und Denken verbannt, die Moderne machte sie zu Antriebskräften des Gedankens, stellte die »der Untat mächtige Seele«, wie es in Baudelaires *Idéal* hieß, über die schöne Seele der Klassik. Doch mit dem Verschwinden des Bösen, dem Wegfall aller Tabus, ist das Denken selber entwaffnet: es fehlt der Stachel, wider den es noch löcken könnte. Dies ist nicht die geringste der Aporien, in denen wir heute leben: Dadurch, daß nichts mehr unmöglich ist, ist alles unwirklich geworden; dadurch, daß nichts mehr unvorstellbar ist, erübrigt sich die Vorstellungskraft.

Nicht bloß die Realität ist auf dem Nullpunkt angekommen, auch die Phantasie ist es. Von de Sade bis Bataille wurde die äußerste Wollust beschworen, die in dem Bewußtsein bestand, das Böse zu tun. Komplement dieses Bewußtseins war ein in mythischen Tiefen schlummernder Schatz von Wünschen: »Diese immer regen, sozusagen unsterblichen Wünsche unseres Unbewußten, welche an die Titanen der Sage erinnern, auf denen seit Urzeiten die schweren Gebirgsmassen lasten, die einst von den siegreichen Göttern auf sie gewälzt wurden und die unter den Zuckungen ihrer Glieder noch jetzt von Zeit zu Zeit erbeben ...«: wie altertümlich klingt heute Freuds Reden über die Wünsche, um wievieles näher den griechischen Tragikern als der geklonten Liebeswelt der Posthistoire! Sartre, der von sich behauptete, daß er kein Unbewußtes habe und vor allem kein Über-Ich, war darin ein Repräsentant des Zeitalters der Technokratie, in dem die Träume durch Projekte ersetzt wurden.

III

Der Umschlag

Neue Schauder oder Die Ware Leidenschaft

Seit Hegels Vorlesungen über Ästhetik ist die Prosa der bürgerlichen Wirklichkeit um keinen Deut poetischer geworden. Im Gegenteil: die Erfindung der Freizeit hat ihrer Banalität die Krone aufgesetzt. Insgeheim pfeift jeder, dem sie erst einmal sicher sind, auf Sicherheit, Komfort, Lebensqualität oder Pensionsberechtigung und sehnt sich fort, nach einem Dasein ohne den Horror der Gewöhnung, einem Dasein, in dem kein Augenblick wüßte, was der nächste bringt. Insgeheim steht jeder ständig auf dem Sprung, doch bleibt dies Sehnen meist ein unverbindliches, das sich an den tausend Schnellimbissen der Leidenschaft so gehorsam abspeisen läßt wie ein Voyeur in der Peepshow. Von den Orten, an denen die Ware Passion umgeschlagen wird, ist der Tempel der Kunst noch einer der feinsten. Ob er es will oder nicht, der Künstler, der seine Empfindsamkeit zu Markte trägt wie die Dirne ihr Fleisch, ist unweigerlich »ein Verkäufer von Rauschgiften«, wie Brecht Baudelaire genannt hat, ohne zu ahnen, daß er selbst, allen Verfremdungskünsten und -effekten zum Trotz, diesem Los nicht entging. Denn die Bedingungen der Aufnahme von Kunstwerken sind heute so geartet, daß zur Umwandlung des Genusses in Erkenntnis kaum eine Möglichkeit besteht und vom so kostbaren Zauber der Kunst selten mehr übrigbleibt als die Trance oder das Geraune der Eingeweihten. Victor Hugos Glückwunsch an den Dichter der *Fleurs du mal:* »Sie haben einen neuen Schauder geschaffen« – bösartig könnte man auch übersetzen: »kreiert« – liest sich mittlerweile wie ein Traumwerbeslogan für jedes beliebige Produkt der Unterhaltungsbranche. Es verkauft nämlich der sich am besten, dem es am besten gelingt, das Publikum in Schwingung zu versetzen. (Baudelaire freilich hatte das Pech, daß ihm dies erst postum gelang.)

Je öder die Wirklichkeit, desto größer wird der Fetischismus des Vibrierens, gemäß dem Spruch von Novalis, daß, je schwächer der Mensch sei, »desto mächtiger, ahndungsvoller und behaglicher« ihn ein leidenschaftlicher Zustand dünke. Die Sensation jedoch, die überall angeboten wird und jederzeit verfügbar ist, wird zwangsläufig zum Bestandteil jener Alltäglichkeit, aus der sie ursprünglich aufstören, von der sie erlösen sollte, und schließlich können wir keine *Pathétique* mehr hören und keinen van Gogh mehr sehen, sind abgestumpft gegens Feinste wie gegens Entsetzlichste. Die ewigsten Kunstwerke, die in den Kaufhäusern und Medien herumfahren, werden am Ende so unerträglich wie die einst holden Liebesvögel, die plagenähnlich unsere Städte überfüllen. »O schöne Welt, du bist abscheulich!«, rief, als er sie nicht mehr genießen konnte, Heine in seiner Matratzengruft aus. Die schönere Zuckererbsenwelt, von der er so beseligt gesungen hatte, als er noch bei Kräften gewesen war, wird von uns mit demselben Seufzer der Agonie verwünscht: doch nicht, weil sie uns entrückt würde, sondern weil sie uns auffressen will. »Zu verkaufen ... was man niemals verkaufen wird«, prophezeite Rimbaud ironisch in den *Illuminations*. Die verkaufte Leidenschaft ist eine verratene, der Konvention überantwortete. Das schreiende Mißverhältnis zwischen dem Werk und der Person Kafkas und der Art, wie er gefeiert wird, ist nur ein, besonders aktuelles, Beispiel für diese Fatalität. Und dennoch liegt in dem Gedanken, daß einer wie Kafka »reißend weggeht«, etwas Tröstliches.

Kein Ende

Statt der bloßen Vergeudung des Lebens droht mittlerweile seine Auslöschung. Das große Pathos ist wieder plausibel geworden, es manifestiert sich von neuem, obschon nicht immer in reinem Tone. Es wurde auch Zeit, daß wir endlich spürten: Die Geschichte hat niemals aufgehört, Ernst zu machen. Die Frivolität jeder Epoche erweitert nur den ständig wachsenden, ständig erschreckender werdenden Spielraum ihres Ernstes. »Was für krumme, dunkle, enge, unwegsame, abseits führende Straßen hat schon die Menschheit in ihrem Streben nach der ewigen Wahrheit eingeschlagen, während vor ihr ein gerader Weg lag, gleich dem Wege zum Prunkbau, der dem König zum Palast bestimmt ist! Von der Sonne bestrahlt, die ganze Nacht von Flammen erhellt, ist er breiter und prachtvoller als alle Wege; die Menschen gingen aber an ihm vorbei durch dichte Finsternis. Und wie oft brachten sie es fertig, selbst wenn der Himmel ihnen den wahren Weg gewiesen, von diesem abzuirren ... und, Sumpflichtern folgend, an den Rand eines Abgrundes zu gelangen, um sich dann entsetzt zu fragen: ›Wo ist der Ausweg, wo ist die Straße?‹ Jede lebende Generation sieht dies klar ein; sie wundert sich über die Verirrungen, sie lacht über die Unvernunft ihrer Vorfahren, übersieht aber dabei, daß diese Chronik mit himmlischen Flammen geschrieben ist, daß jeder Buchstabe in ihr schreit, daß von allen Seiten ein Finger auf sie selbst, die lebende Generation hinweist; doch die lebende Generation lacht und beginnt stolz und selbstbewußt eine Reihe von neuen Verirrungen ...«

Als Gogol die *Toten Seelen* schrieb, begann den »lebenden Generationen« das Lachen zu vergehen. Ein Altersgenosse des Russen und ein Frühvollendeter wie er, der Dramatiker Christian Friedrich Grabbe, legte einer seiner Figuren den Satz in den Mund, daß nur Verzweiflung uns noch retten könne. Verzweiflung und nicht etwa Angst oder Panik. Denn Angst und Panik kennen den Mut der Verzweiflung nicht, so wenig wie deren geniale Umsicht und Phantasie. Angst und Panik sind bloß verhext von der Gefahr, besessen vom Impuls zu fliehn, gleichgültig wohin. In Panik läuft man seinem Verderben geradewegs in die Arme, die Verzweiflung hingegen verleiht Argusaugen für die winzigste Möglichkeit der Rettung. Verzweiflung und nicht etwa Hoffnung. Denn die Hoffnung unterschätzt die Gefahr und damit die Dringlichkeit des Handelns, treuherzig baut sie darauf, daß sich schon alles irgendwie einrenken werde. Verzweiflung, und nicht etwa Skepsis. Denn die Skepsis, die Cioran, ihr beredter Adept, als eine »Trunkenheit der Sackgasse« definiert, tritt in ihrer eitlen Klarsicht auf der Stelle, es fehlt ihr an Wunschreserven, um nach Auswegen suchen zu wollen. Verzweiflung und nicht etwa Zynismus: denn dieser ist die Bosheit des Selbstverächters, dessen, der sich an der ganzen Welt dafür rächen will, daß er sich aufgegeben hat.

»Der Dichter steht immer an einem reizenden, seltsamen Abgrund«, heißt es in einem Gedicht Robert Walsers. Bedeutet das umgekehrt, daß der Abgrund, an dem wir stehen, uns zu Dichtern machen könnte und Not uns wider Erwarten erfinderisch?

KARL HEINZ BOHRER

Intensität ist kein Gefühl

Nietzsche kontra Wagner als Lehrbeispiel

War es absehbar, daß wir nun das »Gefühl« als der intellektuellen Mode letzten Schrei hören würden? Nachdem allmählich sämtliche Körperteile im neuen Diskurs der gegen das Ganze rebellierenden Partialität verhackstückt worden sind und mit der Besonderheit der Kleinstgeschichten – vom Strumpf bis zur Glühbirne – *der* Geschichte, die angeblich zu Ende ist, aufgekündigt wird, ist der Schrei nach dem Gefühl nicht überraschend. Denn dieses wäre doch der Seelenteil, der ebenso wie die rebellierende Partialität unter dem Terror der Vernunft seit Jahrzehnten gelitten hat. Warum also nicht diesem Ausgleich als poetischer Gerechtigkeit einer noch unbegriffenen Jetztzeit zunächst einmal verständnisvoll zunicken und ihn als vorläufigen Chorführer des wieder emotioneller werdenden Alltaglebens anerkennen? Das Mißtrauen gegenüber dem aufdringlichen Gefühl kommt nicht aus der Angst, es träte des Gefühls zuviel auf uns zu, sondern aus dem Verdacht, es könnte vielleicht die falsche Gefühlssorte sein: vielleicht ein zu laues Gefühl, vielleicht ein zu privates Gefühl: die endgültige Erledigung der Möglichkeit von Gefühl, die unter Begriffen wie »Schmerz«, »Leidenschaft« oder »Intensität« verstanden wurde, und sogar ganz unmißverständlich als hoher Stil, als Pathos, richtig übersetzt bleibt.

Nun hat die Ästhetik dieses Staates und die Psychologie seiner führenden Schichten von rechts bis links in den letzten Jahrzehnten nachdrücklichsten Pragmatismus es unübersehbar gemacht, daß es hierzulande keinen hohen Stil mehr gibt und so etwas wie Leidenschaft ein Anachronismus ist. Man könnte dieser Tatsache eigentlich sogar als gelungener Modernisierung der einst notorisch auf Höheres spekulierenden deutschen Kollektivseele Beifall klatschen. Immerhin hat diese Kollektivseele einmal allzu lange den Bildern eines schlechten Operngeschmacks von Wilhelm II. bis Hitler angehangen. Und auch der französische Bürger konnte sich am Ende des 19. Jahrhunderts bei aller nachgemachten Allüre im Parkett nicht mehr in Auftritt und Rede der hehren Helden Corneilles wiederfinden. Hätte er es getan, dann wäre die ultrakonservative Reaktion eines Barrès zur offiziellen französischen Politik geworden, wäre die Dritte Republik tatsächlich damals einer reaktionären Mystik zum Opfer gefallen. Dem heutigen Abstand zu Stil, zu Pathos, zu Leidenschaft, dem Gefühl als Ersatz für diese, ist indes trotz aller historischen

Gründe die kalte Schulter zu zeigen. Dieses Gefühl belegt nämlich schlaglichtartig wie lange nichts mehr, daß die kategoriale Würde des Objektiven verlorengegangen ist. Und dieses Objektive heißt in diesem Feld mit einem Wort: Intensität. Was Intensität eigentlich ist, darüber wollen wir später reden. Sagen wir vorerst: dieses Manko an Intensität zeigte sich gerade zu dem Zeitpunkt, als die pompöse Form des Pathos kulturell durchaus noch erkennbar war und öffentlich wurde: in der Gründerzeit, den siebziger und achtziger Jahren des 19. Jahrhunderts.

Wer dieses nicht aufhörte zu thematisieren, war Friedrich Nietzsche, der selbst heute einer Rezeption zum Opfer fallen könnte, die aus ihrer verständlichen Angst vor der Rationalität des Nierentisches und der Salzstangenparty daran geht, Nietzsches emotionelle Klarheit ins Ornament, nein in den Urwald zurückzuversetzen und aus ihm den Patron sämtlicher fünfzig Körperorgane, vom Herzen bis zum Hoden, zu machen. Die Defizienz an Leidenschaft, an Intensität, an Stil hat Nietzsche anläßlich seiner widersprüchlichen Abrechnung mit Richard Wagner und dem deutschen Gefühlsmenschen der späten Bismarck-Ära angeprangert. Als das große musikalische Beispiel gegen die Gefühligkeit des Erfinders von *Parsifal* und dessen Folgen nannte Nietzsche den Franzosen Bizet, als des 19. Jahrhunderts mythologisches Meisterwerk par excellence *Carmen*. Er schreibt in *Der Fall Wagner,* eingefangen in seinem Süden: »Diese Musik scheint mir vollkommen. Sie kommt leicht, biegsam, mit Höflichkeit daher. Sie ist liebenswürdig, sie *schwitzt* nicht. ›Das Gute ist leicht, alles Göttliche läuft auf zarten Füßen‹: erster Satz meiner Ästhetik. Diese Musik ist böse, raffiniert, fatalistisch: sie bleibt dabei populär – sie hat das Raffinement einer Rasse, nicht eines Einzelnen. Sie ist reich. Sie ist präzis ... Hat man je schmerzhaftere tragische Akzente auf der Bühne gehört?« Das alles, so Nietzsche, fehle in Wagners Musik, einer Musik der »Lüge des großen Stils«, denn Wagner, der nordische Künstler, bedürfe der Senta-Sentimentalität, produziere Schweißausbrüche. Vor allem bedürfe er der Erlösung! »Irgendwer will bei ihm immer erlöst sein: bald ein Männlein, bald ein Fräulein«. Daß Nietzsche hier nicht bloß der einfachen Textsorte Pamphlet verfiel, die er allerdings glänzend beherrschte, das zeigt die Karriere des Begriffs »Versöhnung« durch die deutsche Mentalitätsgeschichte bis auf den heutigen Tag. »Versöhnung« als der falsche Kompromiß, nicht als der Hegelsche Gedanke, wurde seine endgültige Übersetzung. Bei dem Für und Wider über Richard Wagner in den letzten Jahren hat seltsamerweise das Verdikt Nietzsches keine Rolle gespielt. Hier lag offenbar ein Tabu über einem anderen. Dabei wäre die Frage nach Nietzsches Kritik an Wagners Gefühlswelten von überraschender Konsequenz gewesen. Immerhin haben beide – Wagner und Nietzsche – die verlorengegangene »schöne Öffentlichkeit« der Griechen beklagt und die Häßlichkeit des modernen Staates mit jener Schönheit verglichen. Und deshalb steht das Wort »Versöhnung« in Nietzsches Ausfall am systematisch richtigen Ort: als Indiz für die Zerstörung nicht der griechischen Schönheit, aber der Bizetschen Intensität. Nietzsche gebraucht dieses Wort nicht. Aber seine weitere Beschreibung von *Carmen* ist nur mit diesem Wort zu qualifizieren. Hören wir zu: »Auch dies Werk erlöst;

nicht Wagner allein ist ein ›Erlöser‹. Mit ihm nimmt man Abschied vom *feuchten* Norden, von allem Wasserdampf des Wagnerischen Ideals. Schon die Handlung erlöst davon. Sie hat von Mérimée noch die Logik in der Passion, die kürzeste Linie, die *harte* Notwendigkeit; sie hat vor allem, was zur heißen Zone gehört, die Trockenheit der Luft, die *limpidezza* in der Luft. Hier ist in jedem Betracht das Klima verändert. Hier redet eine andre Sinnlichkeit, eine andre Sensibilität, eine andre Heiterkeit. Diese Musik ist heiter; aber nicht von einer französischen oder deutschen Heiterkeit. Ihre Heiterkeit ist afrikanisch; sie hat das Verhängnis über sich, ihr Glück ist kurz, plötzlich, ohne Pardon.« Logik in der Passion. Ein Glück, das kurz und plötzlich, ohne Pardon ist. Nietzsche hat mit diesen Wörtern, längst von der Geschichte des Don José und der ihm verhängnisvoll gewordenen schönen Zigarrenarbeiterin abstrahierend, auf den ästhetischen Begriff gebracht, was »Leidenschaft« oder »Intensität« im Sinne eines kulturphysiognomisch-öffentlichen Stilbegriffs ist. Übergehen wir einmal die Frage, inwiefern hier auch mit einem geographisch fundiertem Vitalismus operiert wird, der das damals ausbrechende moderne »Unbehagen in der Kultur« mit dem Zitat eines – seinerseits längst operabel gewordenen – vorderorientalisch-nordafrikanischen Exotismus beantwortet, zu dem Bizets Oper ja selbst gehörte. Erwähnen wir nur, daß sich Nietzsches *décadence*-Verdacht nicht nur gegen Richard Wagner, sondern ebenso gegen sich selbst richtet – und dies nicht ohne die Koketterie und das Ethos des sich als modern definierenden Künstlers –, daß dieser Epochenhaß, diese Sehnsucht nach dem jedenfalls ästhetisch noch nicht »Ausdifferenzierten« anläßlich der Musik von *Carmen* auf einen Natur-Begriff fiel, der mit gespielter oder wirklich tief empfundener Naivität noch einmal das ganz Elementare zu rekonstruieren unternahm, und eben dieses gegen das Banale seiner Gegenwart ausspielte. Konzentriert man sich bloß auf die Worte von der »Logik in der Passion« und dem »Glück ohne Pardon«, dann erscheint jenseits des ideologiekritisch einklagbaren und möglicherweise ersatzlos zu streichenden Exotismus des Bohemien, der auf der Suche ist nach Regressivem, noch etwas anderes, mit der modernen Zivilisation zwar zu Vereinbarendes, ihr aber aus Gründen, die sozialpsychologisch aufzuklären wären, immer mehr Verlorengegangenes.

Mit den Worten »Logik in der Passion« und »Glück ohne Pardon« zitierte Nietzsche natürlich nicht bloß Mérimées Grausamkeit, sondern und vor allem einen Diskurs über Liebe, wie er durch Stendhal ein und für alle Mal der westeuropäischen Reflexion darüber eingegeben worden ist. Denn Liebe – daran erinnerte uns Niklas Luhmann kritisch –, erotische Intensität also, ist vor allem auch das reflexive Verhältnis dazu: »Es gibt Leute, die nie verliebt gewesen wären, wenn sie nicht von der Liebe hätten sprechen hören«, schrieb schon La Rochefoucauld in seinen *Maximen*. Wir können das noch freier übersetzen: Liebe, sofern sie eine Spielart von »Intensität« darstellt, kommt erst in Erscheinung, wenn es zur Selbstverständigung des Liebenden mit einem Objektiven, in diesem Fall einem Stil-Ideal kommt. Dabei steht dieses reflexive Verhalten immer zwischen dem negativen Pol der kulturellen Norm und dem positiven Pol eines zulässigen, subjektivistischen Narzißmus. Im

Falle der kulturellen Norm kommt es zu einer komisch-pompösen Nachahmung der zivilisatorisch vorgegebenen Verhaltensweise, oder man bleibt ganz einfach im pompös Epigonalen stecken. Im Falle des, wie ich unterstelle, noch zulässigen Narzißmus weiß sich der »intensiv« Fühlende einig mit einer großen Tradition, der er nicht einfach gehorcht, sondern die er noch einmal in sich selbst neu herstellt. Wenn Nietzsche die »Logik in der Passion« anläßlich Bizets *Carmen* erwähnt, dann beschwört er – gegen die Banalität der Gründerspießer, gegen ihre Architektur, gegen ihre Wissenschaft, gegen ihre schwitzende Sentimentalität der »Versöhnung« – also nicht das afrikanisch Atavistische, sondern die Reflexion der Moderne selbst! Diese war spätestens seit Julien Sorels Sehnsucht nach dem Abenteuer Napoleons und seit seiner Berechnung der Madame de Rênal unübersehbar und unrevidierbar ironisch. Wir können also konstatieren: Indem Nietzsche Bizets Leidenschaftsmusik in Sätzen ausdrückt, die den Stendhalschen Liebesdiskurs zitieren, entwickelt er ein Intensitätsprogramm, das die ihn umgebende, dumpfe seelische Temperatur nicht bloß exotisch oder bloß romantisch konterkariert, sondern relevant »unzeitgemäß« herausfordert. Es ist ein anderes Problem, daß diese Gesellschaft auf seine Herausforderung nie reagiert hat. Und es ist wiederum ein anderes Problem, daß die Nietzscheaner der Jahrhundertwende sich eher für jenen Stil engagierten, den Nietzsche Richard Wagner angelastet hatte, also schwitzend und sentimental. Dies gilt es anläßlich eines aktuellen Nietzscheanismus sich zu vergegenwärtigen, der ähnlich »innerlich« gerichtet ist wie zur Jahrhundertwende: Nietzsches objektivistisches Intensitätsprogramm ist nicht rezipiert worden. Es ist nicht verstanden worden, daß dieses Intensitätsprogramm keine subjektivistische Lebensreform vorschlug, sondern ganz im Gegenteil eine objektive Ästhetik darstellte, die sagte: Intensität ist das Wissen von Intensität, ist eine intellektuelle Haltung, eine seelische Temperatur jenseits eines tautologischen Naturalismus.

Wenn wir objektivistisch sagen, wollen wir Nietzsches Ruf nach der »Natur« auf das kategorial Wesentliche beziehen. Denn was war für ihn die Natur in Bizets Oper? Sie war »Liebe als Fatum«, sie war »zynisch, unschuldig, grausam«, sie war auch der »*Todhaß* der Geschlechter«. Es soll nicht unterschlagen sein, daß im letzten Satz auch eine tragistische Mystifikation steckt, die Nietzsche mit bedeutenden Zeitgenossen wie Friedrich Hebbel und Charles Baudelaire teilte: es war sozusagen die Reverenz an einen theatralischen Topos des theatralischen 19. Jahrhunderts. Aber hinter dieser üppigen Verkleidung ist das lapidare Wahre zu entdecken, das dieser Satz – entgegen einer neuen Hygiene der erotischen Harmlosigkeit bzw. der bloßen Zärtlichkeit – enthält: nämlich die prästabilisierende Disharmonie des sexuellen Genusses zwischen den Paaren – es sei denn, man hat ein Intensitätsprogramm entwickelt, das bewußt das Einmaleins der Hygiene hinter sich läßt. Wenn Nietzsche sagt, daß nur eine tragische Auffassung der Liebe eines Philosophen würdig sei, dann will er darauf hinweisen, daß nur der Philosoph nicht dem Klischee verfällt, nach dem die Liebe selbstlos ist. Diese auch von den meisten kleinbürgerlichen Künstlern, nicht zuletzt von Richard Wagner geteilte gemütliche Ansicht verstößt zutiefst gegen Nietzsches Intensitätsprogramm: diese gemütliche Ansicht läßt sich nämlich gehen. Sie läßt sich gehen nach Maßgabe einer zur bürgerlichen Wohnstube reduzierten Welt: sie ist unangestrengt, privatistisch und pragmatisch. Sie stellt sich nicht der anstrengend alten, materialistischen Einsicht in die »amour propre«, dem Egoismus des leidenschaftlichen Gefühls, der Selbstbegegnung des Gefühls als Zwang zum großen Stil. Es ist erkennbar, daß in Nietzsches wenigen Sätzen über den Charakter der »Natur« der Liebe zwischen Carmen und Don José der lakonische Gehalt von Genuß und Phantasie geahnt ist, wie er später von einigen französischen Emphatikern der Liebe (in Deutschland gab es statt dessen Seinsphilosophen) ausgebreitet wurde. Mit einem Wort: der notwendige Narzißmus der Intensitäts-Rede.

Und noch etwas steckt in Nietzsches Reflex auf das Tragische: die Auffassung des intensiven Menschen als Schauspieler. Giorgio Colli schreibt dazu unter der Überschrift »Ein Matador«, die zu unserem Thema besonders gut zu passen scheint, folgendes: »Nietzsche ist Shakespeare verwandt in der souveränen Fähigkeit, den Menschen als Stoff fürs Theater zu betrachten. Es scheint fast, als hätte es die Vergangenheit nur deshalb gegeben, damit er sie darstellen könne, damit er dem Zuschauer seine Weise, sie darzustellen, aufzwingen könne. Es gibt in ihm eine Veranlagung – und sie macht sich bei jeder Gelegenheit bemerkbar –, die Vergangenheit der menschlichen Seele mit einer Intensität noch einmal zu leben, die nichts anderes ist, als Identifikation des Schauspielers.« Nietzsche selbst hat die Schauspielerveranlagung von Richard Wagner in *Der Fall Wagner* so ambivalent geschildert, wie es nur einer vermag, der selbst das theatralisch Schauspielerische in sich trug; und eben nach dem Urteil dieses Ingeniums für das Schauspielerische als das Intensive kritisiert Nietzsche den Komponisten: »Mit einem solchen Theaterverstande als Führer ist man nicht in Gefahr, unversehens ein Drama zu schaffen. Das Drama verlangt die *harte* Logik: aber was lag Wagnern überhaupt an der Logik! Nochmals gesagt: es ist *nicht* das Publikum Corneilles, das er zu schonen hatte: bloße Deutsche!« Hat sich Nietzsche und sein Argument der »harten Logik«, auf dem allein Intensität beruhen könnte, etwa doch nach dem heroisch-aristokratischen 17. Jahrhundert zurückgesehnt, so wie Mathilde de la Mole in Stendhals *Le rouge et le noir* mit den abgeschlagenen Köpfen ihrer hochadligen frondierenden Vorfahren phantastisch umging, um der Langeweile einer bürgerlich gezähmten Gesellschaft für Stunden jedenfalls zu entkommen?

Dann entpuppte sich Nietzsches Intensitätsprogramm am Ende doch noch als die kulturhistorische Nostalgie, der sich schon Jacob Burckhardt und der ästhetische Historismus der mittfünfziger Jahre des 19. Jahrhunderts bekanntlich ergeben haben. Dann wäre unserer Gelegenheitsfrage nach systematischem Sinn und geschichtlicher Möglichkeit von »Intensität« schon am ersten Prüfstand, den es dafür gibt, eine negative Antwort zu geben. Aber das ist nicht notwendig. Über die Hürde des Hammerphilosophen bekommen wir das Intensitätsprogramm auch bei diesem letzten Einwand: Nietzsche ging es um den Nachweis einer mentalen Alternative zu seinem Gegenwärtigen, nicht um eine Rückwendung. Dabei nahm sein Intensitätsprogramm eine analoge Stelle zu seinem Verständnis des Wortes »Pathos« ein, das er in einer Anmerkung darlegt. Dieses Pathos und nicht die »Handlung« sei die einzig richtige Übersetzung des griechischen Wortes »Drama«. Es ist hinzuzufügen, daß damit der Entwicklung der Tragödie durch erzählerisch Vermittelndes widersprochen werden sollte. Also einer Ekstatik der Kunst der Vorzug gegeben wurde, die bloß dem Anschein nach archaisch ist. Denn diese Ekstatik wurde immerhin später zu einem zentralen Element der klassischen Moderne. Man kann das auch polemisch ausdrücken. Ein solches Pathosverständnis zum Mittelpunkt des Dramas zu machen, das war der schroffe Gegensatz zu Hegels dramatischem Entwicklungsgesetz. Es war vor allem die Absage an die »Idee«: »Erinnern wir uns, daß Wagner in der Zeit, wo Hegel und Schelling die Geister verführten, jung war; daß er erriet, daß er mit Händen griff, was allein der Deutsche ernst nimmt – ›die Idee‹, will sagen etwas, das dunkel, ungewiß, ahnungsvoll ist... Die Musik als ›Idee‹ – Und wie man Wagnern verstand! – Dieselbe Art Mensch, die für Hegel geschwärmt, schwärmt heute für Wagner; in seiner Schule *schreibt* man sogar Hegelisch! – Vor Allen verstand ihn der deutsche Jüngling.«

Es ist schon erwähnt worden, wie widersprüchlich Nietzsches Polemik gegen Wagner ist. Es gibt andere Passagen, in denen dieser gerade als der einzige deutsche Künstler erscheint, der es mit jener Moderne aufnehmen kann, die nach Nietzsches Ansicht Baudelaire, Delacroix und nicht zuletzt er selbst repräsentierten. Entscheidend für dieses Konzept von »Intensität« wider die Idee ist also ein Radikalismus der Form: »Man hat nirgendswo sonst die Leidenschaft in Fragen der Form, diesen Ernst in der *mise en scène* – es ist der Pariser Ernst *par excellence.* Man hat in Deutschland gar keinen Begriff von der ungeheuren Ambition, die in der Seele eines Pariser Künstlers lebt. Der Deutsche ist gutmütig –«. Man höre abermals die Worte, die sich hier zum Intensitätsprogramm zusammenschließen: Leidenschaft – Form – Seele! Dagegen steht die Gutmütigkeit! Man könnte auch sagen: die Unkenntnis, daß Leidenschaft nicht etwas Privat-Innerliches ist, sondern eine öffentliche Selbstbegegnung, öffentlich, weil sie eine ansehbare Form hat und allein durch diese Form existiert. »Leidenschaft«, »Intensität« ist also unabhängig von inhaltlicher Vergegenwärtigung. Die Vorstellung »Intensität« ist der Widerspruch zu einem innerlichen Verbundensein mit sich selbst, das der Zustand der Gemütlichkeit ausdrückt. Für Nietzsche gab es natürlich Erlebnisweisen der »Intensität«, die heute fremd geworden sind, weil fest angesiedelt im Ästhetizismus der Epoche. Etwa sein Genuß der »gefährlichen Faszination« des frühen Wagner, der Genuß von »fünfzig Welten fremder Entzückungen«, der Genuß impressionabler Musik überhaupt: »heiter und tief, wie ein Nachmittag im Oktober«, der Genuß des »Glücks, den *Süden* nicht ohne Schauder von Furchtsamkeit zu denken«. Dieses Glück an Intensität ist wohl dasselbe wie das Schöne, das Stendhal »une promesse de bonheur« nannte, ein Wort, das Nietzsche in *Zur Genealogie der Moral* zitiert.

Damit sind wir mit der Vorstellung von »Intensität« weit weg von pragmatisch-moralischen Kategorien. Und es ist nunmehr verständlich, warum die Gegenwart, wenn sie von »Gefühl« spricht, weit entfernt ist, dabei von »Intensität« oder Leidenschaft zu reden. Denn das »Gefühl« der Gegenwart, sofern repräsentativ vermittelt im Jugendmedium Film, ist notwendigerweise weit entfernt von dem Ursprung der als Neomythen reproduzierten Motive: so wie Nietzsche vom Ursprung der Tragödie aus dem dionysischen Tanz des archaischen Griechenlands spricht, so spricht Jorge Luis Borges vom Ursprung des Tangos in den Bordellen von Buenos Aires. Borges zitiert dabei Schopenhauer, der des jungen Nietzsche Inspirator war: »Die Musik ist Wille, Leidenschaft«. Als solche aber wäre sie heute ebenso nur qua Repräsentation, qua Reflexion, qua Bewußtsein von »Intensität« zu haben, wie es Nietzsche als moderne Methode wider das Sichgehenlassen im Gemütlichen entwickelt hat.

Der Intensitätsdiskurs ist – wir sagten es schon – in diesem Lande eigentlich nie aufgenommen worden, und man ist von ihm heute mehr denn je entfernt – das demonstriert die »Körperwelle«. Geistesgeschichtlich bedeutsam wurde dieser charakteristischerweise erst wieder im Lande, dem Nietzsche sein emphatisches Beispiel entnahm: Man könnte Albert Camus' in den vierziger Jahren begonnene Auseinandersetzung mit Sartre als Wiedereröffnung des von Nietzsche erfundenen Intensitätsprogramms für die Moderne verstehen: »Deshalb verwirklicht der Mensch sich nur in der Liebe, weil sie ihm blitzartig das Bild seiner zukunftslosen Lage vor Augen führt (und nicht, wie die Idealisten behaupten, weil sie eine Annäherung an eine bestimmte Form des Ewigen wäre).« Für Camus war Sartre ein Idealist, der nichts von »Intensität« wußte, weil er nichts von »Natur« wußte und diese in die Geschichte Hegels transformierte. Natur und Plötzlichkeit wider Hegel und die Geschichte. Camus sagte auch: Stil statt Dialektik! Es sind die gleichen Antinomien wie in Nietzsches Attacke auf den christlich gewordenen Wagner. Heute sind sie abermals zu erkennen im Gegensatz zwischen westdeutscher Sozialphilosophie und französischem Post-Strukturalismus, dessen ästhetische Begrifflichkeit bei Foucault und Derrida auffälligerweise an Intensitätskriterien festhält, die auch der italienische Nietzsche-Forscher Giorgio Colli als erotische Erfahrung beschrieb. Nietzsches geographische Erklärung der Intensität bestätigt sich also zuletzt doch noch.

Gebrauchsanweisung. Der Film *Carmen* des spanischen Regisseurs Carlos Saura könnte als ein gegenwärtiges Intensitätsprogramm, als ein Plädoyer für Intensität, als Frage, ob sie noch gelebt werden kann, gedeutet werden. Legen wir die an unserem Lehrbeispiel gewonnenen Definitionsmerkmale an, so finden wir hier die aktuelle Bestätigung. Charakteristischerweise nämlich erscheint Sauras Film eben in jenen Szenen problematisch, wo öffentliche Auftritte des Tanzes übergehen in die Innerlichkeit einer privaten häuslichen Szenerie. Solange die Vermutung, es gäbe eine Identität zwischen Formalem und Inhaltlichem, zwischen Tanz und Leben, zwischen Spiel und Wirklichkeit, im Tanzakt selbst ausgedrückt ist, solange ist die Kategorie Intensität nicht gefährdet. Sobald dieser Formalismus, sobald diese Rhetorik, sobald, um mit dem Worte Nietzsches zu sprechen, dieses Pathos übergeht in eine reale Geschichte von jedermann, verschwindet die Intensität und der Kitsch droht. Was zu beweisen war: Intensität ist kein Gefühl.

HANS-MARTIN GAUGER

Der intensive Roman: »Rot und Schwarz«

Wo ist in *Rot und Schwarz* Intensität? Zunächst im erzählten Geschehen: da ist – vom Erzähler her und durchaus auf den Leser von 1984 übergreifend – materielle und, vor allem, psychische Intensität. Sodann, damit zusammenhängend, bei den drei zentralen Figuren: nicht nur Julien Sorel, auch Mathilde ist ein intensiver Charakter, und in anderer Weise, zumindest gegen Ende des Romans, gilt dies auch für Madame de Rênal. Schließlich in der Art, *wie* hier erzählt wird: im äußerst spezifischen Erzählstil dieses Erzählers.

Was aber ist Intensität? Kein Ding, sondern eine Eigenschaft: etwas an etwas; an etwas Materiellem oder Psychischem. Freud gebraucht für den psychischen Bereich anstelle von »Intensität« den deutschen Ausdruck – er liebte deutsche Ausdrücke – »Besetzung«. Dies ist eine brauchbare Verdeutlichung: ein Inhalt wird »mit einem bestimmten Affektbetrag besetzt«, er erhält ein bestimmtes Quantum psychischer Energie. Eine räumliche Metapher also, wie dies, etymologisch, auch auf »Intensität« zutrifft (*intensus,* »gespannt«, etwa von einem Bogen gesagt). Man kann die Ausdrücke »Intensität« und »Besetzung« neutral verwenden (geringe oder hohe Intensität, starke oder schwache Besetzung) oder, von vorneherein, im Sinne des *hohen* Grads. Um die letztere Verwendung soll es hier gehen. Gegensatz des Intensiven ist übrigens nicht – hierzu könnte die Sprache verleiten – das Extensive; Intensität gibt es auch in der Extension, literarisch zum Beispiel bei Proust oder Dostojewski ... Der Gegensatz ist das Laue, Leidenschaftslose, Brave und Zahme, das Konventionelle, das Mäßige und Mittelmäßige.

Gerade so – nämlich als gar nicht intensiv – empfand Henri Beyle (so hieß Stendhal eigentlich) seine Zeit, genauer: die Zeit nach seinem zweiunddreißigsten Jahr, nach 1815, nach Napoleons Fall. In dieser Zeit, der Restauration, spielt sein erster Roman, *Armance,* und auch sein zweiter, *Le rouge et le noir,* der sein erster großer ist. *Rot und Schwarz,* November 1830 erschienen, schrieb der schon Sechsundvierzigjährige in kurzer, intensiver Arbeit im Herbst 1829 in Marseille, dann wieder, überarbeitend und erweiternd, im Frühjahr 1830 in Paris, übrigens nach einer intensiven Liebesaffäre mit Alberthe de Rubempré, einer Kusine des Malers Delacroix, und inmitten einer anderen, nicht weniger intensiven, mit Giulia Rinieri, einer Patrizierstochter aus Siena, die in Paris unter der Obhut des toskanischen Gesandten lebte.

Beschränken wir uns auf den Roman selbst, auf seine unmittelbare Wirkung. Lassen wir das literarhistorisch Übliche beiseite: daß *Rot und Schwarz* drei reale zeitgenössische »faits divers« zugrunde liegen, vor allem der Dezember 1827 in der *Gazette des Tribunaux* minuziös geschilderte Fall Antoine Berthet aus Beyles Heimat, der Dauphiné; daß der Roman viel Autobiographisches enthält; daß sich Beyle in die Figur Juliens projizierte als derjenige, der er hätte sein wollen (und also, in gewissem Sinne, *war*): hübsch und tüchtig, demnach erfolgreich bei Frauen und in der Männerwelt; daß Madame de

Rênal – dieser Autor, selbst schon Freudianer, ist ein Paradiesgarten für psychoanalytische Interpretation – viel mit Beyles Mutter zu schaffen hat; daß »in keinem früheren Roman zeitgeschichtliche, politische und soziale Bedingungen auf eine so genaue und reale Weise in die Handlung verwoben sind« (Erich Auerbach), woran sich die Frage knüpft, ob schon mit diesem Roman oder erst mit der *Bovary* Flauberts der literarische Realismus beginne; daß der Roman die politisch-soziale Stimmung der Restaurationszeit schildert (er tut dies eigentlich nicht; er macht uns – nebenher und unvollständig und innerhalb von »Fiktionalität« – deutlich, wie Beyle sie erlebte, was etwas ganz anderes ist; zudem würde uns jene Restauration nicht unbedingt interessieren; wir haben unsere eigene); daß er lebt von der Beyleschen »Ursituation des Widerstands« gegen jene Zeit (Hugo Friedrich); daß er von einem intensiven (wiederum biographisch fundierten) Antiklerikalismus, vor allem dem Haß auf Heuchelei bestimmt ist; daß Beyle noch ein Mann des 18. Jahrhunderts war; daß er die romantische Schreibweise haßte; daß Juliens Weg eine Bonaparte-Wiederholung ist (das Parvenu-Motiv: der Mann, der von unten kam); daß Beyles Vorliebe der sozial ungezähmten Tatkraft, dem Typus des Renaissance-Menschen und – auch insofern – dem Süden Europas galt und dessen »südlicheren, bräuneren, verbrannteren Sensibilität« (so Nietzsche, einer der frühesten »Beylisten«, nach Goethe); daß *Rot und Schwarz* nachlässig geschrieben sei (aber da *ist* keine Nachlässigkeit; es sei denn durch Intensität bedingte, und was heißt dann »Nachlässigkeit«?).

Es geht uns also nur, unter dem Gesichtspunkt der *Intensität,* um die Wiederanknüpfung, die Intensivierung einer Freundschaft.

Man liest vieles zu früh. Es wäre nicht schlimm, wenn man das Frühgelesene wiederläse. Oft jedoch ist das Meisterwerk »abgehakt«: man weiß Bescheid. In Wirklichkeit weiß man nicht – es zeigt sich, wenn man tatsächlich wiederliest –, was man seinerzeit, sechzehn- oder achtzehnjährig, gelesen hat. Am besten dran ist der *homo novus,* dem Juliens (und des Erzählers) Freundschaft erst bevorstehen. Rekapitulieren wir.

Julien Sorel stammt aus Verrières, einem (fiktiven) Städtchen im Jura in der Nähe von Besançon: es ist die historische Landschaft der Franche-Comté. Er ist einfacher Herkunft, eines Zimmermanns Sohn: eine (vielleicht nicht kontingente) Christusanalogie … Wir treffen ihn achtzehnjährig: »Alle im Haus verachteten ihn; seinerseits haßte er die Brüder und den Vater; bei den Spielen am Sonntag, auf dem Platz, wurde er immer geschlagen.«[1] – Jedoch: »es gab, wegen seines hübschen Gesichts, unter den Mädchen freundliche Stimmen«. Ein alter Regimentsarzt, Relikt aus dem italienischen Feldzug Bonapartes, der sich nach Verrières zurückgezogen hatte, hat dem Jungen Latein und etwas Geschichte beigebracht; als er starb, hinterließ er ihm, neben dem Kreuz der Ehrenlegion, drei Dutzend Bücher. Juliens »Koran«, wie der Erzähler sagt, waren: das *Mémorial de Sainte-Hélène,* eine Sammlung von Berichten der »Großen Armee«, Rousseaus *Confessions.* Um den Pfarrer zu gewinnen, hat Julien das ganze Neue Testament, auf Lateinisch, versteht sich,

[1] Die Zitate wurden von mir übersetzt.

auswendig gelernt; auch das Werk *Du pape* des intelligenten Reaktionärs Joseph de Maistre hat er studiert. Jedoch: »er glaubte an das eine Buch ebensowenig wie an das andere«. Schließlich: Julien will Priester werden. Denn er will nur eines: nach oben. Und die Kirche ist jetzt, da der Kaiser nicht mehr da ist, für einen jungen Mann seines Stands, dazu die einzige Möglichkeit. Dies also ist der Ausgang. Der Roman führt Julien über vier Stationen.

Erstens: Aufnahme, als Erzieher, in das Haus von Monsieur de Rênal, Bürgermeister von Verrières. Liebschaft mit der frommen, schönen und sanften, aber doch auch leidenschaftlichen Madame de Rênal. Schließlich jedoch der drohende Skandal.

Zweite Station. Priesterseminar in Besançon: ein sehr geschlossener, dicht geschriebener Teil des Werks. Verstellung, Fortschritte in der Beherrschung dieser Kunst, durchgehende Verachtung für Lehrer und Mitzöglinge. Eine Ausnahme: Julien gewinnt den Abbé Pirard zum väterlichen Freund; Pirard vermittelt ihm eine Stelle als Privatsekretär bei einem hohen Herrn in Paris, dem Marquis de la Mole.

Dritte Station. Hôtel de la Mole. Es ist – so eine Kapitelüberschrift – der »Eintritt in die Welt«. Julien macht sich durch unauffällige Effizienz rasch unentbehrlich. Zudem wird er nun ein »homme du monde«, beinahe ein Dandy. Äußerst komplizierte Liebschaft mit der schönen, unkonventionellen, ja etwas wilden, vor allem aber stolzen Tochter des Marquis, Mathilde de la Mole. Mehr und mehr verfällt sie Julien: nicht nur, daß er hübsch ist, er ist vor allem anders, interessanter als die ihr zugedachten Männer *ihres* Stands. Julien gefällt die schöne, ihm ähnliche Mathilde auch. Stärker aber als bei Madame de Rênal ist hier auf seiten des mißtrauischen Julien der Wille zu herrschen. Dies gelingt ihm durchaus; nicht zuletzt mit der Hilfe einer »machiavellistisch« (aber nicht restlos) fingierten Liebe zu der Marschallin von Fervaques: »sie hatte die Augen und den Blick von Madame de Rênal«. Die Beziehung Julien–Mathilde ist eine kühne, aufreizende, wahrhaft intensive Mischung seelischer Quälerei und, nicht nur bei Mathilde, seelischem Masochismus. Ein Kapitel endet so: »›Oh, Verzeihung, Freund‹, fügte sie hinzu und warf sich an seine Knie, ›verachte mich, wenn du willst, aber liebe mich, ich kann nicht leben ohne deine Liebe‹. Und sie fiel, nun wirklich ohnmächtig, nieder. ›Da liegt sie‹, sagte Julien zu sich, ›diese stolze Frau liegt mir zu Füßen!‹« Schließlich – »›gut, entehre mich‹, sagte sie endlich mit einem Seufzer, ›es ist eine Garantie‹« – erwartet Mathilde ein Kind. Der Marquis, obwohl außer sich, willigt in die Ehe ein. Er macht Julien zum Leutnant und läßt ihn adeln; er heißt nun Monsieur le chevalier Julien de la Vernaye. »Die Änderung seines Namens erfüllte ihn mit lähmendem Erstaunen. ›Nun also‹, dachte er, ›nach alledem ist mein Roman zu Ende, und das Verdienst daran gebührt mir allein. Es ist mir gelungen, die Liebe dieser Frau, ein Monstrum an Stolz, zu gewinnen‹, fügte er, indem er Mathilde betrachtete, hinzu. ›Ihr Vater kann ohne sie nicht leben und sie nicht ohne mich.‹« So wieder am Schluß eines Kapitels. Juliens Roman geht aber weiter. Der Marquis hatte Erkundigungen eingeholt bei Madame de Rênal. Diese schreibt, unter dem Einfluß ihres Beichtigers, einen Brief, der Julien als skrupellosen Parvenu präsentiert; durch Verführung suche er sich einzunisten in Reichtum und Macht. Julien – dies wird auf einer einzigen Seite erzählt – eilt nach Verrières und feuert in der Kirche, während der Priester die Hostie erhebt, zwei Schüsse auf Madame de Rênal.

Vierte Station. Das Gefängnis zu Verrières. Julien ist verwandelt. Er will nur noch eins: das würdige Ende. Beide Frauen besuchen ihn im Kerker. Madame de Rênal, die nur leicht verletzt wurde, haßt ihn keineswegs, vielmehr liebt sie ihn – hier zeigt sich *ihre* Intensität – wie nie zuvor, und sie erhält nun eindeutig den Vorzug: »Du mußt wissen, daß ich dich immer geliebt und daß ich nur dich geliebt habe.« Sie unternimmt alles, um ihn zu retten. Auch Mathilde, die Julien jetzt ermüdet, nicht zuletzt durch Eifersucht, und zu der er bloß noch höflich sein kann, kämpft um sein Leben. Vergebens: Urteil – zuvor die große anklagende Rede an die Geschworenen – Tod unter der Guillotine. Mathilde arrangiert ein außerordentliches Begräbnis (hier das unerhörte Detail mit dem geraubten Kopf: Intensität bis zum Ende); Madame de Rênal – Intensität auch hier, aber anders geartet – stirbt »drei Tage nach Julien ihre Kinder umarmend«. Mit diesen Worten schließt der Roman: ein Beispiel, ein letztes, für den berühmten Lakonismus dieses Erzählers.

Ehrgeiz und Stolz sind in Julien intensiv angelegt. Ihre Intensität bedingen auch die Intensität seiner Verstellung. Aber auch Juliens Liebesverlangen ist intensiv. Jedoch: Ehrgeiz und Stolz instrumentalisieren die ihm entgegengebrachte Liebe als Mittel der Macht. Innerhalb seines durchweg ichbezogenen »grand dessein« geht es Julien, beinahe unwillkürlich, wenn es um Liebe geht, zunächst um Selbstbestätigung, schließlich um Herstellung von Hörigkeit. Der fatale Brief Madame de Rênals ist nicht Verleumdung, sondern Entlarvung. Man darf sich durch seinen blumig frömmelnden Heuchelton nicht täuschen lassen (wie angewidert, nicht nur aus Lakonismus, bricht der Erzähler den Brief mit einem »etc., etc., etc.« ab); der Brief sagt die Wahrheit: »mit Hilfe vollkommenster Verstellung und durch die Verführung einer schwachen, unglücklichen Frau suchte dieser Mann, sich eine Stellung zu verschaffen und etwas zu werden«. Zwar entspricht dies nicht dem Empfinden der »schwachen, unglücklichen Frau«, aber es trifft zu. Und es trifft: nach der Lektüre sagt Julien denn auch nur: »Ich kann Monsieur de la Mole nicht tadeln; er ist gerecht und klug. Welcher Vater würde die geliebte Tochter solch einem Mann überlassen! Adieu!« Indem Julien die Liebe zu ihm zum Mittel macht, vernichtet er zwar nicht seine eigene, denn er liebt wirklich (was immer dies heißen mag), aber er pervertiert sie. Die Intensität seines Ehrgeizes mindert die – an sich gegebene – seines Liebesverlangens und Liebesgenusses. Dies zeigt, gleich zu Beginn, das Weitere ankündigend, die berühmte Szene mit der Hand in dem mit »Ein Abend auf dem Lande« überschriebenen Kapitel (Stendhal ist ein Meister der ironisch suggestiven Überschrift). Julien hat es sich zur »Pflicht« gemacht zu erreichen, daß Madame de Rênal ihre Hand nicht mehr zurückzieht, wenn seine, was zufällig geschehen war, ihre berührt, und nimmt sich vor, dies genau zehn Uhr, mit dem Glockenschlag, zu erreichen. Es gelingt: »Er war überglücklich. Nicht, daß er Madame de Rênal geliebt hätte, sondern eine entsetzliche Qual hatte ihr Ende gefunden.« Zuvor schon (wieder am Kapitelende) hatte der Erzähler angemerkt: »Der Gedanke an eine zu erfüllende Pflicht (Ehrgeiz!) und der an die Lächerlichkeit oder vielmehr an das Gefühl der Unterlegenheit, dem er, im Fall des Mißlingens, ausgesetzt sein würde (Stolz!), machte in seinem Herzen augenblicklich jedes Vergnügen zunichte.« Zwei Intensitäten also, von denen die eine die andere sie deformierend dominiert, ohne sie jedoch zu vernichten oder auch nur entscheidend zu zähmen. Nach der Tat, im Gefängnis, in dem nun eigentümlich entrückten Zustand Juliens, schwindet – »durch dies große Wort: ich werde sterben« – jeglicher Ehrgeiz, und nun bricht die Liebe sich ungehindert Bahn: »Jamais il n'avait été aussi fou d'amour.« Und die Liebe wird nun, was doch wohl, zumindest in ihrem Vollzug, zu ihrem Wesen, ihrer *Intensität* gehört, exklusiv: sie gilt nur der Einen, der mütterlichen Madame de Rênal. Das Ende dieses Romans ist auch, im Blick auf Intensität, sein Höhepunkt. Julien – daß er dem Leser so liebenswert erscheint, ist des Autors Geheimnis, seine »Leistung« – Julien war ziemlich dicht daran, zum Schurken zu werden: es ist da eine eigentümliche, eine *konträre* Analogie zum Tartuffe Molières (eine für diesen Roman und Stendhal überhaupt äußerst wichtige Figur). Der Autor hat Julien – für uns – gerettet.

Die Intensität von Madame de Rênal ist die der – wahrhaft unbeirrbaren Beharrlichkeit und Unbedingtheit ihrer Liebe. »Seit langem«, heißt es nach der Tat, »begehrte sie aufrichtig den Tod. Der Brief an Monsieur de la Mole, ihr aufgezwungen durch ihren gegenwärtigen Beichtvater, hatte diesem durch ein zu lange währendes Unglück geschwächten Wesen den letzten Stoß versetzt. Das Unglück war die Abwesenheit Juliens; sie nannte es – Stendhal, der Psychologe (Nietzsche: »dieser letzte große Psycholog«), mit Ingrimm – »*den Gewissensbiß*. Der Beichtvater, ein junger Geistlicher, eifrig und tugendhaft, gerade frisch angekommen aus Dijon, täuschte sich darin nicht.« Offenbar ebenfalls ein Psychologe. Das Mütterliche – mit den Assoziationen von Schutz und Ruhe (»une tendresse simple, naïve et presque timide« wünscht sich Julien am Ende) – ist bei Madame de Rênal unverkennbar. Das erste Wort, das Madame de Rênal an Julien richtet, wie sie ihn »äußerst blaß und verweint« am Tor ihres Anwesens erblickt, lautet: »Que voulez-vous ici, mon enfant?« Sie behält bis zum Ende etwas Unnahbares, Reines, geradezu Madonnahaftes; hierzu gehört sprachlich, daß sie nicht mit ihrem Namen, sondern stets nur »Madame de Rênal« genannt wird (nur einmal, soweit ich sehe, fällt ihr Name: Louise). Sie wird zur »Pietà«, die aber den Tod, die Hinrichtung (!) des Sohns nicht überlebt; sie stirbt nach drei (!) Tagen.

»Mit der Lebhaftigkeit und der Anmut, die ihr natürlich waren, wenn sie dem Blick der Menschen nicht ausgesetzt war«, tritt Madame de Rênal Julien zum ersten Mal entgegen. Ganz anders Mathilde: ihre »hochmütige Seele brauchte stets die Vorstellung eines Publikums und *der anderen*«. Bei Mathilde ist zunächst die Langeweile an ihrer Umwelt intensiv: an sich kalten und trockenen Herzens teilt sie Juliens (und des Autors) Liebe zu großherzigeren, leidenschaftlicheren, *intensiveren* Zeiten und Regionen. Und sie ist stolz; es ist dies ihre eigentliche Intensität, die Julien niederzuringen weiß: »bald besiegte ihr Interesse für Julien den Stolz, der, solange sie sich kannte, ihr Herz ausschließlich beherrscht hatte. Aber« – und in diesem Zusatz steckt Beyle, der Psychologe, ganz – »wenn auch leidenschaftliches Gefühl den Stolz besiegt hatte, so folgte ihr Herz doch den Gewohnheiten des Stolzes noch immer.« Bei ihr also schwemmt die Leidenschaft, durch Juliens arge Taktik hochgepeitscht, den Stolz, auch was dessen Gewohnheiten angeht, hinweg. Sie wird zuletzt – in einem äußerst machistischen Sinn – zum Weibchen: »du bist mein Herr, ich bin deine Sklavin, ich muß dich auf Knien um Verzeihung bitten dafür, daß ich mich auflehnen wollte ... strafe deine Sklavin streng, wenn sie sich auflehnen will«. Da schaltet sich der Erzähler charakteristisch ein: »Aber es ist klüger, die Beschreibung eines solchen Grades der Verirrung und des Glücks zu unterdrücken.«

Dieser Erzähler, um nun von ihm zu sprechen, unterdrückt in der Tat vieles, und hier liegt *eine* seiner Intensitäten: er erzählt knapp, sprunghaft auslassend, keineswegs ohne Details, aber ohne auszumalen. Über die erste Liebesbegegnung (im engen Sinn) mit Madame de Rênal heißt es nur, nach der kurzen Schilderung des Beginns: »Einige Stunden später, als Julien Madame de Rênals Zimmer verließ, hätte man, im Stil eines Romans, sagen können, daß ihm nichts zu wünschen übrig blieb« (es folgt der – in seinen Werken mehrfach wiederkehrende – Beylesche Schlüsselsatz »n'est-ce que ça?«: »Mein Gott! Glücklich sein, geliebt werden – ist es nur dies?«) Über die Hinrichtung lesen wir bloß: »Alles spielte sich einfach, schicklich und, was ihn betraf, ohne jede Affektiertheit ab.« »Comme il insiste peu!« rief bewundernd André Gide. Und wirklich reizt dieser Erzähler – durchaus im doppelten Sinn dieses Worts – durch Auslassung: Reiz des Nichtgesagten, Nichtausgemalten, des bloß Angedeuteten; knisternde Leichtigkeit. Eine andere Intensität liegt in der Differenz zwischen der Außerordentlichkeit des Erzählten und dem vom Autor vorgeschobenen Erzähler (denn der Autor schafft nicht nur seine Figuren, er wählt auch seinen Erzähler). Dieser Erzähler ist – ein gewaltiger Unterschied zu Flaubert – zunächst einmal unausgesetzt kommentierend präsent. Wie ist dieser Erzähler? Da ist weltläufige Überlegenheit, »psychologischer Tiefblick« (so Goethes Formulierung, 17. 1. 1831, von Soret notiert), skeptische, sich nichts vormachende Unabhängigkeit, aber auch Bonhomie und ständige Bereitschaft zum Verstehen, wenn es um *wirkliches* Gefühl, um Liebe und Liebesverwirrung geht: ein Erzähler, der entspannt, ohne jede Schwerfälligkeit, mit einer eleganten und, man möchte sagen, unverschämten Trockenheit *berichtet.* Der Ton Voltaires aus dem Herzen Rousseaus. Ein Drittes kommt hinzu. Beyle projiziert sich in Julien (zum Teil auch in Mathilde) als der, der er hätte sein wollen. Aber der vorgeschobene Erzähler ist natürlich, in stilisierter Form, auch wieder Beyle. Es stehen sich also zwei Selbstentwürfe des Autors gegenüber, von denen der eine, der Erzähler, den anderen mit intensiver, aber überlegener, also sich nicht an sein Objekt verlierender Sympathie betrachtet. Diese Differenz im Identischen erzeugt eine weitere Intensität. Oder besser: sie trägt bei zu der komplexen, ganz unverwechselbaren Intensität dieses Erzählens insgesamt. Thomas Mann, um eine glückliche Formel nie verlegen, sagt in der *Entstehung des Doktor Faustus,* daß *Le rouge et le noir* »den Eindruck erweckt, als hätte es vor ihm nie einen Roman gegeben«. Eigentlich müßte man weitergehen und sagen, daß er, während man sich ihm hingibt, den Eindruck erweckt, es gebe außer ihm überhaupt keinen Roman. Er wirkt exklusiv, wie die Liebe, solange sie dauert.

JEAN-FRANÇOIS LYOTARD

Das Erhabene und die Avantgarde

I

In den Jahren 1950/51 malt Barnett Baruch Newman ein Bild von 2,42 m mal 5,42 m und nennt es *Vir heroicus sublimis*. Zu Beginn der sechziger Jahre erhalten seine drei ersten Skulpturen die Titel *Here I, Here II, Here III*. Ein anderes Bild heißt *Not over there, here (Nicht dort, hier)*, zwei Bilder tragen den Titel *Now (Jetzt,* oder *Nun)*, zwei andere *Be (Sei)*. Im Dezember 1948 schreibt Newman einen Essay mit dem Titel: *The Sublime is Now (Das Erhabene ist nun)*.

Wie hat man zu verstehen, daß das Erhabene oder, sagen wir vorläufig, der Gegenstand der Erfahrung des Erhabenen, hier und jetzt ist? Liegt das Wesentliche dieses Gefühls nicht im Gegenteil darin, auf etwas anzuspielen, das nicht gezeigt oder, wie Kant sagt, nicht dargestellt werden kann? In einem kurzen, unvollendeten Text von Ende 1949, *Prologue for a New Aesthetic (Vorrede zu einer neuen Ästhetik)*, schreibt Newman, daß es ihm in seinen Gemälden nicht »um die Manipulation des Raumes noch um das Bild, sondern um ein Zeitempfinden« gehe. Es handle sich nicht um eine Zeit, fügt er hinzu, die mit dem Gefühl der Sehnsucht beladen sei, mit Dramen, mit Assoziationen und Geschichte, und die das beständige Sujet der Malerei gewesen sei. Der Text bricht mit dieser Verneinung ab.

Um welche Zeit handelt es sich, welcher Art war das *Now*, das Newman im Auge hatte? Sein Freund und Kommentator Thomas B. Hess glaubt schreiben zu können, diese Zeit sei der *Makom* oder *Hamakom* der hebräischen Tradition, das *da*, der Situs, der Ort, einer der Namen also, die die Thora dem Herrn, dem Unnennbaren gab. Über den Makom weiß ich nicht genug, um sagen zu können, er sei das, woran Newman dachte. Aber wer weiß genug über das *Now*? Sicher konnte Newman nicht an den *instant présent,* den gegenwärtigen Augenblick denken, der sich zwischen Zukunft und Vergangenheit zu halten sucht und von ihnen verschlungen wird. Dieses *Jetzt* ist eine der »Ekstasen« der Zeitlichkeit, die seit Augustinus und Husserl von einem Denken analysiert wurden, das versucht hat, die Zeit vom Bewußtsein aus zu konstituieren. Das *Now* von Newman, ganz einfach *Now*, ist dem Bewußtsein unbekannt und kann nicht von ihm konstituiert werden. Es ist eher das, was das Bewußtsein außer Fassung bringt, es destituiert, was ihm nicht zu denken gelingt und was es vergißt, um sich selbst zu konstituieren. Was wir nicht zu denken vermögen ist, *daß etwas geschieht,* oder vielmehr und einfacher: *daß es geschieht.* Kein »großes« Ereignis im Sinne der Medien. Auch kein kleines. Sondern *eine occurence,* ein Vorkommnis.

Es handelt sich nicht um die Frage nach dem Sinn und der Wirklichkeit dessen, *was* geschieht, oder was *das* bedeutet. Bevor man fragt: was ist das?, was bedeutet das?, vor dem *quid,* ist »zunächst« sozusagen erfordert, daß es geschieht, *quod.* Daß es geschieht, geht sozusagen immer der Frage nach dem, was geschieht, »voraus«. Denn *daß es geschieht*: das ist die Frage als Ereignis; »danach« erst bezieht sie sich auf das Ereignis, das soeben geschehen ist. Das Ereignis vollzieht sich als Fragezeichen, noch bevor es als Frage erscheint. *Es geschieht, Il arrive* ist »zunächst« ein *Geschieht es? Ist es, ist das möglich?* Dann erst bestimmt sich das Fragezeichen durch die Frage: geschieht dies oder das, ist dies oder das, ist es möglich, daß dies oder das geschieht?

Ein Geschehnis, ein Vorkommnis, das, was Martin Heidegger Ereignis nannte, ist unendlich bloß, und dieser Blöße vermag man sich nur in der Entäußerung zu nähern. Was Denken genannt wird, ist zu entwaffnen. Es gibt eine Tradition und eine Institution der Philosophie, der Malerei, der Politik, der Literatur. Als solche sind sie »Disziplinen«, haben sie eine Zukunft, in Form von Schulen, Programmen, Forschungsprojekten, »Tendenzen«. Das Denken bezieht sich darin auf das, was überliefert wird, versucht es zu reflektieren und zu überwinden. Es versucht, was schon gedacht, geschrieben, gemalt, vergesellschaftet worden ist, zu bestimmen, um dasjenige bestimmen zu können, das es noch nicht ist. Wir alle kennen das, es ist unser tägliches Brot. Es ist Kommißbrot, Ration des Soldaten. Aber diese Agitation, im vornehmsten Sinne des Wortes (*Agitation* hat Kant die Tätigkeit des Geistes genannt, der über Urteilskraft verfügt und sie ausübt), diese Agitation ist nur solange möglich, als etwas zu bestimmen bleibt, was noch nicht bestimmt ist. Man mag sich bemühen, es zu bestimmen, indem man ein System, eine Theorie, ein Programm, Projekt konstruiert, und man muß das tun. Indem man es vorwegnimmt. Aber man kann auch diesen »Rest« befragen, das Unbestimmte geschehen lassen als Fragezeichen.

Von den Disziplinen und Institutionen des Denkens wird vorausgesetzt, daß nicht alles gesagt, geschrieben, aufgezeichnet worden ist. Die Worte, die vernommen oder gesprochen wurden, sind nicht die letzten Worte. »Nach« einem Satz, »nach« einer Farbe, wird noch ein Satz, eine Farbe kommen. Man weiß nicht welche. Man glaubt es zu wissen, wenn man den Regeln vertraut, die gestatten, Satz mit Satz, Farbe mit Farbe zu verketten, und die in den Institutionen der Vergangenheit und Zukunft, von denen ich gesprochen habe, aufbewahrt werden. Schule, Programm, Projekt erklären, daß nach einem bestimmten Satz dieser Satz oder wenigstens diese Art von Satz obligatorisch, jene Art von Satz erlaubt, eine andere Art von Satz verboten ist. Das gilt für die Malerei wie für alle Tätigkeiten des Denkens. Nach einem bildnerischen Werk ist ein anderes notwendig, erlaubt oder untersagt. Nach einer bestimmten Farbe eine andere, nach einem bestimmten Strich ein anderer. Es gibt keinen wesentlichen Unterschied zwischen einem avantgardistischen Manifest und dem Vorlesungsverzeichnis einer Kunsthochschule, wenn man sie in ihrem Verhältnis zur Zeit betrachtet. Beide sind Optionen dafür, daß es weitergehen soll. Aber zugleich vergessen beide die Möglichkeit: daß nichts geschieht, daß es nicht weitergeht, daß die Wörter, die Farben, die Formen oder die Töne fehlen, daß der Satz der letzte sein wird, daß das Brot nicht täglich ist. Dieses Elend erwartet den Maler, wenn er mit der bildnerischen Oberfläche zu tun hat, den Musiker vor der *surface sonore,* den Denker vor der Wüste des Denkens usw. Nicht nur vor der weißen Leinwand oder der weißen Seite, zu »Beginn« des Werks, sondern jedesmal, wenn etwas auf sich warten läßt, d.h. in Frage steht, vor jedem Fragezeichen, jedem *was nun?*

Oft wird mit der Eventualität, daß nichts geschieht, das Gefühl der Angst in Verbindung gebracht. Dieser Ausdruck verweist auf die modernen Philosophien der Existenz und des Unbewußten. Er verleiht dem Warten, sofern es sich wirklich um ein Warten handelt, einen prinzipiell negativen Wert. Aber dieses Warten, dieser *suspense* kann auch mit einer Lust verbunden sein, zum Beispiel der Lust, das Unbekannte zu empfangen, und selbst mit einer Freude, um wie Baruch Spinoza zu sprechen – der Freude der Steigerung des Seins, die durch das Ereignis ausgelöst wird. Wahrscheinlicher aber ist, daß es ein widersprüchliches Gefühl ist. Es ist zumindest ein Zeichen, das Fragezeichen selbst, die Weise, in der das *Es geschieht* sich zurückhält und ankündigt: *Geschieht es?* Die Frage kann sich in allen Tonarten modulieren, wie Derrida sagen würde. Aber das Fragezeichen ist »jetzt«, *Now*; und ebenso das Gefühl, daß nichts geschehen könnte: das Nichts jetzt. Dieses widersprüchliche Gefühl, Lust und Unlust, Freude und Angst, Exaltation und Depression, ist im Laufe des 17. und 18. Jahrhunderts in Europa immer wieder mit dem Namen des *Erhabenen* benannt worden. Unter diesem Namen hat die klassische Poetik ihren Einsatz gewagt und verloren, unter ihm hat die Ästhetik ihr kritisches Recht gegenüber der Kunst geltend gemacht und die Romantik, das heißt die Moderne, gesiegt.

Es ist die Aufgabe des Kunsthistorikers zu erklären, wie es möglich war, daß der Name des Erhabenen in den vierziger Jahren unter der Feder eines New Yorker Malers wiederkehrt. Das Wort *sublime* wird heute in der französischen Umgangssprache gewöhnlich verwandt, um zu bezeichnen, was Erstaunen (ähnlich wie z.B. das amerikanische *great*) und Bewunderung auslöst. Die Vorstellung aber, auf die es verweist, gehört seit mindestens zwei Jahrhunderten der strengsten Reflexion über die Kunst an. Newman ist sich der ästhetischen und philosophischen Tragweite, die das Wort *erhaben* impliziert, durchaus bewußt. Er hat die *Philosophical Enquiry* Edmund Burkes gelesen. Er kritisiert die seiner Meinung nach allzu »surrealistische« Beschreibung des erhabenen Werks durch Burke. Was umgekehrt heißt, daß Newman zufolge der Surrealismus noch zu sehr einer vorromantischen oder romantischen Auffassung des Unbestimmten verhaftet bleibt. Wenn er also die Erhabenheit im Hier und Jetzt sucht, bricht Newman mit der Eloquenz der romantischen Kunst. Aber er verwirft nicht die grundlegende Aufgabe: daß die bildnerische, wie jede andere, Expression vom Unausdrückbaren Zeugnis abzulegen hat. Das Unausdrückbare ist nicht in einem Jenseits, einer anderen Welt oder einer anderen Zeit beheimatet, sondern darin, *daß es geschieht, daß etwas geschieht*. In der bildenden Kunst ist das Unbestimmte, das *Es geschieht*, die Farbe, das Bild. Die Farbe, das Bild ist als Vorkommnis, als Ereignis nicht ausdrückbar, und davon hat sie Zeugnis zu geben.

Um dieser Verschiebung, in der vielleicht der ganze Unterschied zwischen der Romantik und dem modernen Avantgardismus liegt, die Treue zu halten, wäre *The Sublime is Now* nicht zu übersetzen mit: *Das Erhabene ist nun*, sondern mit: *Nun, das ist das Erhabene*. Nicht anderswo, nicht da oder dort, nicht früher oder später oder ein anderes Mal, sondern: hier, jetzt geschieht es, daß ..., und das ist dies Bild. Daß hier und jetzt dies Bild ist, und nicht vielmehr nichts, das ist das Erhabene. Die Fassungslosigkeit der Intelligenz, die zu fassen sucht, ihre Entwaffnung, das Eingeständnis, daß dies, dieses Vorkommnis der Malerei nicht notwendig, nicht einmal vorhersehbar war, ihre Blöße angesichts des *Geschieht es*, die Hut des Vorkommnisses »vor« aller Abwehr, aller Illustration, allem Kommentar, die Hut vor allem Blick, unter der Ägide des *Now*, das ist die *rigueur* der Vorhut, der Avantgarde. In der literarischen Kunst ist dieser Anspruch des *Geschieht es?* kaum je strenger ins Werk gesetzt worden als in Gertrude Steins *How to Write*. Es ist das Erhabene im Sinne Burkes und Kants, und doch ist es nicht mehr das ihre.

II

Das widersprüchliche Gefühl, wodurch sich das Unbestimmte ankündigt und entzieht, war von Ende des 17. bis Ende des 18. Jahrhunderts der Angelpunkt der Reflexion über die Kunst, und vielleicht ist das Erhabene die Weise künstlerischer Sensibilität, die die Moderne kennzeichnet. Eine Paradoxie ist, daß es von eben dem französischen Schriftsteller in die Diskussion der Gebildeten gebracht und leidenschaftlich verfochten wurde, den die Literaturgeschichte zu den hartnäckigsten Verfechtern des Klassizismus der Alten zählt. 1674 veröffentlicht Nicolas Boileau-Despréaux seine *Art poétique* und gleichzeitig den *Traité du sublime (Über das Erhabene)*, seine Übersetzung oder Transkription von *Perí hýpsous*, ein Traktat oder vielmehr ein Essay, der einem gewissen Longinus zugeschrieben wird, und von dem man heute annimmt, daß er gegen Ende des ersten Jahrhunderts unserer Zeitrechnung entstanden ist. Der Autor ist ein Rhetoriker, d.h. er lehrt die Mittel, über die der Redner verfügen muß, um – entsprechend dem jeweiligen Genre – sein Publikum zu überzeugen oder zu bewegen. Die Didaktik der Redekunst war seit Aristoteles, Cicero und Quintilian zu einer Tradition geworden. Sie war an die Institution der Republik gebunden, denn vor Versammlungen und Gerichten muß man reden können.

Zu erwarten wäre also, daß Longinus die Maximen und Empfehlungen aufnimmt, die diese Tradition überliefert, um die didaktische Form der *téchnē rhētorikḗ* fortzuführen. Die Ökonomie des Textes verrät jedoch eine Unsicherheit, als ob sein Gegenstand, das Erhabene, das Unbestimmte, die pädagogische Absicht erschütterte. Ich kann hier dieses Zögern nicht analysieren. Boileau und viele andere Kommentatoren sind ihm nachgegangen und haben den Schluß gezogen, man könne über das Erhabene nur im erhabenen Stil handeln. Longinus versucht durchaus, die Erhabenheit in der Rede zu definieren, sie sei unvergeßlich, unwiderstehlich, sagt er, und vor allem gebe sie viel zu denken, es werde »durch sie viel Nachdenken« *(hoũ pollḕ anatheṓrēsis)* veranlaßt. Er bemüht sich auch, den Ursprung des Erhabenen im Ethos des Redners, in seinem Pathos, in den Verfahrensweisen der Rede aufzuzeigen: den Figuren, der Wahl der Worte und der Ausdrucksregister, ihrer Komposition. Er sucht so dem Kanon des Traktats (der Rhetorik, der Poetik, der Politik) zu entsprechen, dessen Funktion es ist, den Praktikern als Vorbild zu dienen.

Gleichwohl stehen, wenn es um das Erhabene geht, der systematischen Darstellung von Rhetorik und Poetik erhebliche Schwierigkeiten entgegen. Es gibt zum Beispiel, schreibt Longinus, eine Erhabenheit des Denkens, die sich in der Rede bisweilen durch äußerste Einfachheit des Ausdrucks kundtut – und dies in jenen Teilen, wo die Emphase des Redners mehr Feierlichkeit erwarten ließe, und manchmal gar durch schlichtes Schweigen. Mir liegt daran, daß auch dieses Schweigen als eine Figur der Rede aufgefaßt wird. Man wird mir zugeben, daß sie von allen Figuren die unbestimmteste ist. Aber was bleibt von der Rhetorik – und nicht weniger von der Poetik – bestehen, wenn der Rhetoriker in der Übersetzung Boileaus erklärt, daß es, um die Wirkung der Erhabenheit herbeizuführen, »keine hervorragendere Figur gibt als jene, die ganz und gar verborgen ist, und somit nicht im mindesten mehr zu erkennen ist, daß es sich um eine Figur der Rede handelt«? Oder gibt es tatsächlich Verfahren, Figuren zu verdecken, gibt es Figuren, die andere Figuren verwischen können? Wie eine verdeckte Figur von einer Nicht-Figur unterscheiden? Und was ist eine Nicht-Figur? Und ein weiterer Hieb, scheint es, wird der didaktischen Funktion versetzt: ist sie erhaben, so wird die Rede durch Mängel, Geschmacksirrtümer oder formale Unvollkommenheiten nicht beeinträchtigt. Der Stil Platons zum Beispiel ist geschwollen und voller gezwungener Vergleiche, kurz: Platon ist manieriert und barock im Vergleich zu einem Lysias, oder Sophokles zu einem Ion, oder Pindar zu einem Bakchylides, aber trotzdem ist er, wie die erstgenannten, erhaben, während letztere nur vollkommen sind. Ein Mangel an Kunstfertigkeit ist also entschuldbar, wenn dies der Preis ist, der für »wahre Größe« zu entrichten ist. Und die Größe der Rede ist wahr, wenn sie Zeugnis ablegt von der Inkommensurabilität von Denken und wirklicher Welt.

Ist es die Transkription Boileaus, die dieser Analogie zuneigt, oder kündet sich hier bei Longinus der Einfluß des entstehenden Christentums an? Eine Bemerkung von der Art, die Größe des Geistes sei nicht von dieser Welt, ruft unwillkürlich die Pascalsche Unterscheidung der Ordnungen in Erinnerung. Vollkommenheit, die im Bereich der *téchnē* durchaus zu fordern ist, ist nicht notwendig auch eine Auszeichnung, wenn es um das erhabene Gefühl zu tun ist, und Longinus geht sogar so weit, die Erschütterung der angeblich natürlichen und vernünftigen Syntax als Beispiel einer erhabenen Wirkung anzuführen. Und was Boileau angeht, so vollzieht er im Vorwort, das er 1674 dem Text von Longinus vorausschickt, und mehr noch in den Ergänzungen, die er 1683 und 1701 anfügt sowie in der X. Reflexion, die 1713, nach seinem Tode, veröffentlicht wurde, endgültig den angedeuteten Bruch mit der klassischen Institution der *téchnē*: das Erhabene kann nicht gelehrt werden, alle Didaktik bleibt ihm gegenüber ohnmächtig; es ist nicht an Regeln, die in einer Poetik festgelegt werden könnten, gebunden; es verlangt vom Leser oder Hörer nur Auffassungsvermögen, Geschmack und »Empfindung für das, was alle Welt empfindet«. Boileau vertritt mithin denselben Standpunkt wie der Père Bouhours, der 1671 erklärt, daß Beachtung der Regeln allein nicht ausreiche, ein schönes Werk hervorzubringen, daß es außerdem eines »je ne sais pas quoi« bedürfe, das man auch *Genie* nennt und das »unverständlich und unerklärlich« sei, ein »Geschenk des Himmels«, seinem Wesen nach »verborgen« und erkennbar nur an den »Wirkungen«, die es auf den Empfänger auszuüben vermag. Und in der Polemik, die er mit Huet um die Frage führt, ob das *fiat lux, et lux fuit,* wie Longinus meinte, erhaben ist, beruft sich Boileau auf die Herren von Port-Royal und insbesondere Silvestre de Saci: denn die Jansenisten sind Meister in Sachen verborgener Bedeutung, beredtem Schweigen, Gefühlen, die alle Vernunft übersteigen, und schließlich in der Empfänglichkeit für das *Geschieht es?*

Es ist der Status des Kunstwerks, der in diesem theologisch-poetischen Disput auf dem Spiel steht. Sind die Werke Abbilder eines idealen Vorbilds? Kann die Reflexion auf die vollkommenen Werke die Formationsregeln freilegen, durch die sie ihren Zweck erreichen, Überzeugung und Lust? Kann der Verstand dieser Reflexion Genüge tun? Indem sie sich auf das Thema der Erhabenheit und der Unbestimmtheit konzentriert, unterzieht die Meditation über die Werke die Technik und die Institutionen, die ihr verbunden sind, Akademien, Schulen, Meister und Schüler, Geschmack, das aufgeklärte Publikum der Fürsten und Höflinge, einer einschneidenden Veränderung. Was in Frage steht, ist die Bestimmung, das Schicksal der Werke selbst. Die Herrschaft der Idee der *téchnē* unterwarf die Werke einer vielfältigen Regulation, durch die Vorbilder, die in Werkstätten, Schulen, Akademien gelehrt wurden, durch den Geschmack, den ein aristokratisches Publikum teilte, durch die Zweckhaftigkeit der Kunst, die den Ruhm eines göttlichen oder menschlichen Namens illustrieren sollte, der für die Vollkommenheit verschiedenster kardinaler Tugenden einstand. Die Idee des Erhabenen dereguliert diese Harmonie.

Umreißen wir in großen Zügen diese Verschiebung. Die *téchnē* wird unter der Feder Diderots zur »kleinen Technik«. Der Künstler wird nicht länger von einer Bildung geleitet, die ihn zum Autor und Meister ruhmrediger Botschaften macht; als Genie ist er nurmehr der unfreiwillige Empfänger einer Inspiration, die ein »je ne sais pas quoi« ihm eingibt. Das Publikum urteilt nicht mehr nach den Kriterien eines Geschmacks, der der Tradierung eines geteilten Vergnügens folgt: Individuen, die der Künstler nicht kennt (»das

Volk«), lesen seine Bücher, ziehen durch die Säle der Salons, drängeln sich in Theatern und öffentlichen Konzerten. Sie sind unvorhersehbaren Gefühlen ausgesetzt, bestürzt, voller Bewunderung oder voller Verachtung, oder nur gleichgültig. Die Frage ist nicht, ihnen zu gefallen, indem man sie veranlaßt, sich mit einem Namen zu identifizieren und an der Verherrlichung seiner Tugend teilzunehmen, sondern sie zu überraschen. »Das Erhabene«, schreibt Boileau, »ist streng genommen nichts, was bewiesen oder gezeigt werden könnte, sondern etwas Wunderbares, das ergreift, das erschüttert und die Empfindung rührt«. Selbst Unvollkommenheiten, Geschmacksverwirrungen, das Häßliche haben Teil an der Wirkung des Schocks. Die Kunst ahmt nicht die Natur nach, sie schafft eine zweite Welt, eine Zwischenwelt, wie Paul Klee sagen wird, eine Nebenwelt, könnte man sagen, in der das Ungeheure oder das Formlose sein Recht hat; denn beide können erhaben sein.

Man möge entschuldigen, daß ich den Wandel, der mit der modernen Entwicklung der Idee des Erhabenen einsetzt, in solchem Maße vereinfache. Spuren dieser Veränderung wird man schon in der Vormoderne finden, in der mittelalterlichen Ästhetik, zum Beispiel der Ästhetik der Viktoriner. In dieser wird deutlich, daß sich die Reflexion über die Kunst nicht mehr wesentlich auf den Schöpfer der Werke bezieht – den überläßt man der Einsamkeit des Genies –, sondern auf ihren Adressaten. Künftig wird es darauf ankommen, die Weisen, wie dieser affiziert wird, zu untersuchen, seine Art, die Werke aufzunehmen, sie zu erfahren und zu beurteilen. Die Ästhetik, die Untersuchung der Gefühle der Kunstliebhaber, tritt an die Stelle der Poetiken und der Rhetorik, die Didaktiken für Künstler sind. Die Frage lautet nicht länger: wie Kunst machen?, sondern: was heißt es, Kunst zu erfahren? Die Unbestimmtheit aber reicht rückwirkend bis in die Untersuchung dieser Frage hinein.

III

Baumgarten veröffentlicht 1750 die *Aesthetica,* die erste Ästhetik. Kant wird über dieses Werk einfach sagen, daß es auf einem Irrtum beruhe. Baumgarten verwechselt das Urteil im bestimmenden Gebrauch, in dem der Verstand die Erscheinungen den Kategorien gemäß organisiert, mit dem Urteil im reflektierenden Gebrauch, wo es unter der Form des Gefühls auf die unbestimmte Beziehung zwischen den Vermögen des Subjekts bezogen ist. Die Ästhetik Baumgartens bleibt einer begrifflichen Bestimmung des Verhältnisses zum Kunstwerk verhaftet. Für Kant dagegen ist das Gefühl des Schönen eine Lust, die, anläßlich eines Kunst- oder Naturgegenstands, von der freien Übereinstimmung des Vermögens der Bilder mit dem der Begriffe hervorgerufen wird.

Das Gefühl des Erhabenen ist noch unbestimmter: es ist eine Lust, die mit Unlust vermischt ist, eine Lust, die aus der Unlust hervorgeht; und zwar aus Anlaß eines Gegenstands, der schlechthin groß ist – der Wüste, eines Berges, einer Pyramide – oder schlechthin mächtig – des sturmbewegten Ozeans, eines Vulkanausbruchs –, der also, wie alle Absoluta, ohne sinnliche Anschauung ist und nur als Vernunftidee gedacht werden kann. Das Darstellungsvermögen, die Einbildungskraft, scheitert im Versuch, eine Vorstellung zu liefern, die dieser Idee angemessen wäre. Dieses Scheitern des Ausdrucks ruft Unlust hervor, eine Art Spaltung im Subjekt zwischen dem, was es begreifen, und dem, was es in Bildern vorstellen kann. Aber diese Unlust erzeugt wiederum eine Lust, eine doppelte Lust sogar: die Ohnmacht der Einbildungskraft bezeugt e contrario, daß sie selbst noch das sichtbar zu machen sucht, was nicht sichtbar gemacht werden kann; daß sie in dieser Weise strebt, ihren Gegenstand mit dem der Vernunft in Einklang zu bringen; und daß andererseits das Ungenügen der Bilder zugleich ein negatives Zeichen ist für die Unermeßlichkeit der Macht der Ideen.

Dieser Widerstreit der Vermögen untereinander veranlaßt jene äußerste Spannung (die Agitation, wie Kant sagt), die das Pathos des Erhabenen im Unterschied zu dem ruhigen Gefühl des Schönen charakterisiert. An der Grenze des Bruchs sind so das Unendliche oder Absolute der Idee zu erkennen in dem, was Kant negative Darstellung oder Nicht-Darstellung nennt. Er zitiert das jüdische Gesetz des Bilderverbots als herausragendes Beispiel einer negativen Darstellung: in ihm gibt die auf fast nichts reduzierte Lust der Augen unendlich das Unendliche zu denken. Noch bevor die romantische Kunst sich von Klassik und Barock löst, ist so der Suche in Richtung abstrakter Kunst und Minimal Art das Tor geöffnet; der Avantgardismus ist keimhaft in der kantischen Ästhetik des Erhabenen enthalten. Gleichwohl besteht die Kunst, deren Wirkungen diese Ästhetik untersucht, offenbar im wesentlichen darin, erhabene Sujets darzustellen. Und die Frage der Zeit, die Frage *Geschieht es?* ist zumindest nicht ausdrücklich Teil der kantischen Problematik.

Ich glaube aber, daß sie im Zentrum der *Philosophical Enquiry into the Origin of our Ideas of the Sublime and Beautiful* steht, die Edmund Burke 1757 veröffentlicht. Mag Kant auch die These Burkes als empirisch und physiologisch zurückweisen, mag er von ihm auch die Analyse des Widerspruchs entlehnen, der das Gefühl des Erhabenen charakterisiert, so nimmt er der Burkeschen Ästhetik doch, worauf es ihr, wie ich meine, entscheidend ankommt, nämlich zu zeigen, daß das Erhabene durch eine Drohung hervorgerufen wird, die Drohung, daß nichts mehr geschieht. Das Schöne gewährt eine positive Lust. Aber es gibt eine andere Art der Lust, und diese ist an etwas gebunden, das stärker ist als die Befriedigung: an den Schmerz und das Nahen des Todes. Im Schmerz affiziert der Körper die Seele. Aber die Seele kann auch den Körper affizieren, als ob sie einen Schmerz empfände, der äußeren Ursprungs ist, und dies einzig dadurch, daß sie unbewußt Vorstellungen mit schmerzhaften Situationen assoziiert. Diese ganz und gar geistige Leidenschaft heißt im Lexikon Burkes: Schrecken. Und dieser Schrecken ist an Beraubungen gebunden: Beraubung des Lichts: Schrecken der Finsternis; Beraubung des Nächsten: Schrecken der Einsamkeit; Beraubung der Sprache: Schrecken des Schweigens; Beraubung der Gegenstände: Schrecken der Leere; Beraubung des Lebens: Schrecken des Todes. Was schreckt, ist, daß das *Es geschieht* – nicht geschieht, daß es zu geschehen aufhört.

Damit dieser Schrecken sich mit Lust vermischt und mit ihr das erhabene Gefühl hervorbringt, ist außerdem erfordert, schreibt Burke, daß die Drohung, die es veranlaßt, außer Kraft gesetzt, auf Distanz gehalten, zurückgehalten wird. Dieser *suspense,* diese Verringerung einer Drohung oder einer Gefahr, ruft eine Art von Lust hervor, die freilich nicht die einer positiven Befriedigung ist, sondern eher die einer Erleichterung. Zwar handelt es sich nach wie vor um eine Beraubung, aber nunmehr um eine Beraubung zweiten Grades: die Seele ist der Drohung der Beraubung des Lichts, der Sprache, des Lebens beraubt. Diese Lust der sekundären Beraubung unterscheidet Burke von der positiven Lust und nennt sie *delight,* Frohsein.

Das erhabene Gefühl läßt sich also wie folgt analysieren: ein sehr großer, sehr mächtiger Gegenstand, der die Seele von allem *Es geschieht* zu berauben droht, versetzt sie gleichwohl in »Erstaunen« (ist die Affektion weniger intensiv, wird die Seele von Bewunderung, Verehrung, Achtung ergriffen). Sie ist benommen, erstarrt, sie ist wie tot. Indem die Kunst diese Drohung fernhält, verschafft sie eine Lust der Erleichterung, des Frohseins. Dank der Kunst wird die Seele der Agitation, der Bewegung zwischen dem Leben und dem Tod zurückgegeben, und diese Agitation ist ihre Gesundheit und ihr Leben. Das Erhabene ist für Burke keine Frage der Erhebung (dieser Kategorie bediente sich Aristoteles, um die Tragödie zu kennzeichnen), sondern eine Frage der Intensivierung.

Eine weitere Beobachtung verdient Beachtung, da sich in ihr eine mögliche Befreiung der Werke von der klassischen Regel der Nachahmung ankündigt. In der langen Debatte über die Vorzüge von Malerei und Dichtkunst ergreift Burke für letztere Partei. Die Malerei ist zur Nachahmung von Vorbildern und deren figurativer Darstellung verurteilt. Wenn aber der Zweck der Kunst darin besteht, die Adressaten der Werke intensive Gefühle verspüren zu lassen, dann stellt die Figuration durch bildliche Mittel einen Zwang dar, der die Möglichkeiten des emotionalen Ausdrucks beschränkt. In den Sprachkünsten hingegen, zumal in der Dichtkunst – und diese wird von Burke nicht als Genre mit bestimmten Regeln, sondern als Feld betrachtet, auf dem sich Forschungen über die Sprache zutragen –, ist die Macht, die Seele zu bewegen, von aller figurativen Wahrscheinlichkeit befreit. »Um einen Engel in einem Gemälde darzustellen, kann man nur einen schönen jungen Menschen mit Flügeln zeigen, – aber welches Gemälde könnte etwas so großartig zur Vollendung bringen, wie es die Sprache durch Hinzufügung eines einzigen Wortes tut: »der Engel *des Herrn*?« Und wie vermöchte man mit ebensolcher Macht des Gefühls das »universe of death« zu malen, mit dem Milton in *Paradise Lost* die Wanderung der gefallenen Engel beschließt?

Die Wörter erfreuen sich also im Ausdruck der Gefühle mehrerer Privilegien: in ihnen ist die Assoziation der Leidenschaften gespeichert; sie vermögen ohne Rücksicht auf das Sichtbare auszusprechen, was der Seele zugehört; und schließlich, fügt Burke hinzu, »steht es in unserer Macht, aus Wörtern in solchem Umfange Kombinationen zu bilden, wie wir dies mit anderen Mitteln niemals tun könnten«. Angespornt durch die Ästhetik des Erhabenen, können und müssen die Künste, welches auch immer ihre Materialien sind, auf der Suche nach intensiven Wirkungen von der Nachahmung lediglich schöner Vorbilder absehen und sich an überraschenden, ungewöhnlichen und schockierenden Kombinationen versuchen. Und der Schock par excellence ist, daß *es geschieht*, daß etwas geschieht und nicht nichts, daß die Beraubung suspendiert ist.

Diese Untersuchungen Burkes können gewiß ohne große Schwierigkeit einer lacanisch-freudianischen Problematik eingefügt und von ihr ausgehend kommentiert werden (wie Pierre Kaufman und Blandine Saint-Girons dies versucht haben). Ich möchte an sie in anderer Absicht erinnern, in Anbetracht des Problems der Avantgarde, das hier mein Gegenstand ist. Ich wollte andeuten, daß noch vor Beginn der Romantik die Erarbeitung einer Ästhetik des Erhabenen durch Burke und, in geringerem Maße, durch Kant eine Welt von Möglichkeiten künstlerischer Erfahrung eröffnet, in der die Avantgarden ihre Wege bahnen werden. Zwar handelt es sich im allgemeinen nicht um eine direkte, empirisch beobachtbare Beeinflussung: Manet, Cézanne, Braque und Picasso haben wahrscheinlich weder Kant noch Burke gelesen; eher handelt es sich um eine unwiderrufliche Abweichung in der Bestimmung der Werke, die alle Aspekte künstlerischen Daseins erfaßt. Der Künstler versucht Kombinationen, die das Ereignis ermöglichen. Der Liebhaber empfindet kein einfaches Vergnügen, er zieht keinen ethischen Gewinn aus seinem Umgang mit den Werken, er erwartet von ihnen eine Intensivierung seines Gefühls- und Begriffsvermögens, einen zwiespältigen Genuß. Das Werk beugt sich keinem Vorbild, es versucht darzustellen, daß es ein Nicht-Darstellbares gibt, es ahmt nicht die Natur nach, es ist ein Artefakt, ein Trugbild. Das Gemeinwesen erkennt sich in den Werken nicht wieder, es ignoriert sie, es verwirft sie als unverständlich und nimmt schließlich hin, daß die intellektuelle Avantgarde sie in Museen aufbewahrt als Spuren von Versuchen, die Zeugnis ablegen von der Macht des Geistes und seiner Blöße.

IV

Mit der Ästhetik des Erhabenen wird es zur Aufgabe der Künste des 19. und 20. Jahrhunderts, dafür zu zeugen, daß es ein Unbestimmtes gibt. Für die Malerei besteht die Paradoxie, die Burke in seinen Beobachtungen über das Vermögen der Wörter angedeutet hat, darin, daß dies Zeugnis nur in bestimmter Weise abgelegt werden kann, da Untergrund, Linien, Farben, Raum und Figuren in der romantischen Kunst im wesentlichen dem Zwang der Repräsentation unterworfen bleiben. Aber der Widerspruch zwischen dem Zweck und den Mitteln hat schon bei Manet und Cézanne zur Folge, daß eine Reihe von Regeln, die seit dem Quattrocento die Abbildung von Figuren und die Anordnung von Farben und Werten bestimmen, in Frage gestellt werden. Liest man Cézannes Briefwechsel, so begreift man, daß sein Werk nicht das eines talentierten Malers ist, der seinen »Stil« gefunden hat, sondern ein Versuch, auf die Frage zu antworten: Was ist ein Gemälde? Seiner Arbeit geht es darum, auf den Untergrund »Farbempfindungen«, »kleine Empfindungen«

aufzutragen, die, der Hypothese Cézannes zufolge, das gesamte bildnerische Dasein eines Gegenstands ausmachen, Obst, Berg, Gesicht, Blume, ohne Rücksicht auf die Geschichte oder das »Sujet«, auf die Linie oder den Raum, ja nicht einmal auf das Licht. Der gewöhnlichen Wahrnehmung, die unter der Herrschaft der alltäglichen oder der klassischen Sehweise steht, sind die elementaren Empfindungen verborgen.

Nur um den Preis einer inneren Askese, die das Wahrnehmungs- und das geistige Feld von den Vorurteilen befreit, die bis in das Sehen selbst hineinreichen, sind sie dem Maler zugänglich und können von ihm wiedergegeben werden. Solange der Betrachter sich seinerseits nicht einer vergleichbaren Askese unterzieht, wird das Bild für ihn verschlossen und ohne allen Sinn bleiben. Der Maler muß es riskieren, in den Augen der anderen als Kleckser zu gelten. »On peint pour très peu.« »Man malt für sehr wenige.« Die Anerkennung durch die Institutionen, die über die Regeln der Malerei wachen, Akademie, Salons, Kritik, Geschmack ist von geringer Bedeutung neben dem Urteil, das der Maler-Forscher und seinesgleichen über das Gelingen oder Mißlingen des Werks fällen, angesichts dessen, was mit ihm wirklich auf dem Spiel steht: sehen zu lassen, was sehen läßt, und nicht, was sichtbar ist.

Maurice Merleau-Ponty hat kommentiert, was er zu Recht den »Zweifel Cézannes« nannte: in der Meinung, es ginge dem Maler darum, die Wahrnehmung im Augenblick ihrer Entstehung, die Wahrnehmung »vor« der Wahrnehmung zu erfassen und wiederzugeben, oder, wie ich sagen würde: die Farbe als Vorkommnis, das Wunder, daß *es geschieht* (daß etwas geschieht: nämlich die Farbe), daß zumindest dem Auge etwas widerfährt. Vielleicht ist dieses Vertrauen des Phänomenologen in den »ursprünglichen« Wert der kleinen Empfindungen Cézannes ein wenig leichtfertig. Der Maler nämlich, der häufig über deren Ungenügen klagt, schreibt, daß es sich bei diesen um »Abstraktionen« handle, daß »sie ihm nicht erlauben, die Leinwand zu bedecken«. Aber warum sollte er die Leinwand bedecken? Ist es verboten, abstrakt zu sein?

Der Zweifel, der die Avantgarden nicht zur Ruhe kommen läßt, endet nicht mit den »Farbempfindungen« Cézannes, so als ob diese unbezweifelbar wären, und übrigens auch nicht mit den Abstraktionen, die sie ankündigen. Die Aufgabe, vom Unbestimmten Zeugnis zu geben, reißt Zug um Zug die Sperren nieder, die von den Schriften der Theoretiker und den Manifesten der Maler gegen die Woge dieser Fragen errichtet worden sind. Eine formalistische Definition des bildnerischen Gegenstands wie die, die 1961 Clement Greenberg vorschlägt, als er mit der »nachplastischen« amerikanischen Abstraktion konfrontiert war, wird bald darauf von minimalistischen Strömungen unterlaufen. Bedarf es wenigstens eines Rahmens für die Leinwand? Nein. Farben? Das schwarz auf weiß gemalte Quadrat von Malewitsch hatte diese Frage bereits 1915 beantwortet. Ist ein Gegenstand notwendig? Body Art und Happening verstanden zu zeigen, daß Gegenstände entbehrlich sind. Wenigstens einen Ort, um auszustellen, wie Duchamps »Fountain« andeuten mochte? Das Werk Daniel Burens ist ein Hinweis, daß selbst dies in Zweifel gezogen werden kann.

Ob sie den Strömungen angehören oder nicht, die die zeitgenössische Kunstgeschichte Minimalismus oder Arte Povera nennt, die Forschungen der Avantgarden erschüttern nacheinander die Bestandteile der Kunst des Malens, die man für »elementar« oder »ursprünglich« zu halten geneigt war. Sie operieren ex minimis. Und die Forderung der Strenge, von der sie beseelt sind, wäre dem Prinzip zu konfrontieren, das Adorno am Ende der *Negativen Dialektik* skizziert und an dem die *écriture* der *Ästhetischen Theorie* ihr Movens hat: daß Denken, das »mit Metaphysik in ihrem Sturz« solidarisch ist, sich nur in der Weise von Mikrologien zu vollziehen vermag.

Mikrologien sind nicht die Krümel der Metaphysik, ebensowenig wie das Gemälde Barnett Newmans Bruchstück eines Delacroix ist. Die Mikrologie schreibt das Vorkommnis eines Gedankens in den Zerfall des großen philosophischen Denkens ein, als das Ungedachte, das zu denken bleibt. Der avantgardistische Versuch schreibt das Vorkommnis eines sinnlichen *Now* in den Zerfall der großen repräsentativen Malerei ein, als ein *Now*, das nicht dargestellt werden kann, gleichwohl aber darzustellen bleibt. Wie der Mikrologie ist es der Avantgarde nicht um das zu tun, was dem »Subjekt« widerfährt, sondern um das *Geschieht es?*, die Blöße. Und in dieser Weise gehört sie der Ästhetik des Erhabenen zu.

Indem sie das *Es geschieht*, das das Werk ist, befragt, begibt sich die avantgardistische Kunst der Identifikation, die das Werk bis dahin gegenüber der Gemeinschaft der Adressaten erfüllte. Auch dann, wenn man versuchte, diese, wie Kant, eher als Horizont oder als Forderung denn als faktische Realität zu denken, vermag sich angesichts von Werken, die fragen, kein sensus communis zu stabilisieren – von dem Kant im übrigen nur hinsichtlich des Schönen, nicht aber des Erhabenen spricht. Nur Ansätze zu einem solchen bilden sich, und wenn, dann zu spät: untergebracht in Museen, werden die Werke dem Erbe des Gemeinwesens zugerechnet, wird angenommen, sie seien zu seiner Bildung und zu seinem Vergnügen vorhanden. Wobei noch vorausgesetzt ist, daß sie Gegenstände sind oder zumindest vergegenständlicht werden können, zum Beispiel durch die Fotografie.

In dieser Situation der Isolation und des Unverständnisses ist die Avantgarde-Kunst verletzlich und der Repression ausgesetzt. Sie scheint die Identitätskrise zu verstärken, die die Gesellschaften im Zuge der langen »Depression« von den dreißiger Jahren bis zum Ende des »Wiederaufbaus« Mitte der fünfziger Jahre ergreift. Es ist unmöglich, hier auch nur anzudeuten, wie die Staatsparteien, die aus der Angst vor dem »Wer sind wir?« und der Angst vor dem Nichts entstanden sind, versucht haben, diese in Haß gegen die Avantgarden umzuwandeln. Untersuchungen wie die von Hildegard Brenner über die Kunstpolitik des Nazismus, oder die Filme von Hans Jürgen Syberberg analysieren nicht nur diese repressiven Machenschaften. Sie erklären auch, wie die neuromantischen und symbolischen Formen, die von Kulturkommissaren und kollaborierenden Künstlern in der Malerei und vor allem der Musik durchgesetzt wurden, die negative Dialektik, die von dem *Geschieht es?* bewegt ist, blockieren mußten, indem sie die Frage in die Erwartung eines mythischen »Subjekts« übersetzten: Wird das Volk kommen?

Wird der Führer kommen? Wird Siegfried kommen? Dergestalt neutralisiert und in eine Politik des Mythos transformiert, konnte die Ästhetik des Erhabenen dann auf dem Zeppelinfeld in Nürnberg ihre Architekturen menschlicher »Bildungen« errichten.

Angesichts der Überakkumulations-»Krise«, die die sogenannten entwickeltsten Länder durchlaufen, ist heute eine andere Art von Angriff gegen die Avantgarden im Gange. Die Drohung, der die avantgardistische Suche nach dem Ereignis-Werk ausgesetzt ist, die Aufnahme, die sie dem *Now* widerfahren zu lassen sucht, ist nicht auf Staatsparteien angewiesen. Sie geht »direkt« von der Marktökonomie aus. Das Verhältnis zwischen dieser und der Ästhetik des Erhabenen ist zwiespältig und in mancher Hinsicht pervers. Außer Zweifel steht, daß die Ästhetik des Erhabenen eine Reaktion gegen den Positivismus und das realistische Kalkül des Marktes war und weiterhin sein wird; Schriftsteller, die zugleich Kunstkommentatoren waren, wie Stendhal, Baudelaire, Mallarmé, Apollinaire, Breton haben das betont.

Dennoch aber gibt es ein geheimes Einverständnis zwischen dem Kapital und der Avantgarde. Die Kraft des Skeptizismus und die geradezu zerstörerische Macht, die vom Kapitalismus ins Werk gesetzt werden und die Marx unentwegt analysierte und anerkannte, ermutigen in gewisser Weise die Künstler, sich den etablierten Regeln zu verweigern, ihnen das Vertrauen zu entziehen; sie spornen den Willen an, mit Ausdrucksmitteln, Stilen und immer neuen Materialien zu experimentieren. Es ist etwas Erhabenes in der kapitalistischen Ökonomie. Sie ist nicht akademisch, sie ist nicht physiokratisch, sie läßt keinerlei Natur zu. Sie ist in gewisser Weise eine Ökonomie, die ihre Regel an einer Idee hat, der Idee unendlichen Reichtums und unendlicher Macht. Es gelingt ihr nicht, auch nur ein einziges Beispiel in der Wirklichkeit zu präsentieren, das diese Idee verifizieren könnte. Im Gegenteil, indem sie sich die Wissenschaft durch Technologien unterordnet, insbesondere durch Technologien der Sprache, bewirkt sie nur, daß die Wirklichkeit immer weniger greifbar, kaum noch zu befragen, kraftlos wird.

Die Erfahrung des menschlichen Subjekts, ob individuell oder kollektiv, und die Aura, die sie umgibt, lösen sich auf in Rentabilitätskalkülen, in Bedürfnisbefriedigung, in der Selbstbestätigung durch den Erfolg. Selbst die fast gar theologische Tiefe der Arbeit und der Lage der arbeitenden Klassen, die die sozialistische und Gewerkschaftsbewegung mehr als ein Jahrhundert lang gekennzeichnet hat, entwertet sich in dem Maße, wie die Arbeit zur Kontrolle und Manipulation von Informationen wird. Diese Beobachtungen sind banal, was hingegen Aufmerksamkeit verdient, ist das Verschwinden jenes zeitlichen Kontinuums, vermöge dessen sich die Erfahrung von Generationen tradieren konnte. Die Verfügung über Information wird zum einzigen Kriterium gesellschaftlicher Relevanz. Information aber ist per Definition ein kurzlebiges Element. Sobald sie übertragen und mitgeteilt worden ist, ist sie nicht länger Information und wird zu einem Umweltdatum: dann ist »alles gesagt«; man »weiß Bescheid«. Sie wird in die Gedächtnismaschine eingegeben. Sie dauert sozusagen nur einen Augenblick. Zwischen zwei Informationen passiert per Definition nichts. In dieser Weise wird eine Verwechslung möglich zwischen dem, was die Information und ihre Verwalter interessiert und der Frage der Avantgarden, zwischen dem, was geschieht, dem Neuen, und dem *Geschieht es?*, dem *Now.*

Man versteht, daß der Kunstmarkt, der wie alle Märkte der Regel des Neuen unterliegt, auf Künstler verführerisch wirken kann. Diese Anziehung läßt sich nicht allein durch Korruption erklären. Sie wird vielmehr möglich durch die Verwechslung von Innovation und Ereignis, durch die dem zeitgenössischen Kapitalismus eigene Zeitlichkeit. Eine »starke« Information ist, wenn man so sagen kann, umgekehrt proportional der Bedeutung, die ihr nach dem Kode, über den der Empfänger verfügt, zukommt. Sie ähnelt dem »Geräusch«. Es ist leicht für Publikum und Künstler, beraten von Vermittlern, den Verteilern der Kulturwaren, aus dieser Beobachtung zu folgern, daß ein Werk um so avantgardistischer ist, je mehr es aller Bedeutung entbehrt. Hat es nicht gerade dann den Charakter eines Ereignisses?

Zwar muß gewährleistet sein, daß seine Absurdität die Käufer nicht abschreckt, ähnlich wie die Innovation, die in eine Ware eingeführt wird, zulassen muß, daß sich die Konsumenten ihr nähern, sie abschätzen und erwerben. Das Geheimnis künstlerischen Gelingens wie das des kommerziellen Erfolgs hängen ab von der Dosierung von Überraschung und Wohlbekanntem, von Information und Kode. Darin besteht die Innovation in den Künsten: man greift auf Lösungen zurück, die durch frühere Erfolge bestätigt sind, man modelt sie um, indem man sie mit anderen, im Grunde unvereinbaren Lösungen kombiniert, mit Amalgamen, Zitaten, Ornamenten, Pasticci. Man kann bis zum Kitsch, bis zum Barocken gehen. Man schmeichelt dem »Geschmack« eines Publikums, das keinen Geschmack haben kann, und dem Eklektizismus eines Sensoriums, das von der Vervielfältigung verfügbarer Formen und Objekte geschwächt ist. In dieser Weise glaubt man, den Zeitgeist auszudrücken und spiegelt doch nur den des Marktes wieder. Erhabenheit ist dann nicht mehr in der Kunst, sondern in der Spekulation über die Kunst.

Das Rätsel des *Geschieht es?* löst sich aber deshalb nicht auf, und es bleibt die Aufgabe, zu malen, daß es etwas gibt, das nicht bestimmbar ist: das »Es gibt« selbst. Das Vorkommnis, das *Ereignis* (im Original deutsch) hat nichts mit dem Prickeln, dem Pathos des Rentablen zu tun, das eine Innovation begleitet. Gewiß verbirgt sich im Zynismus der Innovation die Enttäuschung darüber, daß sich nichts mehr ereignet. Aber Innovationen zu produzieren heißt, so zu tun, als ob sich viel ereignete, und diese Ereignisse herbeizuführen. Der Wille behauptet damit seine Herrschaft über die Zeit. Und er gleicht sich der Metaphysik des Kapitals an, das eine Technologie der Zeit ist. Die Innovation »läuft«, »funktioniert«. Das Fragezeichen des *Geschieht es?* unterbricht. Im Vorkommnis ist der Wille besiegt. Die Aufgabe der Avantgarden bleibt, die Anmaßung des Geistes gegenüber der Zeit aufzulösen. Das Gefühl des Erhabenen ist der Name dieser Blöße.

(Aus dem Französischen von Heike Rutke und Clemens-Carl Härle)

HANS ULRICH RECK

Mythische Verweigerung und totale Person

Zu Werk, Leben und Rezeption Pier Paolo Pasolinis

Pier Paolo Pasolini – feinsinniger, klassisch-strenger Lyriker, streitbarer Rhetoriker, Melancholiker, Mythensucher, Mystagoge, Fanatiker der Wahrheit und zunehmend vieler Wahrheiten. Der Ereignisfilmer, der Anti-Techniker visueller Utopien. Romancier und Chronist des männlichen Subproletariats, Lumpensammler zwischen den Ruinen eines verlorenen Italien. Lehrer und Literat, Polemiker und Verzehrer – bewundert, gehaßt, verehrt, abgelehnt, oft verwendet, nie ersthaft bestritten.

Pasolini hat Positionen stetig neu definiert, er hat nicht allein Aussagen gemacht, sondern immer den Gestus als Form des Argumentierens mitbeschrieben und nicht selten die Evidenz seiner Behauptungen aus dem Pathos der exemplarischen Verletztheit hergeleitet. Pasolini hat sich gewissermaßen in seinen Stellungnahmen vervielfältigt. Die Rezeption hat diese Vervielfältigungen weitergetrieben, Werk und Person nach je eigenen Zwecken benutzt, Ersatzbilder hervorgetrieben, die nicht mehr sagen, was gesagt wurde, sondern aus dem Gesagten herauslösen, was auf Anderes verweist.

Zugänge

Sämtliche Werke Pasolinis sind durchzogen von einem Thema: der Gewalt. In allen Poren der modernen Gesellschaften eingenistet, kehrt sie in Pasolinis Werken wieder: als vorbestimmte Unterwerfung der Interpretationen unter die gewaltsamen Traditionen dieses Jahrhunderts. Pasolini hat sich immer als lebendigen Teil einer faschistischen Geschichte, einer sich vergrößernden Determination verstanden. Dies der diagnostische Befund, gegen den erst eine produktive Äußerung zu erkämpfen bleibt. Es geht nicht allein um die Präsenz der Gewalt in der Geschichte und der geschichtlichen Identität von Menschen, sondern um das Unbewältigte der Gewalt *in* dieser Präsenz. Pasolini formuliert die universale Kategorie der Gewalt in Gegenbildern nicht der Ferne, sondern einer allzugroßen Nähe.

Und genau diese Nicht-Distanz soll ein ständig angespieltes, angedeutetes, in Stoff und montierte Bewegung eingegangenes Anderes visualisieren. Der beschworene utopische Reichtum des Lebens, das allein auf Bilder aus der Vergangenheit zurückgreifen kann, ist für Pasolini nur im Reich des Mythos zu finden, weil kein Element der Geschichte erlaubt, an ihren Brüchen die Totalität eines Anderen, Besseren abzulesen. Aber immerhin können die Bilder eine solche Totalität ins Auge bannen. Das Unbewältigte wird dann zur Chance: die neu montierte Ganzheit revoziert einen geheimen, ebenso aktuellen wie rationalen Mythos. Daß die Gewalt in Gegenbildern größter Nähe gebannt werden soll, bestimmt die ästhetische Arbeit als den einzigen Akt, der Bilder aus der von Gewalt besetzten Geschichte herausbricht und verfügbar macht.

Das beredte Schweigen, das sich einstellt, wenn die demonstrierte Naturgeschichte der totalen Gewalt angeeignet werden soll, provoziert die Haltung von Faszination und Ekel. Ob das im Sinne einer negativen Anthropologie wider Willen oder als therapeutische Läuterung eingesetzt wird: es ist allein der Kult dieser reinen Faszination, der Nachrufer, Kontrahenten und Bildwalter Pasolinis zur neuen Unschuld verführt, die sie an Stelle von Pasolinis Suche nach einer permanent gefährdeten und vorläufigen Kultur einsetzen. Das Konzept, mit welchem postum mit Pasolini verfahren wird, erinnert häufig genug an das alte Konzept des Genies: der isolierte Produzent, der für die verschütteten Schöpfungsmythen herhalten muß. Selbstbilder und Fremdbilder verschmelzen zu einem Reigen unerträglicher Posen: der – wiederum – letzte universale Kulturproduzent, die absolute Begabung, der Vorkämpfer des reinen Dilettantismus, der Dekadent, der zynische Snob, der Kommunard – einmal der reine Geist, das andere Mal die Unbestechlichkeit des reinen Instinkts, beide Male eine metaphysische Konstruktion: aus dem innerweltlichen Streiter wird der überweltliche Diagnostiker, aus dem Irrtumsverfechter der absolut Urteilende, aus dem Heillosen der Heilige.

Nun gibt es aber Berührungspunkte zwischen solcher Rezeption und dem Werk. Hinweisen kann man auf das Schwanken zwischen der Existenz einer tagträumenden Betroffenheit und der nüchternen Radikalisierung aller fragmentarischen Ausdrücke, die zwischen den Widersprüchen stehen sollen, ohne ihnen zu verfallen. Was Pasolini an Motivfülle umgesetzt hat, taucht im Kult der postmodernen »kritischen Intelligenz« – zwischen »neuem Denken« und »neuer Linken« – überdeutlich wieder auf: das Leben als letzte Bastion gegen alle Werke zu verteidigen und damit als einziges, alle Dinge unbeirrbar unterlaufendes, ästhetisch gerechtfertigtes Werk gelten zu lassen.

Was im Blick auf Pasolini in den letzten Jahren zur Floskel wie zum Dogma wurde – daß er immer wieder anders und noch mehr, also total ist –, kann man im gesamten Werk ausfindig machen: als trickreiche Komposition von »Authentizität«. Und dieser vorzügliche Begriff der Kennzeichnung expressiven Schaffens liefert auch den Ansatzpunkt für eine irrationalistische Deutung Pasolinis. Der politische Dissident wird zum Märtyrer des Anti-Politischen. Sein Untergang gibt ihm recht. Diese Konstruktion wird auf den ästhetischen Prozeß projiziert: der politische Diskurs geht auf in der vitalistischen Ästhetik. Nichts anderes meint das vielzitierte und kolportierte »Prinzip Skandal«, mit dem Pasolini sich handlungsorientierend definierte. Das Widerrufen alles Gesagten, das immer wieder gesagt wird, die Kompromißlosigkeit – sie versuchen, gegen das Bestehende und seine zementierte Sprache mit der Erneuerung aller Kodes anzugehen und verhelfen so der Visualisierung von Zeichen und der Rhetorik der Sprache zu einer letzten absoluten Geltung.

Reflektieren

Ein pausenlos vollzogener und zusätzlich ständig demonstrierter Formulierungsprozeß – mehr als 50 Bücher, mehr als 20 Filme, mehr als 10 Drehbücher für andere Regisseure (u. a. Fellini, Bertolucci), jahrelang wöchentliche Kolumnen in den großen Zeitungen, Gründungen von Zeitschriften und freien Akademien – kann auch als Versuch verstanden werden, sich ins Unaussprechliche zu retten. Es geht ihm um die Beschwörung einer absoluten Unmittelbarkeit für ein »vitalisiertes Leben«. Pasolinis Metaphern, seine Technik der Montage in Poesie und Film ist eine des sich bewegenden Materials und folgt einer Art Alchemie, in der ein Produzent nur als Vermittler von Selbstbewegungen auftaucht. Damit wird aber, was angezielt ist: die Ethik der Reflexion verhindert durch die Identität von Person und Geschichte. Eine Arbeit, die das konzipiert, setzt die eigene Person an die Stelle aller verfügbaren Erfahrungen – weil es einzig um das Dargestellte geht – und umgekehrt die Geschichte als Symbol für eine organische, mythische Ganzheit. Pasolini benennt in seinen theoretischen Schriften zur Semiotik (vor allem *Empirismo eretico*) diese beiden Quellen deutlich: nur auf eine erste Natur, die sich selber ausspricht, sei Verlaß, wenn wir nach Bedeutungen fragen, und nur die Bezeichnungen der Mythen erlauben ihr, sich in einer Person als sich selber auszusprechen. Mit den Mythen soll ein optisches Lexikon konstruiert werden, das wiederum eine andere Optik auf die Geschichte wirft: die befähigte Identifizierung der verlorenen Erinnerung. Der Umgang mit Bildern muß nach Pasolini erst ins Bewußtsein gehoben werden, damit sich die Spurlosigkeit der Aktualität bekämpfen läßt. Die Konstruktion einer kontrollierenden Optik hat im Vorgriff auf die Zukunft deshalb zu erfolgen, weil die Spurlosigkeit der Erinnerung sich gerade durch die mythischen Schemen trainiert, die begriffslos die Gegenwart mit anthropologischen und mythischen Formeln verstellen. Das muß die Arbeit an der Geschichte zur Kenntnis nehmen. Zwar gilt die Geschichte als Fundus durchaus im Sinne der Naturgeschichte. Aber ihre Gewalt korrespondiert mit der Selbstverdrängung des Orientierungsvermögens auf seiten der Bildprägungen und der Formen der symbolischen Identität, die ihr Recht erst durch eine visuell bewußte Konstruktion erhält. Erst im Durchgang durch den bloß revozierten Mythos und durch die mystisch verfestigte Vernunft instrumenteller Geschichte wird der begriffene Mythos zu einer weiteren Vernunft und ermöglicht Traditionen aus der Verschränkung mit der Moderne. Das ist ein anderer, neuer Mythos, der als Orientierung des menschlichen Bewußtseins in den Chiffren der gattungsgeschichtlichen Tätigkeiten verborgen ist, welche den Gewaltzusammenhang der instrumentellen Arbeit aufbrechen und seine symbolischen Voraussetzungen kommunikativ überprüfbar machen sollen. Die visuelle Konstruktion, die Pasolini dieser Erinnerungsaufgabe zuschreibt, soll es ermöglichen, die Traditionen als etwas Künftiges zu verstehen: Als Funktionen bewußter Handlungen entspringen die Traditionen der Zukunft, wenn sie der Erkenntniskritik des mythischen Bewußtseins folgen sollen, das sich im Ganzen gegen die Geschichte zu behaupten hat.

Es ist offensichtlich verführerisch, und viele sind dieser Verführung auch erlegen, diese Technik der symbolischen wie geschichtlichen Identifikation von Metaphern auf einen Modus praktischen Handelns zu übertragen oder auszudehnen. Es verwundert nicht, daß ein solches Modell heute für Opposition einsteht, wo man auf seiten der Linken nicht nur die gebrochene Geschichte, sondern den naturgeschichtlichen Zwang dieser Brüche für die Erkenntnisse zurückweisen und endlich und ungebrochen das Ganze haben möchte. Ein Spiel mit verdeckten Karten und wie alle Spiele eines, das seinen eigenen Erfolg nährt, wenn es nur eine gewisse expressive Dichte erzeugen kann.

Ein Mythos – und gerade die Mythen sind legitime Gegenstände der neuen Medien – *muß* seine Wirkung entfalten, indem er die Reflexion zunächst ausschaltet. Aber seine Darstellung selber ergibt keinen Sinn mehr, wenn sie die Differenz von Signifikant und Signifikat leugnet. Pasolinis Wirkung – betrachtet man einmal nicht seine kreativen Techniken – beruht einzig und durchschlagend darauf, daß er zielsicher den Mangel an Bildbewußtsein ausbeutet: der Umwälzung des Bewußtseins hat vorauszugehen, daß ihm die Unfähigkeit zu einer *direkten* Optik gezeigt werden kann. Das führt zu einer modernistisch präsentierten Mythologie, deren Raster auf Reste einer Dechiffrierungsfähigkeit hofft. Es läßt sich leicht vermuten, daß die Figur Pasolini, die für alles einzustehen hat, was richtig, aber unmöglich ist, gerade deshalb politisch verwendbar wird, weil Pasolinis Darstellung mythischer Stummheit (die meisten Filme *zeigen,* reden nicht) sämtliche Projektionen erlaubt, die das eigene Defizit in kräftigeren Spiegeln projizieren. Nicht zuletzt ist die verspätete und enthusiastische Verbreitung Pasolinis im deutschsprachigen Raum einer Misere geschuldet, die sich in Bildern einer »Italianità« bis zum Kitsch immer dann sonnt, wenn man über die öffentliche Kultur lamentiert, die hier nie, dort immer bestanden haben soll. Ganz im Gegensatz zur Auffassung Pasolinis übrigens, der Italien für das barbarischste und uniformste Land Europas hielt.

Bildergedächtnis

Pasolinis heterogene Inhalte und Darstellungsformen – in jeder Werkphase als Notizen gedacht – zielen auf ein visuelles Universum: auf die einzig in ursprünglichen Bildern sich artikulierenden Chiffren der Natur. Die Kraft solcher Mythen hielt Pasolini einer gegenwärtigen Aufarbeitung für fähig. Seine Werke leben deshalb von einer inneren Verschränkung von Modernem und Archaischem. Wenn uralte Mythen durch eine vergleichsweise einfache visuelle Neu-Montage wieder zugänglich gemacht werden können, dann kann man den von Pasolini selber in Bewegung gebrachten Mythos, die Aktualität sei nur in der Geste des Ketzerischen zu retten, so verstehen: Die »organische geistige Bilderwelt« formuliert sich in positiven Bildern, in geschlossenen Abläufen und substantiellen Geschichten, d. h. in einer mit sich selbst versöhnten Naturgeschichte. Nicht um Erhaltung geht es, sondern um die Bezeichnung einer offenen Dynamik der Zeichen, die sich gegen die geschlossene

Gewalt der Geschichte durchsetzen können. Die in politischen und zufälligen Glossen postulierte »totale Verweigerung« dient Pasolini für die Zurichtung dieses semiotischen Feldes: als Diskurs über die Spuren einer besseren Welt, die aus dem verdrängten kollektiven Bilderschatz der Menschheitsgeschichte und gegen die Sprache der Gewalt ausgegraben werden müssen. Wenn man sich politisch zu Pasolini verhalten will, dann muß man die politisch manifesten mit den unpolitischen Seiten zusammenbringen. Was dann bleibt, ist die konservative Seite einer ästhetischen Provokation, die mit Kunst nichts mehr zu tun hat: daß der Anspruch an Kultur die Zeichen als symbolische Versorgungsinstanzen fordert, die weder politisch noch strategisch noch instrumentell produziert werden können.

Es ist nicht diese oder jene Glosse, dieser oder jener Vers, Film, Roman, es ist der »ganze Pasolini«, der Bedeutung hat und der Problem bleibt und den keine Rezeption stimmig oder sinnig zusammenfassen kann. Pasolini selber hat die Brüche kaschiert und sich auf das Dogma der Antidogmatik berufen. Daß die Rezeption ihm hierin häufig genug folgt, verstellt den Blick auf diskutable Vorschläge und auf das Problem des semiotischen Ortes, an dem eine visuelle Ganzheit konstruiert werden sollte. Daß die Identifikationskraft der Bilderwelt nur *gegen* den politischen Diskurs zu erobern ist, hat zu entlegenen Behauptungen über neue Möglichkeiten dieses Diskurses für die Linke geführt. Das Problem bleibt ein anderes: Konstanten einer »natürlichen Semiotik« behaupten den Verlust der geschichtlichen Voraussetzungen visueller Kodes. Und diese Widersprüchlichkeit einer kulturellen Arbeit an »organischen Prinzipien« bleibt auch nach Pasolini bestehen. Pasolini hat sie nicht gelöst, sondern nur auf die Ebene hochtechnisierter Produktionsmittel verlagert. Die artifizielle Natur des Films soll den eigentlichen und zugleich den reflektierten, den aufklärerischen Mythos auch gegen den Mythos der Aufklärung einklagen. Das provoziert den postmodernen Wunsch: eine »unwerte Geschichte« zu liquidieren, indem die Eigenständigkeit der Natur anerkannt wird. Die Rückbindung an ihre Eigendynamik soll einzig noch eine wahre, »eigentliche Geschichte« ermöglichen. Die Vision von Glück, Vernunft und Versöhnung wird von den Taten der Menschen abgelöst und einer ursprünglichen Sprache überschrieben, einer genuinen Beredsamkeit der reinen und ungefilterten Natur.

Humanismus

Geschichte als Natur zu behandeln und danach zu leben – das erklärt Pasolinis Motive auch aus einem naturrechtlichen Zugang zum eigenen Leben: was immer die natürliche Ursprünglichkeit verspricht, ist legitimiert, zum Bedürfnis erklärt zu werden. Die Tiefenschicht der Natur wird nicht allein semiotisch, sondern auch lebenspraktisch und psychoanalytisch eingesetzt – mit welch bösem Ende zeigt der letzte Film *Salo* (1974), der die unmittelbare Bosheit der Natur mit derselben Selbstverständlichkeit zeichnet wie vordem die Glücksschatten hinter einer nie restlos verallgemeinerten Gewalt und ihren nicht total vernichteten Opfern. Die Gewalt ist total geworden. Pasolinis »politischer Humanismus« ist nichts anderes als die Suche nach jener Natur, die unablässig den Menschen selber korrigiert. Und ihn zunehmend im Namen der verstümmelten und stumm gemachten Natur verwirft. Aus diesem Grund fordert Pasolini, die analytische Kraft des Poetischen zu entdecken. Und durchaus gewaltsam paßt er dieser Poesie – dem Widerschein dessen, was in den Menschen ist *vor* den Trennungen von Natur und geschichtlichen Tätigkeiten – die Analysen ein. Die Grenzen dieser Verbindung machen sich diagnostisch geltend: Wenn es möglich ist, den Zustand einer Gesellschaft an der Kleidung und den Gesten der Passanten restlos abzulesen, dann führt das über die Beschreibung von Ritualen schnell zur Behauptung, im »Konsumismus«, im inszenierten Hedonismus korrupter Massen sei das Ganze der Gesellschaft enthalten. Der Bildner der Rituale erzwingt sich die analytische Behauptung, die Grundstruktur der Gesellschaft werde nicht in der Produktion gebildet, sondern allein im Konsum. Der sich produzierende Mythos denunziert die Produktion. Was aber besagt der Konsum, wenn er alles beschreibt, was überhaupt geschieht? Pasolinis revozierender Mythos scheidet alles aus dem Leben aus, was nicht der Ekstase fähig ist. Dazu gehört vorrangig die Produktion. Und dieser Hintergrund einer Metapher macht eine These, die mehr zu sein behauptet als eine Tendenzwarnung, falsch – bevor etwas gleichmacht, muß es irgendwie gemacht worden sein. Der denunzierte »Massenhedonismus« ist eine moralische Konstruktion, keine Analyse. Aber sie ist präzis als Analyse für eine Revision politisch linker Denkfiguren vereinnahmt worden. An die Stelle der Tätigkeiten treten Artefakte, selbstgenügsame Kunstsprachen, denen als Mythos angelastet wird, was im politischen Handeln versagt: die armselige Uniformierung der regulierten Freizeitgesellschaft. Die neulinke, »grüne« Undogmatik gibt sich versiert: nach der falschen Vernunft genügt nun wieder allein die Geste alles Anderen für eine wahre Irrationalität, in der eine Heimat finden soll, was vordem verboten war. Das neue Verbotstabu wird zum koketten Außenseitertum. Dagegen litt Pasolinis Außenseitertum darunter, nicht an einer bescheidenen und sinnvollen Normalität teilnehmen zu können. Die Totalisierung und Nivellierung, die Pasolini zu beobachten glaubte, die Aufreibung des »wirklichen Menschen« und seiner vielen Welten – »Italien ist untergegangen für immer« (so 1974 im Fernsehen) – wurde über das Bild des Außenseiters einem politischen Diskurs einverleibt, der ohnehin nie ein anderes Thema hatte als die Kontinuität des politischen Diskurses. Die fetischistische Aura der absoluten »Dissidenz« kann gelesen werden als der letzte, nur noch formale Drehpunkt einer gebrochenen Identität. Das erinnert an Pasolinis ästhetische Selbstvernichtung, an *Salo* – die letzte Kraft drängt zur subtilen und perfektionierenden, zur meisterhaften Inszenierung des Todes. Mit gewaltigen Bildern, nicht mit Bildern von Gewalt allein, beweist sich die letzte Anstrengung darin, die Anderen für ein Mal wenigstens zu Opfern der eigenen Leiden machen zu können. Pasolini kapitulierte vor der Geschichte. Aus ihrer spezifischen und ausweglosen Verweigerung – und dem rationalen Fazit, sie biete keine Orientierungen für die Voraussetzungen des gegenwärtigen Lebens – hat die neue Linke den Kult einer leeren Ungeschichtlichkeit gemacht. Pasolinis Suche nach einer Moralität der Bilder ist gescheitert, immerhin aber als Scheitern dargestellt worden. Pasolini hat aber schon vorher nicht »geschichtlich gedacht«. Wenn der Bilderraum visueller Identität – d.h. auch der Programme der Versöhnung zwischen Natur und Geschichte – durch die Geschichte verstellt ist und seine Bedeutungen aufgelöst sind, warum sollte dann ausgerechnet die Geschichte den legitimen Grund für irgendein Konzept von Poesie, visueller Semiotik oder moralischem Chok abgeben? Dem Scheitern folgt der Rückgriff auf eine absolute Sprache und die Romantik. Pasolini hat zeitgenössisch nicht allein ihre Aufgabe, sondern auch ihre Reichweite bezeichnet. Dem hätte die Rezeption erst noch zu folgen.

W. G. SEBALD

Literarische Pornographie?*

Zur »Winterreise« Gerhard Roths

Der Lehrer Nagl sitzt gern, wenn es finster wird, allein in der leeren Schulklasse. Er mag »die grüne, abgewaschene Tafel, die gespitzten Kreiden, den Schwamm und das steifgetrocknete Tafeltuch«.[1] Man schreibt ein Jahresende. Draußen auf den gefrorenen Fischteichen laufen die Kinder Schlittschuh. Eine Szene von beträchtlicher Suggestionskraft. »It is the evening of the day, I sit and watch the children play«, erinnert sich der Leser vielleicht und läßt sich nicht ungern eine gewisse Einstimmung in die Traurigkeit gefallen. Er versteht den Schullehrer, seine Zuneigung zu den Kindern, die so viel umsonst lernen müssen, versteht, warum es ihm, wenn er später an sie denkt, vor Rührung die Kehle zuzieht. Wahrscheinlich ist es der Abstand zwischen ihrer Ahnungslosigkeit und seiner Angst, der Nagl oft schon den Gedanken eingegeben hat, »in Pompeji zu verschwinden oder sich in den Vesuv zu stürzen«. Wenn sich Nagl dann auf seinem Zimmer Farbfotografien von vulkanischen Erscheinungen anschaut, von Schwefelausblühungen, glühenden Lavaflüssen, violetten Aschenablagerungen und anderen pathologischen Phänomenen der Natur, können wir uns denken, daß ihm ein Aufenthalt in der Hölle bevorsteht. Gewiß ist die Frist im normalen Leben so gut wie abgelaufen. »Die silberne bäuerliche Taschenuhr mit dem eierschalenfarbenen Zifferblatt und den goldenen, verzierten Zeigerchen, die er von seinem Großvater geerbt hatte, lag auf dem Tisch auf der Zeitung, wo er sie in der Früh, nach-

---

* Diese Studie entstand im Zusammenhang eines Arbeitsprojekts zur neueren österreichischen Literatur, das durch ein Forschungsstipendium der British Academy unterstützt wurde.

[1] Gerhard Roth, *Winterreise*. Frankfurt: S. Fischer 1979.

dem er sie aufgezogen hatte, liegengelassen hatte. Er nahm sie in die Hand, sie war kalt, er hielt sie an sein Ohr und ließ sie ticken.« Das Geräusch der Zeit, der vergehenden Stunde. Die letzte bringt den Tod, heißt eine katholische Weisheit. Vielleicht ist es das Gescheiteste, denkt Nagl, »sich dem Leben anzuvertrauen, wie man sich dem Tod anvertraut, auch wenn die Nähe zum Leben eine Nähe zu den Schrecken des Lebens bedeutet«. Schade nur, daß in diesem Satz das Programm des Romans bereits etwas zu laut beim Namen genannt wird; sonst wäre es, bis hier, eine schöne Einleitung, beunruhigend und beschwichtigend zugleich. Wir wissen, es geht um einen Übergang aus dem, was war, in das, was noch nicht ist. Der Romanheld steht eine Zeitlang auf der Brücke, hält den Atem an und sieht in die scheinbare Leere empor, ehe er den entscheidenden Schritt tut: in die jenseits auf ihn wartenden Fiktionen.

*

Die Ausreise aus der Enge des Heimatlandes, verbunden mit einer Grenzüberschreitung auch im psychologischen Sinn, ist ein zentrales Thema der neueren österreichischen Literatur. Für den Erzähler ergeben sich aus dem Entschluß, den Protagonisten draußen, im Ausland seinen Weg machen zu lassen, entscheidende Restriktionen: Der bewußte Verzicht auf das soziale Umfeld, auf »realistisches Beiwerk« muß wettgemacht werden durch eine gesteigerte Präzision der Beobachtung und durch die Erfindung sprachlicher Mittel, die zur Übersetzung eines solchen Präzisismus taugen. Handke hat damit in seiner Erzählung von der Angst des Tormanns einen schwer zu überbietenden Anfang gemacht, und auch seine im Verlauf der letzten Jahre entstandenen Texte bemühen sich konsequent um eine Dematerialisierung der Erzählgegenstände. Gerhard Roth, der nicht nur mit der *Winterreise,* sondern auch mit den Büchern *Ein neuer Morgen* und *Der stille Ozean* Erzählmodelle vorgelegt hat, die eine ähnliche Intention beinhalten, ist es, wie mir scheint, bislang noch nicht gelungen, der in solchen Projekten zum Ausdruck kommenden Verflüchtigungstendenz mit formaler, und das heißt sprachlicher Konzentration zu begegnen.

In dem Roman *Ein neuer Morgen* hat Roth die Art, in der er die Umwelt in seine Prosa einbezieht, dadurch rationalisiert, daß er einen Fotografen ins Zentrum seiner Geschichte rückt, der an einem Buch über New York arbeitet und also Ursache hat, in einem fort Bilder von der Stadt und ihren Bewohnern »aufzunehmen«. Der Roman enthält eine Episode, in der Roth seine eigene Illustrationstechnik problematisiert: »Als der Jude merkte, daß Weininger das Geschäft betrachtete, griff er nach hinten und hielt ihm aufmunternd ein Büschel Krawatten hin, und Weininger griff zur Kamera, worauf der Jude mit hochgezogenen Schultern im Geschäft verschwand. Vorsichtig spähte er durch die Tür, und als Weininger keine Anstalten machte zu fotografieren, kam er wieder heraus, und Weininger fotografierte ihn, als er gerade die Hand hob und sein Gesicht verdecken wollte. Als Weininger später das Bild entwickelt vor sich sah, bemerkte er, daß der Jude lächelte. Es war ein nachsichtiges, menschliches Lächeln, das Weininger sehr gefiel.«

Das durch den Kommentar des Erzählers hier im doppelten Wortsinn »entwickelte« Bild vermittelt einen Begriff davon, was einem an den sonst bloß aneinandergereihten Aufnahmen Roths abgeht - die Zeit zum genaueren Anschauen und Überdenken, die sich schon der Autor nicht genommen hat. Roths Texte tendieren zum Filmskript. Die skizzenhaft parataktische Reihung der von der Erzählfigur wahrgenommenen Realitätsausschnitte entspricht den der Kamera in der linken Spalte vorgeschriebenen »shots«. Roth besteht nicht auf dem Bedeutungsgehalt des Beschriebenen - mit der Folge, daß er den Wahrnehmungs- und Reflexionsmechanismus seiner Gestalten unablässig mit stereotypen Wendungen manipulieren muß. Charakteristisch sind Initiationssätze nach dem Muster: »Er saß da, dachte und sah ...«, auf die dann die vorgeblich von der Erzählfigur registrierten Bilder folgen. Auch Fertigteile wie »Es schien Nagl, als ...«, »Pompeji war ihm vorgekommen wie ...«, »Nagl fiel ein ...«, »Nagl war, als könnte ...«, »es schien ihm, als hätte ...«, »es war ihm, als sei ...«, die im Text mit notorischer Frequenz auftreten, sind ein Indiz für die nur scheinbaren Denkbewegungen der erfundenen Figuren und der sie befördernden Prosa. Erniedrigt zu einer rein technischen Vermittlungsinstanz zwischen Autor und Publikum, gelingt es Roths Protagonisten nur im Ausnahmefall einmal, wirklich zu sich selber zu kommen. Ansonsten aber überträgt sich die Usurpation des Bewußtseins der Erzählfigur durch den Autor auch auf den Leser, der sich - leicht verstimmt - gehalten fühlt, das nochmals mitanzusehen, was Roth in New York, in Venedig oder in der Steiermark an Lokalkolorit recherchiert und aufgeschrieben hat.

*

Da die erzähltechnischen Schwächen in der Prosa Roths sich relativ häufig bemerkbar machen, bilden sie im Text nach und nach ein nicht intendiertes System aus, das die Denkfreiheit sowohl der Erzählfigur als auch des Lesers aufhebt. In der *Winterreise* wird die negative Kollusion von Autor und Erzählfigur zudem noch verstärkt durch Passagen, die nach den Schnittmustern des pornographischen Kanons verfertig sind. Pornographische Texte sind angelegt, den Leser, mit dessen voyeuristischer Disposition sie ihr Kalkül machen, gefangenzusetzen. Ob der rezeptiven Lust des Lesers dabei in einer Art Gleichung jeweils exhibitionistische Tagträume des Autors entsprechen, mag unentschieden bleiben; und es soll auch nicht unterschlagen werden, daß die damit umrissene Problematik die Crux einer jeden erzählten Geschichte ist - Konfession und Mitwisserschaft gehören unabänderlich zu den dynamischen Grundstrukturen der erzählerischen Literatur. Andererseits gelangen Geschichten nur in dem Maß über die Verabredungen der zweifelhafteren Genres hinaus, indem es ihnen gelingt, sich als ein eigenständiges Modell zwischen der Phantasie des Autors und derjenigen des Lesers einzurichten. Der Nouveau roman hat gezeigt, daß sich die Kriminalgeschichte, befreit von der sie sonst bestimmenden Dimension trivialer Spannung, als Rätselraster zur Konstruktion und Entwicklung literarischer Fiktionen verwenden läßt, und Roth selbst hat ähnliches in seinem Roman *Ein neuer Morgen* versucht. Die

Winterreise, und darin besteht gewiß nicht zuletzt die besondere Bedeutung dieses Textes, läßt es als fraglich erscheinen, ob mit pornographischem Erzählen sich Analoges erreichen läßt, ob Pornographie mit den Präzepten erzählerischer Prosa überhaupt vereinbar ist.

»Kaum hatte Nagl die Tür hinter sich geschlossen, als Anna sich vor ihn kniete und seine Hose öffnete. Er knöpfte ihre Bluse auf, holte ihre Brüste heraus, griff zwischen ihre Beine, befingerte die Schamlippen und ihren Kitzler und schob sein Glied in sie. Während sie sich liebten, legte er sich auf das Bett und sah zu, wie sein Schwanz in ihr verschwand und wieder herauskam. ›Mach es langsamer‹, flüsterte er. Sie war außer Atem, und er ließ sie sich umdrehen und steckte seinen Schwanz in ihren Hintern. Er preßte sie an sich, sie schrie, weinte, verstummte aber plötzlich und begann zu keuchen. Dann lagen sie stumm nebeneinander.«

Szenen wie diese zeigen, daß die künstliche Verkürzung der imaginierten Realität, die jede Form von Prosa ins Werk zu setzen hat, im pornographischen Text, der, als die entsentimentalisierte Fiktion par excellence, nie geschwind genug zur Sache kommen kann, leicht Züge unfreiwilliger Komik annimmt. Der hohe Grad der Explizität paßt kaum zum Tempo und zu den offenkundigen Ellipsen in der beschriebenen Handlung. Irritierend zudem die terminologischen Schwankungen zwischen pornographischem Vokabular und einer zum Teil peinlich konventionellen Diktion, die aufs Konto der Halbherzigkeit des Autors zu gehen scheinen. Die falsche Synonymität etwa von »Glied« und »Schwanz« oder die aus dem Text herausfallende Formulierung »während sie sich liebten« sind Beispiele für die stilistischen *faux-pas,* die Roth bei der Komposition seiner pornographischen Passagen unterlaufen: gelungen weder als Prosa noch als Pornographie. Und auch Roths Versuche, pornographische Passagen motivisch einzubinden, überzeugen nicht; denn eine prinzipielle Eigenschaft pornographischer Texte besteht ja darin, daß sie alles zuvor Gelesene suspendieren. Darum entspricht der abrupten Expositionstechnik der Pornographie die Schwierigkeit, aus dem wunderbaren Abgrund, in den sie den atemlos mitbuchstabierenden und doch dauernd dumme Zwischenfragen stellenden Leser hineingelockt hat, wieder zurückzufinden auf die Ebene der sogenannten Kunst. Die *dénouements,* mit denen Roth die alle paar Seiten in seine Prosa eingeblendeten pornographischen Intermezzi auflöst, haben darum allemal etwas peinlich Apologetisches an sich: »Dann lagen sie stumm nebeneinander. Er erinnerte sich wieder an alles, was mit ihnen gewesen war, an sein Gefühl der Scham und Verzweiflung, seine Einsamkeit und das mächtige Gefühl der Sinnlosigkeit, das ihn begleitet hatte. Er hatte vorher nicht viel nachgedacht.«

Nach dem extremen Konkretismus der voraufgegangenen Szene hinterlassen diese anämischen Reflexionen des Helden kaum einen Eindruck. Zum einen, weil wir wissen, daß ein anständiger pornographischer Text eigentlich immer so weitergehen müßte; und zum anderen, weil Pornographie, wie die Stummfilmkomödie, die Erzählfiguren rein äußerlich, behavioristisch erfaßt, und deshalb der hier versuchte Übergang in einen inneren Monolog Nagls wie ein Rechenfehler des Autors wirkt.

Ein weiterer problematischer Aspekt pornographischer Texte, die grundsätzlich nur ihre eigenen Projektionen im Sinn haben können, ist ihr Frauenbild. John Berger hat gezeigt, daß in der bildenden Kunst der nackte weibliche Körper immer einen männlichen Betrachter voraussetzt – entweder innerhalb des Bildes (bezeichnend sind Motive wie »Das Urteil des Paris« oder »Susanna im Bade«) oder außerhalb (Tizians »Venus von Urbino« oder Manets »Olympia« wären einschlägige Beispiele); und selbst noch da, wo männliche Figuren wie Bacchus als *aktive* erotische Gestalten ins Bild miteinbezogen sind, ist der Blick des zentralen weiblichen »Objekts« zumeist aus dem Bild heraus auf ein präsumtives männliches Wesen gerichtet.[2] In eben derselben Manier verlangt die Konvention des pornographischen Texts einen *männlichen* Leser, der die in die Konstruktion eingeplante voyeuristische Perspektive übernimmt. Die pornographischen Passagen der *Winterreise,* in denen der Blick der Erzählfigur dem des Lesers vorgespannt wird, passen oft nur allzu genau in dieses Schema. »Am Morgen«, berichtet der Erzähler, »schob Anna die Decke zurück und nahm sein Glied in den Mund. *Er gab vor* zu schlafen, er war noch müde, aber es war genußvoll, im Bett zu liegen und Anna *aus den blinzelnden Augen anzusehen,* wie sie an seinem Glied saugte und erregt war.«

Dem manifesten voyeuristischen Gehalt dieser Szene assoziiert sich, gewissermaßen als ihr Revers, das aus der traditionellen erotischen Literatur geläufige männliche Wunschbild von der sich schlafend stellenden Frau, die lustvoll – unter Ausschaltung aller persönlichen Prätentionen – die Experimente, die die Mechaniker der Liebe an ihr vornehmen, unter halbgeschlossenen Lidern mitverfolgt. Erst die schlafende, bewußtlose, ohnmächtige oder, im genauesten Fall, tote Frau tritt wirklich ins Einvernehmen mit den männlichen Wünschen. Daß Roth die Rollen in diesem nekrophilen Arrangement umbesetzt hat, widerlegt schwerlich die These, nach der die männliche Phantasie ihr idealtypisches Komplement in einer entlebendigten weiblichen Figur hat, denn die Szene entspricht ja auch in ihrer umbesetzten Form keineswegs einer vergleichbar einschlägigen weiblichen Wunschvorstellung.

Wie die negativen Implikationen des Aktgenres, das die Frau im eigentlichen Wortsinn dem männlichen Blick preisgibt, sich nur transzendieren lassen, wo eine Frau in ihrer eigenen Intentionalität gesehen wird, so ist auch in der Literatur eine Differenzierung der männlichen Phantasien nur über eine empathetische Beschreibung weiblicher Figuren zu leisten. Bekanntlich war das Entstehen der Romankultur in England und Frankreich aufs engste verbunden mit der psychischen Emanzipation der weiblichen Leserschaft. Die erzählerische Entwicklung und Vermittlung des Begriffs der weiblichen Sensibilität von Richardson über die englischen Autorinnen des 19. Jahrhunderts bis hin zu Flauberts *Madame Bovary,* Tolstois *Anna Karenina* und Fontanes *Effi Briest,* dieser langwierige literarische Prozeß umschrieb mit großer Genauigkeit die erotischen Turbulenzen, in denen die ihren Gefühlen nachgebenden Frauen unterzugehen drohten. Das Verfahren, das dabei beobachtet

---

[2] John Berger, *Ways of Seeing*. London 1978.

wurde, war das der symbolischen Repräsentation, der Implikation, des Verbergens des Bedeuteten in den Kadenzen und Ornamenten der Prosa, ein Verfahren also, das der Phantasie der lesenden Frau dieselbe Freiheit einräumte wie der des männlichen Lesers. Daß Proust sein homosexuelles Wunschbild übersetzte in das der weiblichen Figur Albertines, geschah letztlich weniger im Interesse des Dekorums als aus dem anderen Grund, daß nur so der psychologische Scharfsinn, den die erzählerische Literatur in ihren Erkundungen der weiblichen Seele ausgebildet hatte, ins Konzept einzubringen war. Das ausgeprägte Taktgefühl der *Recherche* ist in erster Linie ästhetischer und nicht sozialer Natur. Und einzig der ästhetische Takt ermöglicht die Transzendierung der zerstörerischen Dialektik von Eros und Zivilisation.

Nun ist, im Gegensatz zu dieser doch sehr auf Sublimationseffekte bedachten Kunstübung, seit dem Naturalismus Zolas, seit Lawrence und Joyce und erst recht in den letzten Jahrzehnten ein erotischer Verismus im Roman zu verzeichnen, dem es weniger um die seelischen Ornamente als um die Prozesse der Geschlechtlichkeit zu gehen scheint. Diese Gegenströmung, die in zunehmendem Maße explizite Anleihen machen konnte bei den vom offiziellen bürgerlichen System diffamierten Szenarios und Wörtern der im Untergrund kultivierten Pornographie, hat sich selbst nicht ganz zu Unrecht als eine revolutionäre Geste verstanden und wurde häufig auch als ein Zeichen des Avantgardismus interpretiert. Der dezidiert männlichen Perspektive, die sich damit Geltung verschaffen konnte, war mit einer Radikalisierung weiblicher Wunschträume nicht beizukommen. Die Studie, die Beatrice Faust zur Frage *Women, Sex and Pornography* (Harmondsworth 1981) verfaßt hat, argumentiert überzeugend, daß es eine weibliche Pornographie in einem analogen Sinn nicht gibt, daß die Bilder, die die männliche Phantasie so kontinuierlich beschäftigen, bei weiblichen Adressaten allenfalls ein beiläufiges Interesse und zumeist nur ein Gefühl des *ennui* hervorrufen. Beatrice Faust hält dafür, daß die inzwischen in industriellem Ausmaß organisierte romantische Gefühlsliteratur à la Barbara Cartland die wahre Pornographie der Frauen sei.[3] Die von den verschnörkelten Verfänglichkeiten wahrer Liebe handelnden Romane kamen jedoch – paradoxerweise – für eine Reassimilation in die seriöse Literatur vor allem deshalb nicht in Frage, weil sie, im legalen und im sozialen Sinn, nie tabubelastet und darum auch nie tabuverletzend waren. Das wiederum erlaubt nicht den Schluß, pornographische Passagen im herkömmlichen Verstand müßten einer der Wortkunst verpflichteten Prosa eher kommensurabel sein als sentimental-erotische.

In aller Regel – und Roths *Winterreise* macht hier keine Ausnahme – bleiben die pornographischen Exkurse einer in ihren Inhalten bahnbrechend sich gebenden Prosa in formaler Hinsicht konservativ und unterentwickelt, weil ihr Medium, die Fachsprache der Pornographie, aufgrund einfacher physiologischer Gegebenheiten über das doch recht begrenzte Programm al-

[3] Um einen Begriff von der Größenordnung des Geschäfts mit der »weiblichen« Pornographie zu geben: Allein das kanadische Verlagshaus Harlequin setzte 1978 in 80 Ländern 125 Millionen Exemplare »gefühlvoller Romane« für die Frau ab.

ler in diesem Umkreis möglichen Gesten, Aktionen und *accoutrements* nicht hinauskann. Letzen Endes bewegt sich, wenn der Verrätselung des Sujets einmal entraten wird, der Erzählvorgang nur noch vermittels der digitalen Logik der Löcher und Schwänze. Deshalb bedarf der pornographische Text, um auf der Höhe des eigenen Anspruchs zu bleiben, stets verzwickterer choreographischer Reglements und, nicht anders als mindere symphonische Werke, einer virtuosen Orchestrierung mit einem Arsenal diverser Instrumente. An derartigen Versatzstücken, als da sind Tische, Stühle, Bidets, Badewannen, Regenschirme, Witwenschleier, Zigarren, Flaschen u. a. m., herrscht auch in der *Winterreise* keine Not. Darüber hinaus gehört zur Konstitution pornographischer Texte die stupende Potenz der Protagonisten, die sich, weil es für sie die Welt und den »Mythos der Arbeit« nicht mehr gibt, nun nach einem nicht minder rigiden Programm aneinander abarbeiten. Die Frau wird in den sexuellen »Produktionsprozeß« so bedingungslos »eingespannt« wie sonst nur in der Warenfabrikation. Der entscheidende Faktor ist in jedem Fall die leistungsorientierte männliche Perspektive. Wo ein Text sich diese Perspektive bedenkenlos aneignet, sieht der Leser den Prototyp der Frau unter demselben Vorzeichen, unter dem *er,* der Autor, der Erzähler, der Protagonist und also eine ganze Reihe von Männern, *sie* immer schon gesehen hat. Das System der Pornographie kennt gleich dem System der Arbeit keine Differenz zwischen Mann und Frau. Die Frau reagiert und funktioniert ohne Umschweife gerade so, wie der Mann es sich ausmalt, wird zum festen Bestandteil seiner Phantasie in einem auf reine Aktion reduzierten, von der Sprache weitgehend unabhängigen Modell. Wahrscheinlich meint Nagl deshalb bisweilen, daß Anna dasselbe empfinde, Ähnliches denke wie er, und ihre unverwandte Kooperationsbereitschaft demonstriert dem Leser ihre identifikatorische Einstellung ja mit zulänglichem Nachdruck. Dem Systemzwang des Textes entsprechend wird die Frau, die den Schullehrer Nagl auf seinem Weg in die Kälte begleitet, nur mit dem absoluten Minimum an individuellen Zügen ausgestattet. Gerade, daß sie einen Vornamen und ein hübsches Mädchengesicht hat. Alles übrige wäre redundant. Sie braucht, im Gegensatz zu Nagl, der in Gedanken oft seinem Großvater nachhängt, auch nicht an ihre Großmutter zu denken, und wenn der Held, um dessen Angst und Verzweiflung es allein und fortwährend geht, zu neuen Horizonten aufbricht, kann sie den Zug nach Hause nehmen.

*

Roths Versuch, die wortlosen Verhältnisse zwischen zwei Menschen, den Antagonismus von Attraktion und Fremdheit am Leidwesen der reinen Sexualität darzustellen, ist nicht im Prinzip illegitim. Als unvereinbar aber erweist sich der desparate Absolutionsanspruch des pornographischen Weltbilds mit dem, aufs Ganze gesehen, unverfänglichen Erzählmodus der *Winterreise*. Pornographie, die mit ihrem Vorsatz Ernst macht, entsagt grundsätzlich der Außenwelt, kennt nur mehr ihre häretische Passion für das fleischgewordene Wort. Genets Rhapsodien oder die *Geschichte des Auges* von Georges Bataille belegen, daß Pornographie als Kunstform nur im luftleeren Raum einer totalen Obsession entstehen, daß sie nur über die in den surrealen Bereich vordringende Quadrierung des eigenen Prinzips die pathetische Tragödie einer um den gesunden Tierverstand gekommenen Art erfassen kann – und in ihrer präzisesten Ausprägung beschreibt Pornographie ja tatsächlich das naturhistorische Debakel einer Spezies, der es ganz emphatisch nicht mehr um Prokreation, sondern vielmehr ausschließlich um »reine« Erkenntnis geht. Ob dieser Vorsatz im Text deutlich wird, ist eine Frage der eingesetzten Mittel. Neben der eisigen humoristischen Kälte, mit der Bataille sich sein gefräßiges Auge herausoperiert, oder neben dem hohen lyrischen Stil, der es Genet erlaubt, sich in rücksichtsloser Explizität mit feierlicher Geste vom bloß Obszönen zu distanzieren, hätten die pornographischen Etüden der *Winterreise* wenig Bestand.

Indem der Autor sich immer wieder aufs Niveau des landläufigen Erzählens zurückrettet, geschwind das gefährliche Spielzeug, hat er es nur ein wenig hin- und hergewendet, wieder in in den Kasten zurückgibt, durchbricht er den idealen Topos der Pornographie, deren perverse Reinheit als Kunstform gerade darin besteht, daß sie weniger leicht manipulierbar ist als die traditionellen Ingredienzien der erzählerischen Literatur. Wenn Kunst, auch die pornographische, eine Bewußtseinsform repräsentiert, dann darf der Autor der *Winterreise* sich vielleicht glücklich preisen, daß ihm die für eine immanente Transzendierung des Genres notwendigen persönlichen Voraussetzungen abgehen. Jedenfalls kann man ihm nicht jene spezifische Form der Monomanie unterstellen, die aus einem pornographischen Text mehr zu machen weiß als ein etwas abwegiges Divertissement. »Die Pornographie«, schreibt Susan Sontag, »ist – genau wie die Science-fiction – ein Zweig der Literatur, der auf Desorientierung, auf psychische Verwirrung, ausgerichtet ist.«[4] Soll diese Intention, sei es in der Person des Autors, sei es in der des Lesers, umgesetzt werden, dann reicht es nicht, dosierte pornographische Passagen als ein Kunstmittel unter anderen zur Anwendung zu bringen. Die häretische Deklamation kann sich ebensowenig wie das, was für sakrosankt gilt, auf Kompromisse einlassen. Darum geben sich die seltenen Beispiele großer pornographischer Literatur in einem antinomischen Exerzitium ihr eigenes Gesetz. Eine kleine Vorschule der Pornographie wäre eine Absurdität. Der pornographische Diskurs läßt sich, auf der Ebene der Kunst, weder adoptieren, noch erlernen, noch zitierend vermitteln. Als ein absolutes System kommt er erst im pathetischen Wort zu seiner Sprache, in einer Diktion, die ihre spekulative Gewalt der Intransigenz der Wirklichkeit entgegensetzt. Bachtin meinte, das pathetische Wort sei immer »das Wort des Predigers ohne Kanzel, das Wort des strengen Richters ohne richterliche und strafende Macht, des Propheten ohne Mission, des Politikers ohne politische Gewalt, des Gläubigen ohne Kirche.[5] Demnach verdankt Pornographie ihr spezifisches Pathos einer ge-

---

[4] Susan Sontag, *Die pornographische Phantasie*. In: *Kunst und Antikunst*. Reinbek: Rowohlt 1968.

[5] Michail Bachtin, *Die Ästhetik des Wortes*. Frankfurt: Suhrkamp 1979.

gen die eigene Ohnmacht gerichteten Transgression, in der sie, für sich und für uns, ihr Geheimnis entdeckt, ein Geheimnis, das nicht in der Sexualität besteht, sondern im Tode. »Jedes wahrhaft obszöne Streben ist auf die Befriedigung im Tod gerichtet, die der Befriedigung des Eros folgt und sie übertrifft«, schreibt Susan Sontag. »Wenn die pornographische Phantasie konsequent ist, ... dann ist der Tod das einzig mögliche Ende ihrer Odyssee.«

Die konstitutionelle Schwäche der *Winterreise* besteht darin, daß der prosaische Rahmen der Erzählung die Systematisierung der pornographischen Phantasie unterbindet. Darum kann sich das Thema des Todes bei Roth nicht als der Inbegriff des pornographischen Diskurses aus diesem selbst ergeben und muß, auf einer anderen Ebene des Textes, als ein separates Motiv zur Charakterisierung der Erzählfigur eigens aufgebaut werden. Nicht daß Roth die Affinitäten von Tod und Pornographie entgangen wären, nein, daß er sie allzu ausdrücklich und umsichtig in den Text hineinwirkt, beeinträchtigt die Glaubwürdigkeit seiner Vision. Gerade weil der Text der *Winterreise* als Erzählung auftritt, geht es nicht an, daß er seine Absichten fortwährend deklariert, daß es Nagl »erscheint«, als sei die Religion »ein kunstvolles Gebilde aus den Händen des Todes«, als seien die Wandmalereien in der Villa dei Misteri »eine Fata Morgana des Todes«, und so fort. Erfüllten die pornographischen Passagen der *Winterreise* die stillschweigende Absicht des Genres, in den Schrecknissen des Lebens den Tod zu umarmen, dann hätte es solcher Wegweiser wahrscheinlich nicht bedurft.

*

Gewiß ist der Roman Roths erfüllt von einer weitausholenden und profunden inhaltlichen Inspiration, die in vielen ihrer Züge die in der österreichischen Literatur rumorende levantinische Melancholie reflektiert. Um so enttäuschender, daß Roth die formale Umsetzung seines Vorsatzes ein ums andere Mal mißlingt, weil er weder den Erfordernissen der Prosa noch denen der Pornographie gerecht wird. Erst gegen Ende des Romans entwickelt er eine Episode von eigenartig makabrer Abgeklärtheit, die erahnen läßt, wie die Idee, die ihm vorschweben mochte, als er mit dem Schreiben begann, mit literarischer Gültigkeit hätte umgesetzt werden können. Das Mädchen Anna ist wieder nach Hause gefahren, und Nagl, allein in Venedig, beschließt, einer Frau zu folgen, die in einem Vaporetto vor ihm Platz genommen hat. Sie trägt eine Sonnenbrille und einen Pelzmantel und erscheint schon dadurch als das anonyme, omnipräsente Inbild ihres Geschlechts. Erst an der nächsten Station, an der beide aussteigen, sieht Nagl sie etwas genauer. »Ihr Haar war blond gefärbt und gepflegt und ihre Hände verrieten, daß sie etwa fünfzig Jahre alt war.« Nagl folgt ihr in eine Birreria und spricht sie an. Es ist die erste und beste Frau. Er erzählt ihr, er sei Arktisforscher, erzählt von Vulkanen, Aschenregen und Gletschern. Die Frau hört ihm zu. Sie war schon einmal mit einem Schauspieler verheiratet. Ein schönes barockes Rollenspiel. Dann fahren sie schweigsam miteinander zum Canale della Giudecca und gehen von dort auf das unwirtliche Zimmer, das Nagl gemietet hat. Nagl darf das Licht nicht aufdrehen, sieht also – im Gegensatz zu den vorhergegangenen Szenen mit Anna – nun nichts mehr und spürt bloß noch. »Ihre Brust war groß und fest und ihr Loch war heiß und naß, aber sie wollte nicht, daß er sie küßte. Sie setzte sich, nach Luft ringend, auf, während Nagl sie umarmte. Sie konnte ihr Loch wunderbar zusammenziehen und wieder locker lassen, und ihre Backen waren weich und sanft und ihre Brüste, nach denen Nagl griff, waren schwer. Sie fragte ihn, ob er wiederkehrte. Nagl sagte ja.«

Jetzt endlich hat Nagl, ohne daß es der Autor extra an den Rand schreiben müßte, alle Frauen in einer, den Tod und das Leben, das weibliche Geschlecht in seiner vom trostlosen männlichen Standpunkt aus gesehenen Gesamtheit. Als er am Morgen erwacht, sieht er, wie die Frau sich im Halbdunkel anzieht, »daß ihr Kopf klein geworden war, weil die Haare sich zerdrückt hatten. Ihre künstlichen Wimpern lösten sich von den Lidern und sie machte mit dem Mund ein Geräusch, wie wenn man falsche Zähne an das Zahnfleisch preßt. Nagl erinnerte sich, daß sie sich nicht hatte küssen lassen. Er starrte zur Decke und hörte, wie sie in ihrer Handtasche kramte. Nach einer Weile kam sie duftend und geschminkt auf ihn zu.« Die wieder hergerichtete Frau Welt, Verwalterin der bekannten kalten Herberge, durch die es uns alle hindurchzieht, legt ihm, »falls er wiederkäme«, ihre Adresse aufs Nachtkästchen.

An dieser Episode, die sich von den pornographischen Klischees der Szenen mit Anna durch die in sich stimmige Repräsentation einer vollkommen fremden Frau abhebt, zeigt es sich, daß der fürs Erzählen unabdingbare *effet du réel* nicht vom Wahrscheinlichkeitsgrad des Erzählten abhängt, sondern von den gedanklichen Möglichkeiten, die der Text sich eröffnet, indem er dem, was er beschreibt, allegorische Bedeutung verleiht. Aus der Begegnung mit der fremden Sinnfigur geht Nagl am Ende seiner Geschichte selber als ein geheimnisvollerer Mann hervor. So kommt es ihm sogar noch zugute, daß ihn sein Autor die ganze Zeit über in einem zerknitterten Burberry hat herumlaufen lassen. Denn Männer in Regenmänteln sind allemal rätselhaft, wie die Interpreten, denen die überzählige, scheinbar funktionslose Gestalt des Herrn MacIntosh im *Ulysses* so arg zu schaffen machte, leicht bezeugen können. Einige Gelehrte vermuten, daß MacIntosh eine Wiedergeburt von James Duffy sei, der in der Geschichte *A Painful Case* als schattenhafter Wanderer und Liebhaber einer toten Frau sein Wesen treibt und das illustriert, was Joyce »this hated brown Irish paralysis« genannt hat. Vergleicht man das Verhältnis, in dem die irische Tradition zur englischen steht, mit dem, das die österreichische Literatur mit dem deutschen Ausland verbindet, dann liegt die Vermutung nicht fern, daß die Krankheit, an der der Schullehrer Nagl leidet, am genauesten diagnostiziert werden könnte als »that hated brown Austrian paralysis« – eine Spekulation, an die sich allerhand weiterführende Hypothesen anschließen ließen.

KATHARINA RUTSCHKY

Mein Fremdkörper

Von der Bildung durch Fleisch und Blut

I

»Je suis fatiguée.« Mit diesem einfachen Satz, das behauptete jedenfalls die Lehrerin, müsse man als weiblicher Mensch in Frankreich äußerst vorsichtig umgehen. Es handele sich dabei nämlich um einen Euphemismus, der, jedermann allzu verständlich, jenen heiklen Zustand beschönigend offenbare, mit dem seit zwei, drei Jahren bekannt zu sein sie, ohne deutlicher zu werden, bei allen Untersekundanerinnen wohl unterstellen könne. Leider verstand auch K. sie nur allzu gut, diese Studienrätin, die, wie alle ihrer Gattung, eisern mit »Fräulein« angeredet wurde, weil man sich damals, in den Fünfzigern, Gesellschaft ohne die binäre Kodierung (verheiratet/unverheiratet) aller weiblichen Menschen einfach nicht denken konnte. Sie selbst am wenigsten. Und trotzdem beobachtete K., daß es niemandem schwerfiel, diesen Gegensatz, aber auch alle andern, bei Bedarf zu vergessen. Aus der Studienrätin X. konnte plötzlich eine weise Frau werden. Die erklärte uns keine Besonderheiten der französischen Sprache, sondern die gab uns einen Tip, wie wir, sollte es uns einmal nach Frankreich verschlagen, auch dort das Geheimnis bewahren könnten, das zwar im Prinzip von allen gewußt, im Einzelfall aber niemandem offenbart werden durfte. Es sei denn, wir waren unter uns, wofür ja gegenwärtig ein Höheres Schulwesen mit dem Grundsatz der Geschlechtertrennung auch hinreichend gesorgt hatte.

Und welche Umschreibungen benutzten wir, wenn wir unter uns waren, wenn die *Öffentlichkeit* nicht gegeben, d.h. kein männlicher Mensch anwesend war? *Öffentlichkeit* war eigentlich ein Synonym für Männergesellschaft, auch viele Frauen zusammen bildeten keine. Wir unter uns bildeten etwas anderes, das ich heute, des zugrundeliegenden offenbaren Geheimnisses wegen, *Blutsgemeinschaft* nenne.

Natürlich wußte K., was Worte wie Menarche, Menses, Periode oder Menstruation bedeuteten, auch einen Ausdruck wie »monatliche Reinigung« konnte man noch irgendwo aufschnappen, aber gebräuchlich waren sie alle nicht. Wer sich bei der Turnlehrerin abmeldete, die aus guten Gründen über alle Monatszyklen der Klasse Buch führte – schließlich gab es genug Mädchen, die es vorzogen, den anderen zuzuschauen, statt ihren ungeschickten Körper am Barren demütigen zu lassen –, der sagte: »Ich habe meine Tage.« Oder vollends rätselhaft und nur unter uns durch die Beachtung des Tonfalls zu entschlüsseln: »Ich kann nicht ...« Wurden solche scheuen oder kalkulierten Geständnisse allzu oft vorgetragen, dann fragte die Turnlehrerin, ob man denn in ärztlicher Behandlung sei und verlangte wohl gar ein Attest. Zwar behaupteten einige Klassenkameradinnen, die sonst sehr nett waren, daß sie die ersten »ihrer« Tage sogar im Bett verbringen müßten, weil sich der Blutstrom, begleitet von Krämpfen, Brechreiz oder Migräneanfällen, nur bei der Suspendierung aller Alltagsfunktionen ergießen könne, aber K. fand die Kontrollmaßnahmen der Turnlehrerin trotzdem sehr angebracht. Denn sie war nicht damit einverstanden, was mit ihrem Körper passierte, und sie vermißte bei den Freundinnen die Bereitschaft, gleich ihr in den Naturkampf einzutreten.

So aussichtslos der Kampf war und so gewalttätig die Selbstdisziplinierungsmaßnahmen von K. auch erscheinen mögen, ich billige sie noch heute, wie sie jeder Vernünftige billigen müßte. Ja, hätte es jährliche und zwar rauschende Empfänge für alle Erstmenstruierenden beim Oberbürgermeister gegeben und K. wäre wie alle andern gesegnet und mit den besten Wünschen für ein glorioses Geschlechtsleben entlassen worden, ja dann hätte die Sache einen andern Anstrich gehabt. So schien sie bloß unzeitgemäß, sinnlos und ziemlich lästig.

»Ich kann nicht ...« – wem sollte denn diese Larmoyanz imponieren? Wohin führte denn dieser Rückzug ins vegetative Dasein einer Zimmerpflanze? »Ich kann nicht ...« – Verdammtundzugenäht, K. war doch selbst schwer behindert durch das ungefüge Brett aus Papier und Watte zwischen ihren Oberschenkeln, ein Apparat, der durch forsches Gehen und passende Kleidung versteckt werden mußte und erst am dritten, eigentlich erst am vierten Tag mit der Schere an beiden Enden radikal verkürzt und verkleinert werden durfte. Dann fiel natürlich der Bindengürtel weg, ein Gummiband mit Haken, das um die Hüften saß und das Monstrum mit blumigem Namen hinten und vorn festzurrte, und dann bestand natürlich Rutschgefahr, so daß der Rest der sinnlosen Flüssigkeit statt auf der hygienischen Vorrichtung im Schlüpfer endete, von wo sie dann im Handwaschverfahren – Blut muß immer kalt ausgewaschen werden, hatte die Mutter K. eingeschärft – entfernt werden mußte. In unbewachten Augenblicken, es handelte sich ja um ein Geheimnis, und K. riegelte die Badezimmertür ab. Trotz dieser Unbequemlichkeit entschied sich K., sobald wie möglich, zuungunsten ihrer Unterhosen und zugunsten ihrer Lastexskihose oder ihres knallroten, hautengen Rocks aus Fahnenstoff. Ja, Fahnenstoff, denn Nazifahnen waren hauptsächlich rot und lange vor der Zeit vollständig knitterfrei! K. liebte diese beiden Kleidungsstücke, weil sie in ihnen träumen konnte, den Kindheitstraum, den sie als fanatische Turnkünstlerin oft genug verwirklicht hatte: Mein Körper, das bin ich. Vom Kopf bis zu den Füßen weiß ich, was ich will. Und damit sollte es je ein Ende haben?

K.s Körper gehorchte Gesetzen, zu denen sie nie ihre Zustimmung gegeben hatte. Alles Betrug. Sie war gewindelt. Im Lexikon stand: »Drei- bis viertägige Blutung im Rhythmus des Mondumlaufs von 28 Tagen, wobei das nichtbefruchtete Ei ...« usw. oder so ähnlich. Was ging mich plötzlich der Mond an? Und außerdem: Es dauerte fünf Tage. Und vor allem: K.s Blutung erfolgte in einem Rhythmus von 23, wenn sie Pech hatte, von 22 Tagen, keineswegs in paradiesisch langen 28 Tagen, die das Lexikon versprach. Und das wichtigste: Was heißt hier Blut? Vor Blut hat K. sich nie erschreckt, schon gar nicht vor ihrem eigenen. Jedes Kind wußte doch, daß eine Wunde, die man sich zugezogen hatte, sauberbluten mußte. Tat sie es nicht, half man durch Drücken kräftig nach und schleckte den roten Überfluß dann auf. Die Gefahr kommt von außen, und das Blut eilt mir von innen zu Hilfe. Das verstand K. Aber das da? Das war kein Blut, das war eine fremde, ekelerregende Absonderung aus Schleim, braunroter Flüssigkeit und, wenn man genau hinsah, Gewebefetzen, die, besonders im Sommer, schnell den Geruch von faulem Fisch annahm.

Plötzlich war sie da, ohne Rücksicht auf Selbstkontrolle und Verantwortungsgefühl, auf die doch sonst tagaus, tagein der allergrößte Wert gelegt wurde. Einige ältere Mädchen hatten Überfälle erlebt, von denen K. sich nicht vorstellen konnte, wie es möglich gewesen war, sie zu überleben. Der Kern der Geschichte war immer derselbe: Man war in der *Öffentlichkeit* zu einem jeder noch so vorsichtigen Berechnung spottenden Zeitpunkt dagestanden oder dagesessen und hatte plötzlich gefühlt, wie es aus einem herauslief. Jemand war sogar beim Fluchtversuch durch den Hinweis auf einen Fleck im Rock aufgehalten worden; eine andere hatte stundenlang wie gelähmt auf ihrem Laken im Freibad gesessen, ehe ihr einfiel, wie sie sich retten konnte.

Und wie wurde der Einbruch der Barbarei in die Schulmädchen-Zivilisation uns schmackhaft oder wenigstens plausibel gemacht? Im Fall von K. mußte der Hinweis auf die ganz normale, unvermeidliche Natürlichkeit der Vorgänge genügen. Eine gewisse Härte hatte das ja, dieser Verzicht der Mutter auf blumige Reden, aber auch Ratschläge und Vorschriften. Andererseits behielt K. so einen klaren, besser gesagt: leeren Kopf; denn das Argument mit der Natürlichkeit ist ja bloß eine Redensart, spiegelt eine Erklärung dort vor, wo es auf eine Stellungnahme ankam. War K. dafür oder dagegen? Unter der Last dieser Frage benahm sie sich jahrelang wie der erste Mensch, verrückt und roh gegen sich und andere. Ihre ältere Schwester war nicht dagegen, und vielleicht gab das bei K. den Ausschlag, in die entgegengesetzte Richtung zu stürmen; denn sie bemerkte nicht, daß die Nachgiebigkeit der Schwester ihr die Aneignung der sogenannten natürlichen Vorgänge erleichterte. Sie spionierte ihr nach und traf sie öfter auf dem Flur, eines jener schon beschriebenen Papierbretter im Ärmel oder unter der Jacke verbergend, wie sie ins Badezimmer huschte. Und der Blick durchs Schlüsselloch zeigte K., wie die Schwester mit mechanischer Sorgfalt den Bindenwechsel vornahm, wobei sie ein ganz wesenloses Gesicht machte.

K.s Forschungsarbeit blieb ihr nicht verborgen, aber wenn sie K. ertappte, dann schrie sie nicht: »Du Kröte! Schämst du dich nicht?« – sondern bekam Wasser in die Augen. Die Mutter mußte ihr zu Hilfe eilen. K. sollte, zuerst leise, dann energischer dazu gebracht werden, das Klima stiller Betretenheit zu respektieren, auf das sich Schwester und Mutter geeinigt hatten. Man bat um Verständnis, Rücksichtnahme, vorgreifend schon um jene spezifisch weibliche Solidarität, die ich heute *Blutsgemeinschaft* nenne, mal sanft, mal drohend: »Das wird dir noch mal leid tun! Warte nur ab!« K. zog ab, noch war sie Sieger. Es hatte sie noch nicht erwischt.

K. faßte den Vorsatz, aufzupassen und sich schon eine einfache Schambehaarung von der Natur nicht gefallen zu lassen. Wozu denn, es ging doch auch ohne. Man stieg auf, wurde jedes Jahr versetzt, und K. hatte in der Regel das beste Zeugnis von allen Mädchen. Konnte man mit dem Verweis auf die »Kritischen Tage« eine vergleichbare Ehre einlegen? Oder war man wenigstens stolz und glücklich? Nicht einmal die Schwester war es, das Bilderbuchmädchen, das sich unentwegt über den Puppen dem Kinderkriegen entgegenträumte.

Im neunten Schuljahr war K.s Schlüpfer blutig. Sie besaß davon zum Glück einen großen Vorrat, denn die Schwester, inzwischen schon berufstätig, hatte sich wendigere zulegen können. Es waren füllige Pumphosen aus Trikot, außen glänzend plattiert, innen flusig aufgeraut. Untenrum in Ordnung, heißt untenrum warm bei Mädchen, aber auch die Ökonomie spielte eine Rolle. K. war nicht erschüttert, grundsätzlich war ihr alles klar, nur, für sie persönlich kam es nicht in Frage. Im Hosenzwickel trocknete das Blut, in Schichten und Streifen, bis es Schürfwunden verursachte. Dann knüllte K. dieses Exemplar zusammen und deponierte es hinter dem unerschöpflichen Stapel in ihrem Wäschefach. Und bis zum nächsten Mal bemühte sie sich, alles zu vergessen, einfach wegzudenken.

Als die Mutter den Haufen verdorbener Unterwäsche entdeckte, war sie wohl etwas ungnädig, wegen der Hosen, die man jetzt wegwerfen mußte; denn sauber waren sie nicht mehr zu waschen, weil Blut, oder das, was man dazu erklärt, nicht bloß kalt, sondern auch sofort ausgespült werden mußte. Aber richtig böse war sie nicht. Es schien K., als ob der Mutter ihr Trotz Eindruck machte. Die Abneigung gegen die überflüssigen monatlichen Kosten einer unzeitgemäßen Überspezialisierung des weiblichen Menschen (es gibt Säugetiere, die patenter verfahren), ist eben weit verbreitet. Nur unter bestimmten Umständen, die aber, was K. betrifft, in eine viel spätere Zeit fallen, verwandelt sich die Abneigung in helles Glück, dann nämlich, wenn eine seit Tagen sehnlichst herbeigewünschte, möglichst fette Blutspur die Erlösung signalisierte: Es ist nichts passiert. Doch ich greife vor.

Trotz der nun mütterlich verifizierten Menstruation gab K. den Kampf noch nicht auf. Sie benutzte nun zwar die steinzeitliche hygienische Apparatur, wenn es nötig war, und es war nötig, wie es normaler und natürlicher nicht hätte sein können, sie war ja kein Mutant, aber sie verstand jetzt nicht nur sich, sondern auch ihrer Mutter einen Kompromiß mit der Natur plausibel zu machen, der ihrem Bedürfnis nach Einmaligkeit Rechnung trug und die Kränkung ihrer Person durch die Naturgesetze abschwächte.

Ja, es war nicht länger zu bestreiten, K. hatte manchmal Blutungen. Aber waren die regulär und normal? Sie waren so seltsam selten, schwach, anders als bei andern. Das ging so eine Weile, bis die Mutter, Körpersinn hatte sie übergenug für ihre Kinder, auf einen Arztbesuch drang. Nein, erklärte K., zum Hausarzt gehe sie um keinen Preis; denn der hatte sie bei einer Kollektivuntersuchung vor zwei Jahren in Gegenwart ihrer Brüder verständnisinnigst angelächelt und gesagt: »So wie es ist, wird es nicht bleiben, unser kleines Fräulein!« Und dabei hatte er sein Stethoskop auf den Brustkorb von K.

gesetzt. Als Fachmann, nicht als Arzt, spekulierte er darauf, daß die Natur bald auch hier ihre in diesem Fall unerwünschten Knalleffekte produzieren würde. K. bestand also auf einer Ärztin. Und da saßen nun drei weibliche Menschen, von denen zwei den dritten dazu bringen wollten, sich ins Unvermeidliche zu fügen. Die Ärztin stellte ein Rezept aus und empfahl die aufbauende Kraft des Bircher-Müslis, das K. von nun an zum Frühstück haben sollte. Zum Trost gegen die Natur ein Müsli, ein Angebot, die Kränkung in Kränklichkeit zu verwandeln, sich in jenen Zustand diffusen Leidens zu versetzen, das dann mit Hausmittelchen, Idiosynkrasien, Tips von Müttern, Tanten und Bekannten in einer Strategie der Selbstverwöhnung den weiblichen Menschen entschädigt, für das, was die Natur... Aber das habe ich bereits gesagt.

K. zum Beispiel wußte noch gar nicht, was Kopfschmerzen sind, als die Biologielehrerin beim Thema »Der Mensch« plötzlich abschweifte, richtiger gesagt, persönlich wurde und uns erklärte, daß Kopfweh oder gar Migräne sich mittels Bohnenkaffee und Zitronensaft beseitigen ließen, weil Koffein und Vitamin C die Spasmen im Gehirn, für die man das Kopfweh eigentlich halten muß, entkrampfen könnten. Ich habe das Mittel nie ausprobiert, ich habe es aber ebensowenig vergessen. Umsonst forsche ich in diesen Jahren nach etwas, das mir den Zugriff der Natur auf meinen Körper wenn schon nicht angenehm, dann doch erträglicher gemacht hätte. Man fügte sich oder man war dagegen, und dieser Willensakt hatte den Preis, daß K. anfing zu denken und aufhörte, einen Körper zu haben.

Angstanfälle auf dem Stufenbarren bewogen sie, mit der Turnerei Schluß zu machen. Bald wußte sie gar nicht mehr, ob sie Bauchweh hatte, schwere Beine oder Kopfweh, Halsweh, Grippe wie alle andern. Neben einer phobischen Angst vor Ärzten, vor jeder Berührung, die sie nicht selbst, wie in der Liebe, vorbestimmt hatte, kam es auf lange Sicht nicht bloß zu etwas, das der naive Betrachter für eine robuste Konstitution hätte halten können, sondern zu einer Blutvergiftung. Holzsandalen, sommerliche Hitze, Straßendreck und jene Rücksichtslosigkeit, in der K. den Ausweg suchte, hatten zur Folge, daß K.s Fuß sich blaurot verfärbte, das Bein bis zum Knie anschwoll, das Gehen immer schwerer fiel, jede unvorhergesehene Berührung wie ein Blitz durch den ganzen Körper fuhr. Aus der Perspektive des Normalen war es bodenloser Leichtsinn, nicht im Bett zu bleiben, nicht zum Arzt zu gehen. Was objektiv gefährlich war, wurde für K. jedoch zum nachgeholten Triumph.

Er fiel in eine Zeit, wo aus der Schülerin das Erstsemester geworden war, das 400 Kilometer weit weg von Zuhause endlich allein zur Untermiete wohnte. Niemand durfte mehr unversehens ins Zimmer stürzen oder mit familiärer Direktheit die Räumung des Badezimmers verlangen, vielleicht gerade dann, wenn K. sich entschlossen hatte, wieder einmal die kleine Selbstvergewaltigung zu trainieren, als die ihr die Einführung eines Tampons erschien. Diese amerikanische Erfindung aus dem Jahr 1933 hätte man sich zwar seit den Nachkriegsjahren, wie manches andere auch, zunutze machen können, aber K. wurde 21, ehe sie den ersten weiblichen Menschen traf, der es auch tat.

Von ihrer Existenz wußte sie allerdings sehr früh aus Anzeigen in den Illustrierten, die wöchentlich in einer Mappe gebündelt vom Boten des Lesezirkels »Daheim« bei uns abgeliefert wurden. Sie versprachen ganz allgemein ein Leben ohne Binde, nur wie das zugehen sollte, das verrieten sie nicht. Junge Frauen im Badeanzug oder in Shorts, mal allein am Meeresstrand, mal im Spiel mit einem strahlenden Kleinkind, sollten das Verlangen nach Freiheit so weit kitzeln, daß die Leserin den Coupon ausschnitt und als vorgefertigte Bitte um eine Informationsbroschüre mit Warenprobe in den Briefkasten warf. Und dann? Während die Prozedur des Windelns so natürlich ist, daß sie keiner erklärenden Worte bedarf, hielt sich die Firma, welche ein Leben ohne Binde verkaufte, auch noch einen Arzt, an den man sich bei Spezialfragen wenden konnte. K.s Versuche, die Anweisungen der Packungsbeilage in die Tat umzusetzen, zogen sich über Jahre hin. Immer wieder wurde die Schachtel mit den halbfingerlangen Röllchen entmutigt im Mülleimer versenkt, eine neue aber auch bald wieder gekauft, und das Training begann von vorn. Was hinderte sie so lange daran, das Ziel zu erreichen?

Zur Beantwortung dieser Frage muß ich den dogmatischen Satz illustrieren: Der weibliche Mensch, also K., konnte nicht wissen, daß er unten offen und außerdem innen hohl ist. Schematische Querschnitte durch den weiblichen Unterleib änderten nichts an der Vorstellung, daß man da unten so unstrukturiert sei wie ein Sumpf, aus dem ab und zu Sickerwasser tritt. Ein mürbes Gelände, das weiträumig umzäunt, aber nicht betreten werden konnte. Ohne daß ein Gesetz es vorschrieb – ein eindeutiges Verbot war damals schon einer katholischen Privatschule vorbehalten –, trugen Mädchen keine Hosen, es sei denn beim Sport (wo wir ja unter uns waren) oder in harten Wintern, wo die Skihose zweckentfremdet auch in die Schule wandern durfte. Hosen waren nicht unsittlich, diese ältere, moralische Methode weiblicher Körperbildung hatte kaum noch Anhänger; sie waren vielmehr unweiblich, schienen den Besonderheiten, gegebenenfalls Schönheiten des weiblichen Körpers nicht zu entsprechen. Ehe Gesundheits- und Fitnessideale anfingen, alle Körper, ob weiblich oder männlich zu drangsalieren, hatte die Ästhetik ihre große Zeit als Ordnungsmacht.

An jeden Rock und jedes Kleid, das ihre Mutter nähte, legte K. das Zentimetermaß und prüfte, ob die Mindestweite von drei Metern, die sich dann über zwei gestärkte Petticoats ergießen würde, auch erreicht war. Die Stoffhaufen, die man mit sich herumtrug, verhüllten den genitalen Sumpf und setzten ihn auf appetitliche Weise zugleich fort. Daß das keine überspannte Interpretation ist, beweist die Erfahrung. Ein zipfelweise vorscheinender Unterrock z. B. mobilisierte nicht nur Hilfsaktionen der *Blutsgemeinschaft,* sondern veranlaßte die (männliche) *Öffentlichkeit* zu lüstern-frechen Kommentaren. Man sagte: »Es blitzt« – so, als ob das Vorscheinen des Petticoats tatsächlich das weibliche Genitale obszön entblößt hätte.

So viel zur Begründung des Röcketragens. Direkt gegen das Hosentragen schien das Wuchern des Fleisches zu sprechen. Runde Hüften und weiche Oberschenkel waren zwar natürlich, mußten aber auch, nach den Maßstäben einer Ästhetik, welche die Frauen an eine strenge Kandare nahm, versteckt und mit vorteilhafter Kleidung übertuscht werden. K. brauchte Jahrzehnte, um zu erkennen, daß viele Männer in Hosen mindestens ebenso komisch aussehen wie ein fleischlich prosperierender Backfisch.

Doch zurück zum Ausgangspunkt. War K. zufrieden, als es ihr endlich gelang, den genitalen Sumpf durch die schmerzfreie Einlagerung eines Fremdkörpers im Körperhohlraum trocken zu legen? Ein Tampon hat das Format eines Lippenstiftes. Lagerungs- und Transportprobleme gibt es also nicht, eine Reserve ist leicht im Portemonnaie unterzubringen. Entfernte man den blutgetränkten Pfropf durch einfachen Zug am blauen Faden, gab es auch keine Probleme mit der Beseitigung. Keine Papiertüten, keine Blecheimer, Mißachtung des internationalen Kodex zur Verhinderung von Rohrverstopfungen. Das war der Fortschritt. Und wie ging es weiter?

K. betrat mit anderen Kommilitonen, man war in der Regel per Sie, die Behausung einer Soziologiestudentin. Auf dem Tisch, um den wir uns zur Beratung eines Referats versammeln sollten, stand unübersehbar die Schachtel in den klassischen Sanitärfarben Blau und Weiß. Bis heute, aber das nur nebenbei, hat sich keine Firma zu Rot und Schwarz, die eigentlich angebracht wären, entschlossen. K. war erschüttert, selbstverständlich lautlos, denn jede Geste und jedes Wort wäre in der *Öffentlichkeit* peinlich gewesen. Konnte man die Nachlässigkeit der Kommilitonin – die Soziologen waren ja immer weit vorn – als Ausdruck einer Unbefangenheit verstehen, die endlich Schluß machte mit der Geheimniskrämerei um Vorgänge, die nun doch mal zum Leben dazugehörten? Oder war die Offenlegung des Geheimnisses ein Akt des emanzipativen Zynismus: Ich blute, aber das hat nichts zu bedeuten?

Jetzt könnte ich wieder von vorn anfangen. Die Natur ist doof und sagt immer noch kein Wort. Die Politik beruhigt. Nur auf die Technik ist Verlaß!

II

Es ist normal, einen Büstenhalter, kurz *Beha* genannt, zur Zähmung des Fleisches einzusetzen. Erst der *Beha* verleiht der doppelten Wucherung auf dem Brustkorb jene Substantialität, welche ihr zur Würde eines Gegenstandes verhilft. Wenn K. den Tag beginnt oder endet, im Bett mit einem Buch, den Kopf abwechselnd auf den linken oder rechten Unterarm gestützt, dann bemerkt sie bei jedem Positionswechsel das Hin- und Herrutschen des hilflosen Fleisches auf ihrem Brustkorb. Liegt ein Busen schon fast in der Achsel, bewegt sich der andere erst auf die Körpermitte zu. Bei entspannter Rückenlage beziehen beide ihre Position der größtmöglichen Distanz auf der linken bzw. rechten Körperseite. Liegt K. auf dem Bauch, bilden sich runde Fladen; beugt sie sich vornüber und blickt nach innen zurück, sieht sie zwei bebende Euter. Damit käme K. der Wahrheit nahe, wenn die Körperbildung dem Gesetz des Funktionalismus unterläge, eines Funktionalismus, dessen idealistische Prämissen ihn aber längst zur Analyse von Ober- wie Unterleib des weiblichen Menschen unfähig gemacht haben. Nein, das Fehlen eines Busenknochenapparates muß durch das Anlegen einer Prothese kompensiert werden.

K. hat die immer größer werdende Ansammlung von Fleisch auf ihrem Brustkorb, es soll sich da um Fettgewebe handeln, in das Drüsen eingelagert sind, mit Unlust entstehen sehen. Man nannte das, was die Natur ungebeten mit ihr anstellte, »Entwicklung«, eine spezifisch für weibliche Kinder veranstaltete Katastrophe; denn daß Buben eine hatten, habe ich nie gehört. Im Unterschied zum menstruellen Blut, das durch strikte Beachtung konspirativer Regeln innerhalb der *Blutsgemeinschaft* verarbeitet werden konnte, war der Busen eine *öffentliche* Angelegenheit. Zwar galt K. vorher wie nachher unangefochten als Klassenbeste, es gab aber ein, zwei Jahre, wo sie als »zurückgeblieben« klassifiziert wurde.

Ihr Glaube an ein Wertsystem, das sie bislang mit Erfolg praktiziert hatte, wurde auf eine schwere Probe gestellt, als ein gewisser Walter seine Liebe von ihr abzog und einem anerkannt dummen Mädchen schenkte, bloß weil es älter und demzufolge gut entwickelt war. Dabei hatte dieser Walter noch vor einem halben Jahr K. geküßt, in den Nacken, wegen ihres gehörigen Widerstandes fand er keinen andern Platz, und das nicht zuletzt wegen ihrer guten Noten – wir zeigten uns gegenseitig unsere Zeugnisse, wie es sich auch gehörte für Kinder in der Rekonstruktionsphase des westdeutschen Kapitalismus. Worauf kam es denn an, wenn nicht auf Tatkraft, Können und Leistung jedes einzelnen? Immer mehr Trümmerareale wurden geräumt, und zwar hastig. K. war dabei, als man drei Arbeiter abstransportierte, deren Klopfen – oder waren es nicht sogar Schreie? – man eine geraume Zeit unter den Ziegelbergen hatte hören können. Und plötzlich sollte die Natur erfolgversprechender sein als der persönliche Kampf, den K. täglich führte?

Ihren Kindergeliebten war K. zwar losgeworden, andere Beobachtungen hinsichtlich des Nutzens der sogenannten Entwicklung weiblicher Kinder glichen diesen Verlust aber wieder aus. Wie ungeschickt sahen entwickelte Mädchen beim 75-Meter-Lauf aus! Wie schwer hingen sie zwischen den Barrenholmen! Und dann lächelten sie noch rötlich, wenn ein Erwachsener bemerkte: »Jetzt muß ich wohl Sie sagen?« Das alles im Hinblick auf nichts als den zur Prominenz disponierten Busen. K. ignorierte, für sich persönlich, die Auswüchse auf ihrem Brustkorb und vertuschte, was immer deutlicher vorhanden war, unter einem jener aus Stoff und Strickbesätzen von der Mutter gefertigten Pullover. Es ging, solang es ging.

K. lag auf der Couch im Wohnzimmer, niedergeworfen von jenen Krämpfen, Explosionen, die das sture Wachstum der Natur ihr abverlangte. Urplötzlich, ich sause mit dem Fahrrad im sogenannten Freilauf einen Berg hinunter, da packt den Leib, nicht die Gliedmaßen, eine Gewalt, von der ich nicht sagen kann, ob es sich da um einen konzentrierenden Krampf, eine Kolik oder um eine Explosion in einem geschlossenen Raum handelte; denn das Strecken des ganzen Körpers war so wohltätig wie das Zusammenrollen. Auf dem Schulweg macht sich in beiden Knien ein feindseliges Stechen bemerkbar, fast gehe ich zu Boden. Beim Radschlagen, zwei links, zwei rechts, Schlußsprung, verliere ich den Überblick und sehe statt dessen schwarze Punkte. Das nennt man also Sternesehen!

Es kam vor, daß K. sich am hellen, lichten Tage hinlegen mußte, noch nicht ins Bett, aber doch auf die Couch. 17.15 Uhr kam der Vater von der Arbeit und wandte sich K. zu, die den Gang der Naturereignisse in Hemd und Schlüpfer unter einer Wolldecke abwartete. Einmal stellte er gerührt, aber auch erfreut fest: »Du kriegst ja einen Busen!« Das entschied die Angelegenheit, die, wie gesagt, eine *öffentliche* ist. K. mußte einen *Beha* tragen. Sie griff auf einen zurück, den ihre Schwester ausgewachsen hatte. Ein *Beha* ist rosa, präziser: lachsfarben, fleischfarben. Warum? Weil die Technik der unvollkommenen Natur zu Hilfe eilen muß, darum. Aus Trotz, aus keinem anderen Grund, bevorzugte K. später die Farbe schwarz.

Meine Forschungen haben ergeben, daß der *Beha*, diese Niederlage einer willensstarken Schulmädchenpersönlichkeit, schon die bereinigte Kurzfassung des Korsetts darstellt, das unter jüngeren weiblichen Menschen seine fortschrittlichere Existenz in Gestalt einer Kombination von *Beha* und Hüftgürtel weiter fristete. Ein *Beha* ist also lachsfarben, von jenem unvergleichlichen Rosa mit Braunton, welcher das Fleisch, das er preßt und zähmt, zugleich imitiert und überhöht. Er ist aus Stoff, hart und unnachgiebig, ausgenommen jene zehn Zentimeter im Rücken, wo das Verschlußsystem aus Gummiband und Drahtösen installiert ist. Atmen erlaubt, aber um den Preis, daß hinten in Richtung der Arme Schneidekurven zu erkennen sind, wie mager man auch sein mag, zumindest beim kräftigen Einatmen.

Gemütlich und bequem war der *Beha* also nicht, daß er durch Spitzenbewuchs und die Applikation farbiger Rosetten ein niedliches Aussehen gewinnen konnte, war K. zwar bekannt, wurde von ihr aber als Selbsttäuschungsmanöver abgelehnt. Grundsätzlich hat der *Beha* die Aufgabe, die dysfunktionale Gestaltung des weiblichen Oberkörpers in ihren Folgen zu begrenzen, und deshalb schien K. immer eine klassisch-einfache Bauweise des Apparats die richtige. Übertreibungen kamen, oft an ein und demselben Apparat, in zweierlei Richtung vor. Er wurde kitschig dekoriert à la Kunst am Bau mit rosa Schleifchen und Goldknöpfchen und blauen Blümchen und kratzigen Preßspitzen, was K. ungefähr so sinn- und würdelos vorkam, wie die Begrünung der Fußkette durch einen Gefangenen. Er konnte die klassische Form aber auch durch den überzogenen Einsatz an sich funktioneller Elemente verfehlen. Dabei denke ich an Drahtbügel, schlagfeste Schalen und Halbschalen aus Kunststoff, stapelbar, deren Anblick den Gang durch die Miederabteilung eines Kaufhauses vollends zur Bußwallfahrt machte. Vor einem ausgestellten Korsett, ob brutal oder bloß niedlich, schlug K. in Demut die Augen nieder, zwar persönlich und direkt nicht betroffen, aber grundsätzlich als weiblicher Mensch doch gemahnt an die Sünde des Fleisches. Auch sie war schuldig und mußte sich für ihren Busen verantworten, unentwegt und in aller *Öffentlichkeit.*

Es gibt, gerade im Hinblick auf den fleischlichen Wildwuchs der Entwicklung, Versuche der Begütigung. Sie lassen sich alle auf die Frage reduzieren, ob K.s Busen denn häßlich war, wodurch eine Flucht ins Ressentiment begreiflich, mitleiderregend verständlich geworden wäre. Hat die Natur sie stiefmütterlich behandelt? Nie lernte K. jemanden kennen, der, obgleich an sich nicht unglücklich und unzufrieden, seinen privaten Brustbewuchs nicht in irgendeiner Weise als defizienten Modus des irgendwie allgemeinen und öffentlichen Busens begutachtet und kritisiert hätte. Er sei zu groß, zu klein, schiele, hänge und was dergleichen Naturphänomene mehr zu beklagen sind. Von Beileidsbezeugungen, insbesondere solchen männlicher Menschen, die freundlich und lüstern zugleich das Problem abschwächen wollen und persönlich bereit sind, den Gegenbeweis anzutreten, bittet K. Abstand zu nehmen. Dem Busen hat die dumme Natur keine Knochen zur Stütze mitgegeben. Er ist hilflos weich und bibbert und muß betreut werden.

Viele Jahre arbeitete K. an der Vereinfachung des konfektionellen Unterbaus. Sie ließ das Unterhemd weg. Sie trug, statt des Unterkleids, Halbröcke. Statt der Strumpfhalter mit den gotischen Bögen erwarb sie sündhaft teure Stoffstreifen mit vier Sträpsen; die Unterhosen wurden zu Minislips; die Erfindung der Strumpfhosen wurde sofort in ihrer Genialität begriffen und praktiziert. K. war es schnuppe, daß der Freund sie als neue Liebestöter qualifizierte, weil der Griff nach dem bloßen Fleisch von ihnen verhindert wurde. Auch der *Beha* geriet immer kleiner, weicher und verschwisterte sich mit dem Fleisch immer besser. Es bedurfte allerdings größerer politischer Umwälzungen, der Kanzler mußte Willy Brandt heißen, und der endgültige Freund mußte kennengelernt werden, damit K. den Entschluß fassen konnte, den *Beha* abzulegen, den sie als Krücke der Technik so lange benutzt hatte. Plötzlich saß der Busen da, wo ihn die Natur plaziert hatte und nicht die Industrie mit ihren Abnähern an Blusen und Kleidern.

Man kann der Natur, welche den weiblichen Menschen in unverantwortlicher Weise hinter den Anforderungen der Zivilisation herhinken läßt, durch die Technik, aber besser noch durch eine bewußte evolutionäre Anstrengung beispringen. Die Miederindustrie hat bei Reihenmessungen festgestellt, daß der weibliche Mensch aufholt, aber auch der männliche überläßt seinen Körper zunehmend weniger dem Zufall respektive der Natur. Man kann – für weibliche Menschen lautet das Stichwort z. Z. Aerobic – den Apparat durch eine Revolution der Materie an sich überflüssig machen. An die Stelle der Verschalung, z. B. mit dem *Beha*, tritt die Härtung des Körpers von Kopf bis Fuß, durch Training und Hunger. Der weibliche Mensch schreitet fort zur Selbstproduktion, einer unendlichen Arbeit am eigenen Fremdkörper. Doch darüber ein andermal.

NICOLAUS SOMBART

Spaziergänge mit Carl Schmitt

Die Gespräche, von denen ich hier berichten will, fielen in die Zeit nach dem Ausbruch des Zweiten Weltkrieges. Ich war Abiturient und dann, nach dem Tode meines Vaters (er starb, während ich im Arbeitsdienst war), Student. Auf Antrag meiner Mutter hatte man meine »Freiwilligenmeldung« für ein Jahr zurückgestellt, eine unerwartete Galgenfrist, geschenkte Zeit. Ich hatte mich an der Technischen Hochschule und an der Humboldtuniversität eingeschrieben und »hörte herum«, ohne richtigen Plan. Für Anfangssemester das einzig Vernünftige! Ich ging in die Vorlesungen von Eduard Spranger, Nicolai Hartmann, Wilhelm Pinder, Ernesto Grassi. Was sie sagten, interessierte mich, betraf mich aber nicht.

Nur bei Carl Schmitt, den ich außerhalb der Universität traf, hatte ich das Gefühl: alles, was er sagt, geht mich unmittelbar an. Auch bei meinem Vater hatte ich dieses Gefühl eigentlich nie. Die Welt, die er für mich repräsentierte und im täglichen Zusammensein durch viele Jahre so eindrücklich zu vermitteln versuchte, blieb für mich doch immer irgendwie unbelebt. Es fehlte jene aufregende Gegenwartsbezogenheit, die aus jedem Satz sprach, den ich aus dem Munde von Carl Schmitt vernahm. Dabei haben wir nie ein Gespräch über politische Tagesereignisse geführt.

Ich hatte damals keine genaue Kenntnis seines bis zu diesem Zeitpunkt entstandenen Werkes als Staatsrechtler und auch nur eine sehr ungenaue Vorstellung von der Rolle, die er in den ersten Jahren des Hitler-Regimes gespielt hatte, kannte nicht *Staat, Bewegung, Volk*, nicht *Der Führer schützt das Recht*, seine Apologie der blutigen Ereignisse des 30. Juni 1934 – der sogenannten Reichsmordnacht –, auch nicht seine Rede über deutschen und jüdischen Geist auf der Tagung des NS-Rechtswahrerbundes. Das alles steckte natürlich dahinter, wenn es hieß, »Carl Schmitt ist ein Nazi«. Das war der Grund dafür, daß meine Eltern einige Jahre mit ihm nichts zu tun haben wollten. Jetzt war Carl Schmitt in das Lager der Regimegegner übergetreten. Was das in concreto bedeutete, wußte ich nicht, wie ja überhaupt diese Gegnerschaft in unseren Kreisen nie eine politische, sondern eine stimmungsmäßig-viszerale war.

Wie auch immer, er war der preußische Staatsrat, Berliner Ordinarius für öffentliches Recht, ein berühmter und berüchtigter Mann. Ich erlebte ihn in der Atmosphäre vertraulicher Privatheit, als einen Menschen, der leidenschaftlich um das Verständnis des überwältigenden Geschehens rang, das unser Volk unaufhaltsam ins Verhängnis trieb – daran bestand auch für ihn kein Zweifel.

Er war der einzige, wenn ich Robakidse einmal beiseite lasse, der Hitler *ernst nahm* – und zwar, auch er, als mythische Größe. Je kleiner wir Hitler machen, um so kleiner machen wir uns selbst, pflegte er zu sagen. Er ist ein Golem. Man muß den kleinen Zettel, der unter seiner Zunge liegt und auf dem die Chiffre seines Geheimnisses steht, in die Hand bekommen. Dann hat man ihn in seiner Macht. Diesen Zettel, diese Chiffre, wollte er finden. Dann sagte er wieder: »Bei Hitler ist das anders als beim Golem, er hat unter seiner Zunge nicht einen Zettel. Wenn man da sucht, findet man den ganzen Papierkorb des 19. Jahrhunderts!«

Ich war damals um die achtzehn, Carl Schmitt noch keine fünfzig. Ich sah ihn alterslos. Sein kleiner Wuchs störte mich nicht. Ich stand völlig im Bann seiner großen, wunderbar ausdrucksvollen Augen. »Alle Genies sind Zwerge« – das war so einer der Sprüche meines Vaters, was auch heißen sollte, daß er, mit seinen 1,85, eigentlich keines sein konnte. Ludwig XIV., Napoleon, Lord Byron – die einzige Ausnahme: Bismarck!

Es bedarf einer großen Anstrengung, das Wissen, das ich über diesen Mann in vierzig Jahren einer intensiven Beschäftigung – dazu gehörte in den ersten Jahren nach dem Krieg eine herzliche Freundschaft und ein ausgedehnter Briefwechsel – gesammelt habe, beiseite zu räumen, um nur denjenigen zu sehen, der mir damals, als ich ein Jüngling war, entgegengetreten ist, und zu versuchen, ihn heute so zu sehen, wie ich ihn damals gesehen habe.

Es wird nicht ganz möglich sein. Ich will mich aber dieser Mühe unterziehen. Sie könnte sich insofern lohnen, als ich, aus der Warte meiner heutigen Kenntnis, der Überzeugung bin, daß diese Jahre wirklich der Scheitelpunkt dieses Lebens nicht nur in einem biographisch chronologischen, sondern in einem schicksalmäßigen Sinne gewesen sind. Es waren die Jahre einer großen Krise, einer intellektuellen und moralischen *midlife-crisis,* wie man heute sagen würde. Die entscheidende Wende in seinem Leben und Denken, das Ende großer Erwartungen, der Einbruch echter Verzweiflung, aber auch die Revision von Irrtümern und Fehleinschätzungen, eine Rückkehr zum Ursprung. Nur wenn man weiß, was in diesen Jahren im Kopf des seltsamen Mannes vorgegangen ist, kann man hoffen, einen Schlüssel zum Verständnis seines für das deutsche Geschichts- und Politikverständnis exemplarischen Œuvres zu finden.

Vom Thielplatz ging es am Dahlemer Waldfriedhof vorbei in den Grunewald, der damals noch ein Kiefernwald war.

Ihn beschäftige jetzt, so fing er das Gespräch zum Beispiel an, das Wort »Raum«. Ob ich mir schon einmal überlegt hätte, was das für ein erstaunliches Wort sei? Der Doppellaut »au«, flankiert von dem »r« und dem »m«? Er machte mit dem Spazierstock eine große Bewegung, als wollte er einen Kreis in die Luft zeichnen. Was mir dazu einfiele? Schaum, Frau, Aue, Blau … Das ist ja sehr interessant! Er tat so, als hätte er selbst noch nicht daran gedacht. Weißt du, die deutsche Sprache ist da unübertroffen! Mir fiel das französische »espace« ein, lateinisch »spatium«. Ja, das ist etwas ganz anderes – das ist römisch, mediterran. Das »s« – das grenzt einen Bezirk aus. Es ist »separativ«. Mir kam in den Sinn: das südländische Haus mit seinem Patio nach innen gewendet, schirmt den Bewohner gegen die Außenwelt ab. »Raum« ist die offene Fläche unter dem Baum, wo die germanischen Herzöge ihre Mannen versammelten. Offenheit, das war es. Aber wie ist es mit dem Wort »Rom«? Rom und Raum, das gehört doch zusammen, das fände ich doch auch?... und so fort, auf den trockenen Sandwegen, im Schatten der Föhren. Das ging stundenlang. Dann nahm er mich zu einer »Jause« zu sich nach Hause. Frau Schmitt begrüßte uns, die zwei müden Wanderer, und stellte einen Krug jugoslawischen Landweines auf den Tisch, dazu Brot und frische Zwiebeln. Carl Schmitt zeigte mir, wie man die Zwiebeln ißt: man muß herzhaft in sie hineinbeißen, ohne sie vorher zu zerschneiden. Der Wein schmeckte nach dem scharfen, süßlichen, den Atem verschlagenden, in die Nase steigenden Wurzelaroma doppelt gut. Dann sagte er zu Frau Schmitt: »Der Nikolaus hat eine geniale Entdeckung gemacht: das ›s‹, das separative ›s‹ in espace und spatium – nun weiß ich erst richtig, was ›Raum‹ ist.«

Jetzt mußte ich noch das Aquarell von Gilles bewundern, das er besonders liebte. Ein Reiter auf einem Esel in einem Positano-Dekor, nicht figurativ, nicht abstrakt, es war schon ein Esel zu erkennen, der da trottete, wenn auch in einer gewissen Aura. Das war der »Raum« des Esels, der dieses Bild zu einer Raummetapher machte, so kommentierte Carl Schmitt. Und wenn nicht in dem Bild, so war in seinen Worten, seiner runden, die Luft wie eine Eselskruppe kosenden Handbewegung, seinem Blick, diese Raumidee als etwas Wesenhaftes, Mythisches, Plastisches spürbar.

Dann durfte ich nach Hause gehen. Aber nicht, ohne daß er mir etwas zu lesen mitgegeben hätte. Er verschwand in seinem Arbeitszimmer. »Da, nimm das mit! Vielleicht kannst du etwas damit anfangen.« Es waren zwei flexible Leinenbände, grün, Dünndruckpapier. *Das Nordlicht* von Däubler. »Da wirst du viel finden! Laß dich nicht irritieren, wenn dir etwas mißfällt. Däubler ist ein großer Strom, der alles mit sich führt: Schlamm, Baumstämme, tote Katzen, aber auch Goldkörner ... Es lohnt sich auf alle Fälle!« Schon im Omnibus begann ich mit der Lektüre.

Immer hatte er etwas Neues, Interessantes. Gestern war es »Die große Parallele« – morgen das »Katechon«. Er war berühmt dafür. Ein Flair für das Außergewöhnliche. Woher hatte er das? Ich habe nie ergründen können, wie er zu seinen Funden kam.

Er sprach oft von der unsichtbaren Macht, die unsere Hand zu den Büchern lenkt, die wir in einem bestimmten Moment brauchen, die uns die Seite aufschlagen läßt, auf der das entscheidende Wort steht. Wenn er einen, wie er meinte, wichtigen Text gefunden hatte, propagierte er ihn in seinem Freundeskreis – ließ Abschriften machen, verschenkte das ganze Buch, wenn nötig, in zahlreichen Exemplaren. Immer mit bedeutungsvollen, anspielungsreichen Widmungen, die Winke, Signale für den Empfänger waren. Er verfügte zu diesem Zweck über einen unerschöpflichen Schatz an außergewöhnlichen, seltenen Zitaten. Immer war mit diesen Zueignungen ein Überraschungseffekt verbunden, der ein »Aha«-Erlebnis auslöste. Das war der typische Carl-Schmitt-Effekt.

Es gibt wohl keinen prominenten deutschen Autor – Gelehrten, Schriftsteller oder Dichter –, von dessen Faszination so einmütig die Rede ist. Wie auch immer man zu ihm steht, ob man ihn bewundert oder verurteilt, immer wird es heißen, der Mann ist faszinierend. Niemand kann dieser Faszination mehr erlegen sein als ich. Die erste, die mir von dieser Faszination gesprochen hatte, war meine Mutter.

Man kann sich über Carl Schmitt kein Urteil bilden, ohne auf die Frage eine Antwort gefunden zu haben, worauf diese Faszination eigentlich beruht. Es handelt sich um mehr als um ein spezifisches Begabungsbündel, eine Kombination persönlicher Eigenschaften, die den undefinierbaren Charme eines Menschen ausmacht. Er war kein Charmeur. Sein Zauber lag in der Ausstrahlung einer besonderen Art von Geistigkeit, ihrer tief wurzelnden Ambivalenz.

Sein Lebenszuschnitt war der eines deutschen Professors, der ohne Luxus in einem geräumigen Haus wohnt, das mit Büchern vollgestopft ist. Eine dominierende Rolle spielte darin seine Frau, »Frau Schmitt«, wie er sie nannte. Sie nannte ihn »Herr Schmitt«, und die beiden siezten sich, was zu allerhand Witzeleien Anlaß gab. Frau Schmitt war eine imposante Erscheinung, gut einen Kopf größer als er, eine Jugoslawin bäuerlicher Herkunft. Sie trug das schwarze Haar glatt und glänzend um den runden Schädel, zu einem kleinen Dutt zusammengezogen, was ihr großflächiges Gesicht in seiner rundlichen Fülle plastisch zur Geltung brachte; ein immer strahlendes Mondgesicht. An den Schläfen kringelten sich zwei streng stilisierte Locken (was die Franzosen *accroche-cœur* nennen). Sie liebte es, ihren voluminösen Körper in weite, knöchellange Pelerinen zu hüllen und wirkte, wenn sie so dastand, wie eine Statue des Gautama-Buddha. Wenn sie sich in den Straßen bewegte, war sie sehr beeindruckend und zog die Blicke auf sich. Sie nahm mich manchmal in Galerien mit. Ihr Auftritt war immer sensationell, wie der einer Königin. Sie war nicht die erste Frau von Carl Schmitt. Aber auch schon die erste war eine Jugoslawin. Er hatte ihren Namen an den seinen gehängt. Er nannte sich damals, wie man weiß, Schmitt-Dorotić. Das hat nicht sehr lange gedauert und ist eine dunkle Geschichte, über die ich hier nicht sprechen will. Nur soviel sei gesagt, daß »Frau Schmitt« sich, auch in meiner Gegenwart, rühmte, »diese Hochstaplerin, die behauptete, eine Gräfin zu sein«, entlarvt – sie verfügte als Landsmännin über die nötigen Informationen – und »Herrn Schmitt« von ihr befreit zu haben. Die beiden hatten eine Tochter, die sie abgöttisch liebten. Sie hatten ihr den Namen Anima gegeben. »Frau Schmitt« hieß Duschka. So nannten sie alle ihre Freunde, so hieß sie auch bei uns. Duschka bedeutet Seelchen.

Mutter und Tochter, Seelchen und Seele – Anima wird zu meiner Zeit ungefähr zwölf Jahre gewesen sein – behandelten den großen Staatsrechtler, bei allem Respekt, wie mir schien, mit einer gewissen Ironie, als ob sie ihn nicht so ganz ernst nehmen würden. Dieses familiäre Nicht-ganz-ernst-Nehmen kannte ich von zu Hause, obwohl es mir nie im Traum eingefallen wäre, so mit meinem Vater umzuspringen, wie Anima mit dem ihren. Das schien ihn aber gar nicht zu verdrießen, im Gegenteil, er spielte mit, indem er so tat, als ob seine Probleme und Theorien überhaupt nur Themen für Gesellschaftsspiele seien. Da wurde ich dann mit hineingezogen. »Nikolaus und ich haben uns gerade überlegt, was die beste Definition für ›Elite‹ sei. Was meinst du, Anima?« Anima überlegte. »Elite sind diejenigen, die bei dem höchsten Einkommen die geringsten Steuern zahlen«, schlug er vor. Ich: »Pareto meint, Elite seien die, die bei einer Zehnpunktebewertung ihrer Leistungen die beste Zensur bekommen.« – »Hm, hm, das läßt sich hören, Anima, was sagst du dazu?« – »Das ist ganz einfach«, sagte Anima, »Elite sind wir.« »So, so, du meinst also, wir sind die Elite? Daß du dich mal nicht irrst!«

Das waren so unsere Scherze nach den Spaziergängen, wenn wir beim Wein gemütlich um den Eßtisch saßen. Frau Schmitt stand im Hintergrund und schmunzelte geheimnisvoll.

Ich saß also im Bus und freute mich. Was würde er heute bringen? Ich selber hatte mich »vorbereitet«, gelesen, was er mir mitgegeben hatte, dies und das in Meyers Konversationslexikon nachgeschlagen. (Das gehörte zu den Ratschlägen meines Vaters: »Wenn du was nicht weißt, schlag im Meyer nach, da findest du alles, zumindest den Hinweis auf das Buch, in dem alles steht.« Auch heute noch steht Meyers Konversationslexikon, in der Ausgabe von 1906 – der, die in der väterlichen Bibliothek war – in meinem Arbeitszimmer, und ich muß sagen, es vergeht fast kein Tag, an dem ich das wilhelminische Kompendium bürgerlicher Bildung nicht benutze.) Ich war vielleicht auch in die Staatsbibliothek gegangen, um irgend etwas nachzuprüfen, einem Titel oder einem Autor, der im letzten Gespräch Erwähnung gefunden hatte, nachzuspüren, mir zum Beispiel *The Pirates' who's who* von Philip Gosse zu holen, den mir Carl Schmitt dringend empfohlen hatte, für den Fall, daß ich Näheres über die Eroberung der Weltmeere erfahren wollte.

Er schrieb gerade, wie sich bald herausstellen sollte, an seinem Büchlein *Land und Meer,* sein schönstes Buch. Nein, ich bin sicher, auch sein wichtigstes Buch, denn es birgt in nuce die Quintessenz seiner im Grunde gnostischen Geschichtsphilosophie. Der Form nach ist es ein romantisches Märchen: »Meiner Tochter Anima erzählt«. Wer die Bedeutung kennt, die Widmungen für Carl Schmitt haben, findet hier einen wichtigen Hinweis. Es markiert den Wendepunkt in seinem Leben. Er verläßt das feste Land und wagt sich hinaus aufs freie Meer. Er kündigt den Vätern den Gehorsam auf und bricht auf in das Reich der Mütter.

Jetzt passionierte er sich (und mich) für das weltgeschichtliche Ereignis der großen »Seenahme«, die *merchant adventurers,* die Walfischfänger, die Flibustier und *buccaneers* und die Freibeuter mit einem Patent der englischen Königin in der Tasche.

Das war etwas Unerhörtes, das mußt du dir einmal vorstellen, die Herausforderung der sich öffnenden Weltozeane! Ein glänzendes Beispiel übrigens für Toynbees »Challenge and Response«. Das hat er von Collingwood, das ist die »Question-Answer-Logik« – auf die Geschichte übertragen. Nur so kannst du Geschichte überhaupt verstehen!

Die Insel England löst sich plötzlich vom Lande ab und wird zu einem Schiff, das auf die Ozeane hinausfährt. »Ein Schiff«, sagte er geheimnisvoll,

»ein Piratenschiff«. Die Insel England und ihre welterobernde Seefahrt bedurfte weder der absoluten Monarchie noch eines stehenden Landheeres, noch eines gesetzlichen Rechtssystems, wie es für das kontinentale Europa zu einer Notwendigkeit wurde. Nachdenklich fügte er hinzu: »Das englische Volk hatte einen Staat einfach nicht nötig und wurde trotzdem Weltmacht ... Das englische Volk, verstehst du, hat sich gegen den Staat entschieden – für das *freie Meer.*« »Wir sind Landtreter, Nikolaus«, sagte er, während wir durch den märkischen Sand im Grunewald stapften, und stieß unwillig mit dem Stock auf. »Wir können gar nicht begreifen, was das heißt: das freie Meer!«

Tja, die englische Weltherrschaft! Das, mein Junge, ist die fundamentale, alles beherrschende Tatsache der modernen Geschichte! – Eine Weltherrschaft, die auf einer maritimen Existenz beruht, die sich vom Lande abgelöst hat und die Ozeane der Welt umfaßt. Das ist dasselbe wie Zivilisation und Menschlichkeit, das ist der Friede und das Völkerrecht selbst. Meer und Menschheit gehören zusammen wie Land und Staat – wie Meer und Freiheit. Deutschland ist nie etwas anderes gewesen als ein mittlerer europäischer Kontinentalstaat. Das ist unser Schicksal, ein Landrattenschicksal! Das Deutsche Reich ist ein Witz gegen das englische Empire. Aber damit hat England aufgehört, zu Europa zu gehören. Seitdem die Königin von England die Kaiserin von Indien ist, ist England eine asiatische Macht. Er blieb stehen, schaute über den See – der Gedanke schien ihn zu begeistern. Dann sah er mich mit großen Augen an, die sagen wollten: »Da staunste!«

Und ich staunte! Carl Schmitt testete an mir seine Formulierungen. Er brauchte solche Testpersonen, um ihre Wirkung zu erproben. Aber so machte Geschichte Spaß. Der Übergang von den Korsaren-Abenteuern meiner Jugendbücher zu den Arkana der Weltgeschichte, von *Tausendundeine Nacht* zum Mythos, vollzog sich mühelos. Das war ein anderer Geschichtsunterricht als der, den ich durch meinen Vater genossen hatte. Dort wurde mir ein solides Gerüst von Fakten vermittelt, Chronologie – hier bekam ich schwindelerregende topographische Gesamtüberblicke. Nicht mein Gedächtnis wurde trainiert, sondern meine Einbildungskraft auf die Probe gestellt. Das war keine Belehrung, nicht die Vermittlung von »Informationen«. Das war »Wissen« anderer Art.

Offenbar gab es, soviel hatte ich schon begriffen, zwei Arten von Wissen und zwei Arten der Erkenntnis. Beide hatten sie ihre Regeln, ihre Methode, ihre Evidenz. Die eine kannte ich durch meinen Vater; die andere, von der mein Vater nichts hielt, war mir durch meine Freunde Robakidse und Bruno Goetz, aber auch durch meinen Mentor Celibidache vertraut. Es handelte sich offensichtlich um zwei völlig verschiedene Mentalitäten, zwei ganz unterschiedliche Denkstrukturen. Die eine operierte mit Begriffen und Fakten, die andere mit Symbolen und Bildern.

In Carl Schmitt war mir nun eine sonderbare Mischform dieser beiden so konträren, wie man denken sollte, völlig inkompatiblen Denktypen begegnet. Er war ein Mann der Wissenschaft, des begrifflichen Denkens – ein Professor wie mein Vater, dem rationalen, diskursiven Denken verpflichtet, ein Meister des Syllogismus, der logischen Deduktion. Gleichzeitig aber war er auch der schauende Myste, der Epopt, der seine Einsichten nicht in Begriffen faßt und vermittelt, sondern in Symbolen und Bildern. Er beherrschte beide Register.

Er machte perfekte Wissenschaft – Staatstheorie, Verfassungslehre, Völkerrecht, immer mit einem leichten Vorbehalt, was die Positivität betrifft, aber mit einer emphatischen Betonung der »Wissenschaftlichkeit«. Dahinter stand seine Privat-Mythologie. Er maskierte seine Mythologeme mit einem Anschein von Theoriebildung. Seine Begriffe sind immer bildhaft, suggerieren Symbolisches, evozieren Archetypen. Er spielt mit dem Doppelsinn der Worte, die er als Zeichen benutzt, mit denen er aber Emotionen mobilisiert, die aus der Tiefe aufsteigen. Seine berühmten Formulierungen sind nie einfache »Sätze«, sondern Beschwörungsformeln. Wenn er auch nicht gerade von »Dämonen« und »Wesenheiten« sprach, so war doch so etwas im Spiel, wenn er die Mächte beschwor, die die Geschichte bewegen. Mit der griechischen und asiatischen Mythologie hatte er nichts im Sinn. Er bevorzugte die Gedankenfiguren der christlichen Theologie und Gnosis bis hin zu ihren hegelianischen Spätformen. Mit ihrer Hilfe mythologisierte er das ganze 19. Jahrhundert.

»Du willst dich also mit den Juden befassen. Soso!«, sagte er, als ich ihm davon berichtete, daß ich das Referat über jüdische Theaterkritik im Theaterwissenschaftlichen Seminar übernommen hatte. Das klang wie Spott. Na, dann mal los! Viel Vergnügen! Dann drehte er sich mir zu, schaute mit vorgeschobenem Kinn zu mir herauf und sagte zornig: »Weißt du überhaupt, worauf du dich da einläßt?« Ich sah: er war richtig verärgert. Ich wußte es nicht. Von Ruth sagte ich nichts. Er konnte sich gar nicht beruhigen.

»Kennst du das Buch über die Judenfrage von Marx?« Ich kannte es natürlich nicht. »Ich werde es dir geben. Das ist eine Antwort an Bruno Bauer. Ein Linkshegelianer – einer der klügsten Köpfe des 19. Jahrhunderts. Merk dir den Namen! Der hat aus seiner hegelianischen Konzeption der Weltgeschichte richtig erkannt, daß es nicht um Emanzipation, sondern um Säkularisation ging. Aber, bitte schön, ordentlich der Reihe nach! Da kann man nicht so ohne weiteres aus dem Getto in die Neuzeit hereinspazieren. Da mußte man erst einmal die Etappe des Christentums passieren. Du wirst sehen, was Marx darauf erwidert. Marx hat recht behalten! Die Juden haben recht behalten!«

Das war die Frage, die ihn beschäftigte. Es ging darum, wer in der Interpretation der Weltgeschichte das letzte Wort hätte. Darin war auch er ganz Hegelianer. Aber die Frage nach dem letzten Sinn der Weltgeschichte war für ihn keine akademische, sondern eine existentielle Frage – sein Seelenheil hing daran.

Das 19. Jahrhundert war für ihn das große Feld der Auseinandersetzung zwischen Juden und Deutschen um die Sinndeutung der Weltgeschichte. Wer recht behielt, war der Sieger. Und da hatten die Juden für ihn zweifellos die bessere Strategie. Sie hatten verstanden, daß es darum ging, die Reste des tradierten christlichen Ordo zu liquidieren. Mit genialer Intuition hatten sie die Parolen der Zersetzung ausgegeben. Marx hat die Idee des Klassenkampfes lanciert, der keine gesellschaftliche Ordnung widerstehen kann. Freud mit seiner Psychoanalyse die Dignität der Seele, das Kernstück der christlichen Anthropologie, zerstört. Einstein mit seiner Relativitätstheorie das alte, anthropozentrische Weltbild endgültig aus den Angeln gehoben. Nichts vermochte dem standzuhalten. Am gefährlichsten aber war Disraeli mit seiner Theorie: die Geschichte sei ein Kampf der Rassen. »Ja, ja – die Rassentheorie stammt von Disraeli, damit du es weißt. Und sie will besagen, daß es ein Volk gibt, das allen anderen überlegen ist: die Juden. Es gibt nämlich nur eine Rasse, die jüdische. Blut und Geist sind da eins. Das kann ihnen keiner nachmachen!«

»Kennst du überhaupt Disraeli?« Keine Ahnung, kam im Geschichtsunterricht nicht vor! (Oder doch, »Berliner Kongreß«, aber da war er nur einer dieser Namen, mit denen sich keine Vorstellung verband.) »Du kennst also nicht einmal Disraeli, und und beschäftigst dich mit den Juden?«, und er war wieder richtig ungehalten.

Am Ende des Spaziergangs holte er wieder ein Buch hervor und drückte es mir in die Hand. »Da, lies das! Es ist ganz unerhört, daß ihr (›jungen Leute‹) nicht wißt, wer Disraeli ist.« Er schüttelte den Kopf. »Wenn du das gelesen hast, kannst du über die Juden mitreden.«

Ich konnte es nicht abwarten, in meinem Omnibus zu sitzen, um festzustellen, was das für ein Buch war. Eine Biographie, dachte ich mir, und freute mich schon. Es war ein Roman. *Tancred oder der neue Kreuzzug,* von Benjamin Disraeli, Earl of Beaconsfield. Der Herr hat also Romane geschrieben! Meyers Konversationslexikon half mir auf die Sprünge.

Ich verschlang das Buch in einer Nacht. Es war eines meiner größten Leseerlebnisse. Alle Bücher, die Carl Schmitt mir gab, waren interessant, aber sie wurden doppelt, dreifach so interessant, weil er sie mir gab. Die Frage nach der Faszination von Carl Schmitt muß immer auch die Frage nach der eigenen Verführbarkeit implizieren.

Es fiel mir nicht schwer, in die Gestalt des jungen Lord Montacute zu schlüpfen, der in einer eigenen Yacht mit einem stattlichen Gefolge ins Heilige Land fährt, weil er hofft, dort, an dem Ort, wo die göttliche Offenbarung der Menschheit schon öfters den Weg gewiesen hatte, einen Fingerzeig dafür zu finden, welches die Sinnbestimmung seines Lebens in einer Zeit der großen Veränderungen sein könnte, in der alles Sinnempfinden vor die Hunde gegangen war.

Ich brauchte mich auch nicht extra in die schöne Eva zu verlieben, die Rose von Saron, denn ich liebte ja meine Ruth, und sie bedeutete mir damals genau das, was Eva für Tancred war: In ihr, in der Gestalt eines wunderbaren Mädchens, trat mir das Geheimnis des jüdischen Volkes entgegen. Sie sprach wohl nicht in so artig gesetzter Rede wie Eva von der welt- und heilsgeschichtlichen Bedeutung ihres Volkes. Aber in der enigmatischen Ausstrahlung ihres Wesens, in der Trauer und Stolz, Resignation und ein unauslöschbares Superioritätsgefühl sich mischten, wirkte sie in ihrem Schweigen auf mich nicht weniger stark.

Das war kein Roman, sondern ein Märchen, eine Mischung von *Tausendundeine Nacht,* einem Wildeschen Konversationsstück und Karl May, und wer es liest, macht, wie sein Held, selber einen Initiationsprozeß durch. Mehr als alles andere, was ich über die Judenfrage gelesen habe, hat mir dieses Buch eine Antwort auf die Frage gegeben, was es mit der weltgeschichtlichen Rolle dieses Volkes für eine Bewandtnis hat. Oder war es gar nicht das, was ich in diesem Buche las, sondern das, was Carl Schmitt damals vor meinen Augen daraus machte?

Als ich ihm den *Tancred* zurückbrachte, fragte er sofort ungeduldig: »Hast du den Schlüsselsatz gefunden?« Nein. Ich hatte viele interessante Sätze gefunden. Darauf, daß man in jedem Buch *den* Schlüsselsatz finden muß, war ich damals noch nicht trainiert. Carl Schmitt schmunzelte. »Dann werde ich ihn dir sagen« – er machte eine Kunstpause, die meine Spannung natürlich erhöhte – *Christentum ist Judentum fürs Volk!* Er guckte an mir hoch, um zu sehen, ob ich auch richtig verstanden hätte. »Das ist ungeheuerlich! Dieser Hochmut! Dieses Überlegenheitsgefühl! Das mußt du dir mal vorstellen, was das heißt! Damit werden zweitausend Jahre abendländischer Geschichte auf den Kopf gestellt.« Er war offensichtlich empört, aber es war nicht zu verkennen, daß ihm diese kühne Behauptung imponierte.

Jetzt waren wir bei dem Kern der Sache! Es ging nämlich darum, ob das christliche Dogma von der Erbsünde und der Unerlösbarkeit des Menschen im Diesseits die für die Geschichte unumstößliche letzte Wahrheit sei – es Erlösung also nur im Jenseits in einem eschatologischen Horizont gab –, oder ob es vielmehr stimmte, daß die Menschheit sich progressiv auf ein fernes, zukünftiges, aber diesseitiges Friedensreich hinbewegt – auf das »Neue Jerusalem«. Eschatologie gegen Utopie. Das war schon das Thema der großen Polemik zwischen Mendelssohn und Hamann, dem Magus des Nordens.

Das »Friedensreich der Zukunft«, das war die große jüdische Idee, in deren Dienst alle Völker der Erde gezwungen werden sollten! Das war nicht der Heilsplan eines christlichen Erlösergottes, dessen Reich nicht von dieser Welt ist, sondern der Weltherrschaftsanspruch einer superioren Rasse, einer allen anderen Völkern überlegenen Menschheitselite, die sich im Besitz eines höheren Herrschaftswissens befand. »Verstehst du, mein Junge?«

Wenn die Juden recht hatten, dann war das christliche Äon ein Irrtum. Ja, man mußte sich ernsthaft fragen, ob das Christentum nicht überhaupt von Anfang an ein von den Juden initiiertes und gesteuertes Betrugsmanöver war, das dem Endziel der Verdummung und Entmachtung der anderen Völker diente. In diesem Lichte gesehen waren englischer Deismus, deutsche Aufklärung und französisches Freidenkertum nur ebenso viele Verfahren der langsamen Durchsetzung dieses hybriden Weltherrschafts-Projektes. Ab 1789 schien es entschieden, daß die führenden Kulturvölker Europas die Frage nach dem Sinn der Geschichte öffentlich im Sinne des Judentums beantwortet hatten. Seitdem ging der Kampf darum, sie definitiv an ihren traditionellen Überzeugungen irre werden zu lassen. Die geistigen Waffen dieses

Kampfes waren Liberalismus und Rationalismus. Menschheit, Freiheit, Friede – das sind jüdische Worte.

Aber aufgepaßt Nikolaus! Das alles wäre nicht so schnell gegangen, hätte sich nicht eines ereignet: die Kombination des jüdischen Universalismus mit der englischen Herrschaft der Meere. Das war die ideale, »weltgeistgemäße« Symbiose. Jüdische Weltreich-Visionen und englische Weltmacht vereinigten sich zu einem unwiderstehlichen Menschheitsprojekt, dem sich niemand entziehen konnte. Das britische Empire, die Kaiserkrone von Indien, war die geniale Idee eines Juden. Damit konnte die Bismarcksche mitteleuropäisch-kleindeutsch-preußische Reichsgründung nicht konkurrieren. Was war der deutsche Kaiser gegen die Kaiserin von Indien! Was war das deutsche »Mit Gott für König und Vaterland« gegen den Fortschrittsglauben einer zivilisierten Menschheit! Bismarck wußte um diese Überlegenheit. Es half ihm nichts, gegen Humanitarismus, Pazifismus und Zivilisationsgläubigkeit mit seinen Sarkasmen anzukämpfen. »Der alte Jude hat recht«, pflegte er zu sagen. Dabei ist es geblieben. Er nannte ihn seinen Freund – eine Auszeichnung, die er niemandem sonst zugestand. Auch nicht »seinem« König.

Die Frage, die Carl Schmitt beschäftigte, war offensichtlich die: Wie hat der alte Jude das gemacht? Sie besitzen das Geheimnis über den Umgang mit dem Leviathan – sie verstehen ihn zu zähmen, und, wenn es soweit ist, zu sezieren. Ohne Gewalt. Durch Magie? Durch Zauberei? Durch die Macht des Geistes!

Nicht eine Theorie der Souveränität und des Souveräns, der Macht und des Machthabers würde das Geheimnis lösen, sondern die Aufdeckung der okkulten Praktiken, der Techniken der indirekten Herrschaft. Das Problem verlagerte sich von einer Definition der Souveränität zur Erforschung des »Vorhofes« der Macht, des Zuganges zum »Ohr« des Machthabers.

Damals hatte er sein Buch über den »Leviathan« schon veröffentlicht. Ich hatte es nicht gelesen. Ich weiß heute aber, wie man es lesen muß. Als einen melancholischen Abgesang auf den Glauben an den »Souveränen Staat«, in den das Zugeständnis einfließt, daß die Juden in Sachen Staat die Schlaueren gewesen sind. Mit richtigem Vergnügen erzählte er mir die Geschichte von dem Gott der Juden, der täglich mit dem Leviathan spielt, und den Juden, die ihn schließlich, in kleine Stücke geschnitten, auf einem ewig währenden Laubhüttenfest verspeisen. Das müßte ich wissen, wenn ich mich mit den Juden beschäftigte.

War das nun Antisemitismus? Wenn Carl Schmitt mich in dieser Art darüber aufzuklären versuchte, was es mit der Judenfrage auf sich hatte – ich sollte ja mein Referat vorbereiten –, so geschah es ganz unverhüllt aus der Überzeugung, daß, wenn man das 19. Jahrhundert als das Feld eines Kampfes um die geistige Suprematie in der Welt verstand, in dem es letztlich um die offene Frage nach der Nachfolge Gottes ging, diejenigen – wer auch immer für den Tod Gottes verantwortlich zu machen war –, die auf den *sterblichen* Gott gesetzt hatten, sich geirrt haben. Die jüdische Idee eines die ganze Erde und Menschheit umfassenden universalistischen Weltprinzips war, daran konnte kein Zweifel sein, dem Übertritt in die globale Ära, die die englische Seenahme vorbereitet hatte, angemessener.

Der deutsche Staat war darum schon im Augenblick seines Entstehens ein Anachronismus. Der wilhelminische Traum von Reich und Seemacht kam hoffnungslos zu spät – von dem, was heute geschah, ganz zu schweigen. Was war ein Kaiser gegen eine Kaiserin, was war ein preußischer Junker gegen einen jüdischen Magier?

Welches auch immer seine Absicht gewesen sein mag – von der Faszination Carl Schmitts für Disraeli übertrug sich auf mich nicht der Affekt der Entrüstung, sondern die Komponente uneingeschränkter Bewunderung. Dieser Eindruck war so stark, daß ich mich mitunter des Verdachts nicht erwehren konnte, der geheimste Wunsch, der letzte Ehrgeiz meines peripatetischen Lehrmeisters sei kein anderer als der, selber Jude zu sein.

Disraelis Porträt hing über seinem Schreibtisch, wie das Photo Rommels über dem Kartentisch von Montgomery. Er hatte eine Zeitlang vielleicht geglaubt, ihn besiegen zu können. Er wußte jetzt, daß er der Besiegte war. Freund oder Feind? Immer wieder zitierte er: »Der Feind ist unsere eigene Frage als Gestalt«. Ich glaube, ich weiß heute, was er damit meinte.

KRITIK

POLITIK/GESCHICHTE. EINE KOLUMNE

Von Peter Graf Kielmansegg

Es scheint, als sei die Jahrhundertfrage, ob Demokratie und Kapitalismus oder Demokratie und Sozialismus zueinander gehören, durch die Geschichte beantwortet. Wenn wir uns darauf einigen, daß von Demokratie nur dort die Rede sein könne, wo die Bürger das Recht und die Möglichkeit haben, in regelmäßig wiederkehrenden allgemeinen, gleichen und freien Wahlen ihre Regierung einzusetzen und abzuberufen – vielleicht mehr, aber jedenfalls nicht weniger als dieses Recht und diese Möglichkeit; und daß Sozialismus öffentliches Eigentum an den Produktionsmitteln und staatliche Steuerung des ökonomischen Prozesses bedeute – wenn wir uns darauf einigen, dann gilt: Demokratie ist bisher nur in Verbindung mit Marktwirtschaft und privatem Eigentum an Produktionsmitteln aufgetreten. Eine sozialistische Demokratie hat es noch nicht gegeben.

Aber Fragen von der Art unserer Jahrhundertfrage erledigen sich durch solche Antworten nicht. Ist die Zukunft nicht offen? Kann nicht noch werden, was bisher nicht war? Das »Prinzip Hoffnung« läßt sich durch Lehren der Geschichte so leicht nicht außer Kraft setzen, in Sachen Sozialismus schon gar nicht. Zudem: Wir können uns eben nicht über den Begriff der Demokratie und den Begriff des Sozialismus verständigen. Zwar kann es unter logisch denkenden Menschen nicht zweifelhaft sein, daß, wer Demokratie und Sozialismus per definitionem gleichsetzt, wie es Anhänger des Sozialismus oft tun, die Frage nicht beantwortet, sondern durch einen – eher simplen – Trick aus der Welt schafft. Aber diesseits dieser Grenze bleibt genug Raum für den Streit um die Begriffe und das heißt ja auch darüber, welche Bedeutung den geschichtlichen Erfahrungen zukommt.

Die »Jahrhundertfrage« ist also doch offen? Aber wenn es denn so ist – sind wir eigentlich offen für die »Jahrhundertfrage«? Will sagen: Ist die Welt, die Welt der Politiker und der Intellektuellen des Westens jedenfalls, nicht geschieden in zwei Heerlager von Gläubigen, Heerlager also, in denen man sich um Wahrheiten schart, die im Grunde von Erfahrung und Argument nicht mehr berührt werden, weil sie dogmatischen Charakter angenommen haben? Wenn es so wäre, fiele der Wissenschaft eine besondere Verantwortung zu. Sie hätte zu zeigen, wie vernünftiger Umgang mit dem Schlüsselthema »Kapitalismus, Sozialismus und Demokratie« auch nach mehr als hundert Jahren politischen und intellektuellen Streitens noch möglich ist.

Drei Bücher liegen auf meinem Schreibtisch, die sich an dieser Aufgabe versuchen[1]: ein schmales Bändchen des kanadischen Politikwissenschaftlers Crawford B. Macpherson, leicht provozierend *Nachruf auf die liberale Demokratie* überschrieben; daneben, vorsichtiger, offener im Titel, wie es sich in der Wissenschaft gehört, die Abhandlung *Dilemmas of Pluralist Democracy* von Robert A. Dahl, auch er Politikwissenschaftler, einer der Großen des Faches, in Yale lehrend; und schließlich die Studie des Ökonomen Dan Usher, Engländer der Herkunft nach, aber wie Macpherson an einer kanadischen Universität tätig, über *Die ökonomischen Grundlagen der Demokratie*. Die drei Autoren stellen nicht die gleiche Frage. Aber sie streifen – auf verschiedenen Wegen und mit unterschiedlichen Erkenntniszielen – durch das gleiche Gelände; Gelände, das im Schatten unserer Jahrhundertfrage liegt. Und gerade weil jeder seinem eigenen Thema nachgeht und das auf seine eigene Weise tut, geben die drei Bücher gemeinsam ein gutes Stück weit darüber Aufschluß, was Wissenschaft derzeit mit dieser Frage anzufangen weiß.

Macpherson wurde in den sechziger Jahren in der Bundesrepublik mit seiner *Theorie des Besitzindividualismus* bekannt, einer Untersuchung des politischen Denkens in England im 17. und frühen 18. Jahrhundert, die in geistvoller Einseitigkeit die Staatsphilosophie des Absolutisten Hobbes wie die des Liberalen Locke als Spiegel der aufkommenden kapitalistischen Konkurrenzgesellschaft deutete. Ein Schriftchen *Drei Formen der Demokratie* und eine Aufsatzsammlung *Demokratietheorie* folgten, in denen Macpherson sich zunächst vorsichtig, dann mit Entschiedenheit und Schärfe als Kritiker der liberalen Demokratie vorstellte. Und nun der *Nachruf*. Das englische Original trägt den Titel *The Life and Times of Liberal Democracy*, den klassischen Titel der englischen Biographie. Aber genau genommen haben wir es weder mit einer Biographie, einer Lebensgeschichte also der liberalen Demokratie, noch mit einem Nachruf zu tun. Denn die liberale Demokratie, das weiß natürlich auch Macpherson, ist noch nicht tot. Der Nachruf ist auf einen Patienten geschrieben, der lebt, aber – dies ist Macphersons Diagnose – an einer angeborenen unheilbaren Krankheit leidet, der er irgendwann erliegen muß. Die Diagnose ist dem Leser der vor ein paar Jahren erschienenen demokratietheoretischen Aufsätze bereits vertraut. Offenbar ist es der Eindruck gewesen, die Vorzeichen

[1] Crawford B. Macpherson, *Nachruf auf die liberale Demokratie*. Frankfurt: Suhrkamp 1983. Robert A. Dahl, *Dilemmas of Pluralist Democracy. Autonomy versus Control,* New Haven: Yale University Press 1982. Dan Usher, *Die ökonomischen Grundlagen der Demokratie*. Frankfurt: Campus 1983.

des Endes mehrten sich, der Macpherson veranlaßt hat, sie jetzt in einer gewissen geistesgeschichtlichen Systematisierung aufs neue vorzutragen – ergänzt durch eine Skizze der neuen und besseren Demokratie, die, so hofft Macpherson, das Erbe der liberalen Demokratie antreten wird.

Und was ist der Geburtsfehler der liberalen Demokratie, ihre Krankheit zum Tode? Macphersons Antwort lautet: Das Demokratieprinzip und das Marktprinzip des Kapitalismus sind miteinander nicht zu vereinbaren. Liberale Demokratie aber ist der Versuch, diese beiden Prinzipien zusammenzufügen. Demokratieprinzip und kapitalistisches Marktprinzip sind unvereinbar, weil die Freiheit der Entfaltung der Persönlichkeit für alle und die Freiheit der Konkurrenz einander ausschließen. Die beiden Freiheiten gründen sich auf Bilder vom Menschen, die nicht beide richtig sein können – hier der Mensch, der gemeinsam mit anderen seine Fähigkeiten entfaltet und gebraucht, dort der Mensch, der im Kampf mit anderen in unersättlicher Gier nach Erwerb und Genuß lebt. Man kann es auch in der Sprache des Marxismus formulieren, von der Macpherson durchaus – wenn auch nicht durchgehend – Gebrauch macht: Unter der Herrschaft kapitalistischer Produktionsverhältnisse können gleiche Entfaltungschancen für alle nicht gegeben sein.

Getragen wird diese Diagnose nun freilich nicht von einer Untersuchung der Entwicklung, die die liberale Demokratie tatsächlich genommen hat, sondern von einer Analyse dessen, was politische Philosophen über die liberale Demokratie gedacht und geschrieben haben. Macpherson ist in allen seinen Büchern so verfahren: Die kritische, er selbst würde wohl sagen ideologiekritische Auslegung eines Hauptstromes des angelsächsischen politischen Denkens ist seine eigentliche Domäne. Diesmal stellt er dem Leser vier Demokratiemodelle vor: die ersten drei sind Modelle der liberalen Demokratie und sollen das unlösbare Dilemma dieses Demokratietyps sichtbar machen, während im vierten die Gestalt einer zukünftigen, wahren Demokratie umrissen wird.

Im ersten Modell, das Macpherson in den Schriften von Jeremy Bentham und James Mill findet, hat die kapitalistische Marktgesellschaft den Primat. Die Marktgesellschaft braucht einen Staat, der das Eigentum und die Marktfreiheit zuverlässig gewährleistet, ohne dabei durch seine Übermacht den Bürger selbst zu bedrohen. Dieser Staat ist die Demokratie. Sie hat also keine andere Bestimmung, als die Marktgesellschaft möglich zu machen. Dem zweiten Modell begegnet Macpherson vor allem bei John Stuart Mill, dem großen Sohn von James. Demokratie steht nicht länger einfach im Dienst der Marktgesellschaft. Sie wird begriffen und gerechtfertigt als Ordnung des Zusammenlebens, die jedem die Chance der Entfaltung seiner Persönlichkeit eröffnet. Aber auch dieses Modell bleibt im Dilemma der liberalen Demokratie gefangen, weil es nicht begreift, daß das Ideal gleicher Entfaltungschancen für alle an der Realität der kapitalistischen Klassengesellschaft scheitern muß. Als drittes Modell liberaler Demokratie hat Macpherson das Schumpetersche ausgewählt, das in den letzten Jahrzehnten in der Politikwissenschaft in der Tat einen großen Einfluß ausgeübt hat: Demokratie als System eines durch die Wähler gesteuerten Wettbewerbs von Eliten. Auch in diesem Modell ist der Antagonismus zwischen Demokratieprinzip und kapitalistischem Marktprinzip nicht wirklich aufgehoben. Denn in Wahrheit lenken in der Demokratie des oligopolistischen Parteienwettbewerbs nicht die Wähler die Gewählten, vielmehr lenken die Gewählten die Wähler. Und das heißt: die Demokratie bleibt in die Klassenstruktur der Gesellschaft eingebunden. Nach alledem erwartet der Leser keine Überraschungen mehr. Sie bleiben auch aus. Was Macpherson als viertes

Modell, als Überwindung der liberalen Demokratie präsentiert, gehört zum alten sozialistischen Traditionsbestand: Räteverfassung und demokratische, das heißt politische Kontrolle der Wirtschaft.

Das Dilemma, von dem der Titel des Dahlschen Buches spricht, ist nicht der Gegensatz der beiden Freiheiten, den Macpherson diagnostiziert. Es ist ein wirkliches Dilemma, und das bedeutet: klare und letzten Endes einfache Antworten, wie Macpherson – darin allen Sozialisten gleich – sie weiß, hat Dahl nicht zur Hand. Er beschreibt das Dilemma so: Eine Vielfalt autonomer Organisationen ist in der Demokratie wünschenswert, ja notwenig. Aber autonome Organisationen sind für die Demokratie auch höchst problematische Gebilde, um so problematischer je mächtiger sie sind. Notwendig sind autonome Organisationen, weil ohne sie funktionsfähige großräumige Demokratien gar nicht denkbar wären. Notwendig sind sie auch in dem Sinne, daß die für eine Demokratie konstitutiven Regeln, ihre Freiheiten, sie unvermeidlich hervorbringen. Und wünschenswert sind sie, weil der Pluralismus autonomer Organisationen zur Begrenzung der Macht beiträgt, indem er der Macht Macht entgegenstellt. Problematisch andererseits ist dieser Pluralismus autonomer Organisationen nach Dahl aus vier Gründen: Er befestigt und verschärft Ungleichheiten. Autonome Organisationen prägen darüber hinaus, weil sie in der Regel partikulare Interessen verfechten, das Bewußtsein der Bürger so, daß der Egoismus stärker und der Gemeinsinn schwächer wird – eine Gefahr, auf die bekanntlich schon Rousseau hingewiesen hat. Autonome Organisationen sind, drittens, imstande – wie es in einer schwer übersetzbaren Formulierung heißt – »to distort the public agenda«; was etwa besagen soll: sie vermögen den Raum vernünftiger öffentlicher politischer Diskussion nach ihren Interessen einzuengen. Und viertens: Mächtige autonome Organisationen können Entscheidungen an sich ziehen, können Entscheidungen fällen, die eigentlich von allen Bürgern oder doch im Namen aller Bürger gefällt werden müßten.

Das Dilemma »autonomy versus control«, wie es der Untertitel ausdrückt, ist die Prämisse des Buches. Sein Ziel ist es, zwei Fragen zu beantworten: Die Strukturen des Pluralismus in den etwa dreißig Demokratien, die es weltweit gibt, sind unterschiedlich. Welche Konstellationen verschärfen, welche mildern das Dilemma? Und: Sind Wege denkbar, auf denen sich das Dilemma überhaupt aus der Welt schaffen ließe? Diese zweite Frage steht im Mittelpunkt der Untersuchung. Dahl prüft drei mögliche Antworten, im wesentlichen mit Hilfe von Gedankenexperimenten. Die erste lautet, mehr Demokratie führe aus dem Dilemma heraus. Die zweite, der Kapitalismus sei die Wurzel des Dilemmas; man müsse das private Eigentum an Produktionsmitteln oder den Markt oder beides abschaffen. Und die dritte: Eingriffe in die Strukturen des politischen Systems oder der Ökonomie könnten das Dilemma der pluralistischen Demokratie nicht auflösen. Dazu sei ein Wandel der Einstellungen der Bürger nötig, Gemeinsinn müsse an die Stelle egoistischen, partikularistischen Denkens treten. Jede dieser drei Antworten wird mit der gleichen, fast umständlichen Gründlichkeit durchleuchtet (auch die dritte, die so oft, in vielen Diskussionszusammenhängen, leichthin als naiv beiseite geschoben wird; für Dahl sind es vor allem die Größenordnungen der modernen Demokratie, an denen sie scheitert). Aber am Ende stehen Verfasser und Leser doch wieder da, wo sie gemeinsam begonnen haben. Keiner der drei Wege hat sich als ein Ausweg erwiesen. Die Demokratie kann, wenn sie Demokratie bleiben will, dem Dilemma des Pluralismus nicht entrinnen.

Bei diesem Ergebnis bleibt Dahl freilich nicht stehen. Auch wenn es nur unvollkommene Lösungen des Problems gibt, so sind doch nicht alle Lösungen gleich unvollkommen. Kaum irgendwo ist nach seinem Urteil die der pluralistischen Demokratie inhärente Spannung schärfer ausgeprägt als in den Vereinigten Staaten. Es ist die extreme Ungleichheit der Einkommen und die Macht der großen Konzerne, die Dahl bei diesem Urteil im Auge hat. Und so mündet seine Untersuchung in ein Plädoyer für eine Reform, die diesen Übelständen zu Leibe rückt.

Ushers Studie zeichnet sich im Kern durch eine zwingende Einfachheit der Fragestellung wie der Antwort aus. Seine Schlüsselthese lautet: Demokratie ist nur möglich, wenn das Einkommen im wesentlichen nicht durch politische Entscheidungen verteilt wird, sondern nach Regeln, die der Politik vorgegeben sind. Es ist das Wirtschaftssystem, das diese Aufgabe zu übernehmen hat. Daraus folgt, daß nur solche Wirtschaftssysteme mit der Demokratie kompatibel sind, in denen ein politikunabhängiger Mechanismus der Einkommensverteilung wirksam ist; die, um es in den Worten des Textes zu sagen, ein »System von Anrechten«, Anrechten auf ein bestimmtes Einkommen nämlich, aus sich heraus schaffen. Es gibt nach Ushers Auffassung für eine moderne Gesellschaft nur eine Wirtschaftsordnung, die diesen Anforderungen genügt: die kapitalistische. Und eben darin liegt die erste und wichtigste Rechtfertigung des Kapitalismus, daß er Demokratie möglich macht.

Offenkundig haben zwei Schritte in dieser Beweisführung Schlüsselbedeutung: erstens die Annahme, Demokratie sei nicht möglich, wenn über die Zuteilung von Einkommen im demokratischen Entscheidungsprozeß entschieden wird; und zweitens die These, nur der Kapitalismus könne leisten, was die Demokratie voraussetzen müsse, nämlich eine politikunabhängige Einkommensverteilung. Nachzuweisen, daß diese beiden Behauptungen nicht nur plausibel, sondern schlechterdings zwingend gültig sind, ist denn auch die Hauptarbeit Ushers. Was die erste betrifft, so nimmt Usher an, daß der Konflikt um Einkommen, wenn er politisch zu entscheiden wäre, eine Intensität annehmen würde, der die Demokratie nicht standhalten könnte. Anders formuliert: Niemand würde aus freien Stükken bereit sein, sein Einkommen in vollem Umfang einer politischen Entscheidungsregel – und wäre es das Mehrheitsprinzip – zu unterwerfen. Einigkeit über die Mehrheitsregel setzt also voraus, daß man sich über die Grenzen ihrer Geltung – und das heißt hier, über die Ausklammerung der Einkommensverteilung – geeinigt hat.

Die zweite Behauptung führt Usher zum Thema Sozialismus, wobei Sozialismus und Kapitalismus nicht so sehr durch die unterschiedlichen Eigentumsverhältnisse, sondern durch den Gegensatz von Markt und Plan definiert sind. Daraus ergibt sich die Beweisführung: Planwirtschaft bedeutet letzten Endes immer, daß das Einkommen durch politische Entscheidungen verteilt wird. Der Markt ist das einzige verfügbare politikunabhängige Verteilungssystem. Natürlich weiß Usher, daß auch in den westlichen Demokratien über die Einkommensverteilung in erheblichem Maße politisch entschieden wird. Das Stichwort Wohlfahrtsstaat genügt, um diesen elementaren Sachverhalt in Erinnerung zu rufen. Und es ist nicht das einzige, das hier zu nennen wäre. Aber Usher sieht darin keinen Einwand. Nicht darauf komme es an, daß die Zuteilung der Einkommen der Politik ganz und gar entzogen sei, sondern darauf, daß die primäre Einkommensverteilung sich überwiegend unabhängig von der Politik vollziehe. Politische Korrekturen, auch verhältnismäßig weitreichende Korrekturen dieser Primärverteilung seien möglich, ohne die Demokratie zu überfordern. Sie seien sogar geboten! Denn ein politikunabhängiger ökonomischer Verteilungsmechanismus könne nur dann das Fundament abgeben, das die Demokratie brauche, wenn er von der Mehrheit der Bürger akzeptiert werde. Unkorrigiert aber seien die Zuweisungen des marktwirtschaftlichen »Anrechtssystems« vermutlich nicht akzeptabel.

Drei Plädoyers sind gehalten. Der Leser gibt sich Rechenschaft über das, was ihm vorgetragen worden ist. Steht es, so fragt er sich, unentschieden? Oder ließe sich in einer Art von imaginärem Disput zwischen den Autoren herausfinden, wer in der direkten Konfrontation die stärkeren, die überzeugenderen Argumente hat – wobei es vor allem darum ginge, Macpherson und Usher aneinander zu messen. Sie können, so scheint es, nicht beide recht haben. So reizvoll der Gedanke ist, ein solcher Disput würde sich rasch ins Spekulative verlieren. Jedes Plädoyer muß also schließlich doch für sich genommen und auf die Waagschale gelegt werden.

Für mich gibt es keinen Zweifel daran, daß Ushers Beitrag am ehesten das Zeug hat, der Diskussion neue Impulse zu geben. Mit der Annahme, demokratische Entscheidungsregeln seien an bestimmte Voraussetzungen gebunden, und dem Versuch, diese Voraussetzungen zu bestimmen, knüpft er an die empirische Demokratieforschung der letzten zwanzig Jahre an. Aber er fragt nicht mehr in unmittelbarem Zugriff, was für eine Sozialstruktur oder welches Bildungsniveau Demokratie voraussetze. Sondern er fragt, welche Art von Konflikt denn überhaupt nach demokratischen Regeln ausgetragen und entschieden werden könne. Und erst auf diesem Umweg, mittelbar also, werden »die ökonomischen Voraussetzungen der Demokratie« zum Thema: Marktwirtschaft und privates Eigentum an Produktionsmitteln als Entlastung der Politik von Konflikten, die nach demokratischen Regeln nicht zu bewältigen wären. Daß das demokratische Regelsystem zusammenbräche, wenn ihm die Last der Primärverteilung des Volkseinkommens aufgebürdet würde, läßt sich als zwingende Gesetzmäßigkeit natürlich nicht nachweisen. Usher kann diese Annahme nur plausibel machen, indem er sich eines einfachen Modells bedient. Aber das gelingt ihm doch erst einmal so weit, daß die Argumentationslast nun bei denen liegt, die anderer Ansicht sind.

Ansetzen könnte der Versuch, Ushers These zu prüfen und weiterzuentwickeln, bei der Paradoxie der Behauptung, zwar könne die primäre Verteilung nicht Sache demokratischer Politik sein, sekundäre, korrigierende Verteilung durch den Staat hingegen sei nicht nur möglich, sondern sogar geboten. Genügt, was Usher zur Begründung dieser Behauptung anführt, nämlich daß die sekundäre Verteilung die Rangordnung innerhalb der Einkommenspyramide nicht mehr verändere? Wie genau lassen sich primäre und sekundäre Verteilung angesichts vielfältiger Marktinterventionen des Staates überhaupt unterscheiden? Die exakte Vermessung des tatsächlichen Verteilungsspielraums, den demokratische Politik zu ihrer Verfügung hat, kann von Ushers These ausgehen; sie ist mit ihr noch nicht geleistet. Kommt man damit weiter, kann auch die normative Diskussion über die Kriterien fortschreiten, die bei Usher das Maß vernünftiger, gerechtfertigter politischer Verteilungskorrekturen abgeben: so viel sekundäre Verteilung, daß die Anerkennung des »Anrechtssystems«, auf dem die primäre Verteilung beruht, nicht gefährdet ist, aber nicht so viel sekundäre Verteilung, daß die primäre Verteilung praktisch aufgehoben wird.

Macphersons Essay ist ein überaus schwacher Kontrapunkt. Er ist schwach, weil Macpherson sich seine Aufgabe zu leicht gemacht hat. Er erledigt sein Problem im Grund definitorisch. Nachdem einmal die definitorische Prämisse gesetzt ist: Demokratie – das bedeute gleiche Entfaltungschancen für jedermann, folgt alles andere von selbst. Ungleichheit in jeder erdenklichen Ausprägung kann mühelos als Ungleichheit der Entfaltungschancen gedeutet werden. Die Kategorie der Chancengleichheit hebt sich da gleichsam selbst auf – wo Chancen, gleiche Chancen, ungleich genutzt werden, wird sich sehr rasch Ungleichheit der Entfaltungschancen als Folge von Chancengleichheit einstellen. Natürlich kollidiert die Freiheit des Marktes mit diesem Gleichheitsmaßstab – aber was ist mit dergleichen banalen Antithesen auf dem von Macpherson gewählten Abstraktionsniveau eigentlich gewonnen? Die Banalität der Beweisführung folgt aus der Absurdität einer Demokratiedefinition, die letzten Endes allein an der Gleichheitsnorm festgemacht ist. Für jede andere gesellschaftliche Ordnung, in der – beispielsweise – nicht alle das gleiche Einkommen beziehen oder in der es Positionen unterschiedlichen Ranges gibt, ließe sich aus Macphersons Prämisse genausogut herleiten, daß sie mit dem Demokratieprinzip unvereinbar sei. Was doch wohl bedeutet, daß am Ende Freiheit mit Demokratie unvereinbar wird. Die Frage, ob die auf Marktwirtschaft gegründete liberale Demokratie in der uns vertrauten institutionellen Gestalt oder Macphersons Rätedemokratie mit einer politisch gesteuerten Ökonomie die bessere Demokratie sei, läßt sich so rasch, so leicht, mit ein paar definitorisch gesetzten Antithesen nicht entscheiden. Dazu gehört eine ungleich differenziertere normative Reflexion und eine ungleich sorgfältigere Analyse aller verfügbaren Erfahrung. Solche Reflexion und Analyse würde es dann auch nicht mehr gestatten, das Konzept der Rätedemokratie gleichsam im Stande der Unschuld zu präsentieren, wie Macpherson es mit erstaunlicher Unbefangenheit tut.

Es ist, nicht überraschend, Dahl, der am entschiedensten den erfahrungswissenschaftlichen Weg einschlägt. Auch wenn seine Argumentationsketten oft von eigentümlicher Blässe sind (vielleicht weil er in seinem Bemühen um Schlüssigkeit dem Leser das Selbstverständliche mit der gleichen umständlichen Sorgfalt vorträgt wie das Nicht-so-Selbstverständliche); auch wenn er mitunter sein Thema, das Pluralismusproblem, aus den Augen zu verlieren scheint; auch wenn am Ende ein Ausweg aus dem Dilemma des Pluralismus nicht gefunden ist – Dahls Studie repräsentiert am ehesten die wissenschaftliche Arbeitsweise, die weiterführen könnte: präzise und klar in der Fragestellung, offen für alle Antworten, streng systematisch in der Entfaltung des Problems, phantasievoll in der Verknüpfung von Gedankenexperiment und Erfahrungsmaterial, souverän in der Verfügung über den Wissensbestand. Ushers These von einem Dahl auf den Prüfstand gestellt – das könnte der nächste Schritt sein.

Die Kehrseite des Paradieses*

Von James Clifford

Die beiden hier anzuzeigenden Bücher handeln von einem wohlbekannten Ort namens Samoa und in unterschiedlicher Weise von dem Problem seiner Beschreibung.[1] Beide ringen sie mit dem Vermächtnis von Margaret Mead. Derek Freemans Arbeit lieferte Schlagzeilen (Meldung auf der ersten Seite der *New York Times*). Mead, so ihr Tenor, hatte unrecht: Die Samoaner sind nicht das sorglose, triebfreundliche Volk, das durch sie bekannt wurde, sondern allen gewöhnlichen menschlichen Spannungen unterworfen. Sie sind gewalttätig; bekommen Magengeschwüre. Nach Freeman war Meads Samoabild das Ergebnis systematischen Wunschdenkens. Auch Bradd Shore widerspricht Mead, aber weniger absolut, und es ist ratsam, seine subtile Untersuchung – mit Sicherheit die bisher beste synoptische Darstellung von Samoa – neben Freemans Polemik zu lesen. Andernfalls bleibt nur der Eindruck eines schroffen Kontrastes: dort Meads gewaltlose, sexuell befreite Pazifikkultur und hier nun das Samoa Freemans, mit seinen schwelenden Spannungen, rigiden Kontrollen und wilden Aggressionsausbrüchen.

Tatsächlich bilden Mead und Freeman eine Art Diptychon, dessen gegensätzliche Tafeln auf eine wiederkehrende Ambivalenz westlicher Menschen gegenüber dem »Primitiven« hindeuten. (Man wird an Melvilles *Taipi* erinnert, ein sinnenfrohes Pazifikparadies, in dem allenthalben der Schrecken lauert, die Gefahr der Gewalttat, Gefühle des Eingesperrtseins.) Shores Buch hingegen läßt diese pastoral-dämonische Ambivalenz weitgehend hinter sich. Es schildert ein facettenreiches Samoa und nimmt die Schwierigkeiten der Kulturinterpretation ernst. Als Ethnograph hat der Autor die besten Referenzen: fünf Jahre Feldforschung, Beherrschung der formellen und informellen samoanischen Dialekte, intensive Arbeit in einem einzelnen Dorf und Vertrautheit mit den Hauptinseln der Region. Dennoch nennt er seine Analyse

---

* Aus *The Times Literary Supplement* vom 13. Mai 1983. Der *Merkur* wird in unregelmäßiger Folge weitere Rezensionen ausländischer Zeitschriften veröffentlichen.

[1] Derek Freeman, *Liebe ohne Aggression. Margaret Meads Legende von der Friedfertigkeit der Naturvölker.* München: Kindler 1983. Bradd Shore, *Sala'ilua. A Samoan Mystery.* New York: Columbia University Press 1982.

des *fa'a Samoa* (des spezifischen Stils oder Brauches von Samoa) ein »Geheimnis«. Manifest ist seine Untersuchung als Detektivgeschichte angelegt – die Aufklärung eines Mordes im Dorf Sala'ilua. Zugleich aber bezieht sich der Untertitel auch auf das Geheimnis einer Lebensweise, die widersprüchliche Elemente umfaßt, ja deren Wesen der Widerspruch selbst sein könnte.

Derek Freeman, ein namhafter Ethnograph des Pazifik, knüpft an neuere Entwicklungen der Soziobiologie an und ist geneigt, jede strikt kulturelle Ableitung menschlichen Verhaltens in Zweifel zu ziehen. Karl Popper gewidmet, präsentiert sich *Liebe ohne Aggression* als eine streng wissenschaftliche »Widerlegung«. Ethnographie aber ist keine Naturwissenschaft, in der eine einzige Ausnahme prinzipiell eine anerkannte Wahrheit als falsch erweisen kann. Ethnographien sind komplexe, realistische Fiktionen, basierend auf Forschungen unter historischen Umständen, die nie restlos zu kontrollieren sind. Auch eine Palette von Gegenbeispielen vermag eine überzeugend illustrierte Darstellung einer Kultur nicht ohne weiteres zu entkräften. Es kann durchaus sein, daß die nicht mit ihr zusammenstimmenden Fakten lediglich auf Unterschieden der Dorfgemeinschaft oder Insel, der Epoche, der Forschungsstrategie, des persönlichen Temperaments etc. beruhen. (So ist Freemans Widerlegung bereits durch Kulturanthropologen kritisiert worden, die darauf abheben, daß er hauptsächlich in einem anderen Teil von Samoa und Jahrzehnte später als Mead arbeitete.) Um eine mächtige Kulturfiktion zu falsifizieren, muß man eine starke und einleuchtende Gegenfiktion an ihre Stelle setzen.

Freeman beginnt mit einem Angriff gegen Meads Forschungsparadigma. In vier Kapiteln unter der Überschrift »Die Entstehung des Kulturdeterminismus« entwirft er eine ideengeschichtliche Skizze der Anlage-Umwelt-Kontroverse in den Jahrzehnten vor 1925, dem Jahr des Aufbruchs der angehenden Ethnographin nach Samoa. Zu jener Zeit, so läuft sein Argument, waren Franz Boas und seine Anhänger in eine heftige Auseinandersetzung mit den Eugenikern in der Nachfolge von Francis Galton verwikkelt. Zwei Erklärungen für die Variationsbreite menschlichen Verhaltens, zwei »mit Feuereifer vertretene Halbwahrheiten«, kämpften gegeneinander um die »absolute Dominanz«. Mead, eine Schülerin von Boas, wurde nach Samoa geschickt, um dort ein Experiment durchzuführen, das ein für allemal den Vorrang kultureller vor biologischen Faktoren beweisen sollte. (Freemans Porträt der jugendlichen Margaret Mead, in der er kaum mehr als ein Werkzeug von »Papa Franz« sieht, ist, um das mindeste zu sagen, herablassend.) Die eifrige Schülerin erfüllte ihren Auftrag mit der Abfassung eines kulturanthropologischen Klassikers, *Kindheit und Jugend in Samoa,* dessen These von der Wandelbarkeit der scheinbar natürlichen Lebensphase der Pubertät rasch zu einem liberalen Dogma wurde.

Es finden sich bei Freeman vielversprechende Ansätze zu historistischen Überlegungen, die solche liberalen Annahmen mit dem utopischen Impuls der zwanziger Jahre in Zusammenhang bringen. Sein Hauptziel jedoch ist eine Diskreditierung des »Boas-Paradigmas«, dessen »absoluten Kulturdeterminismus« er aus Schriften von Boas, A. L. Kroeber, Robert Lowie u. a. belegt. (Bezeichnenderweise gelingt es ihm nicht, Mead selbst bei einer eindeutig deterministischen Äußerung zu ertappen.) Aber Freemans Umgang mit Zitaten – die zu kleinen Partikeln zurechtgestutzt und mit seinen eigenen verstärkenden Aussagen verwoben werden – erweist seinen wissenschaftsgeschichtlichen Abriß als tendenziös. Er zitiert nur extreme boasianische Thesen, ohne Rücksicht auf Einschränkungen, Kontext, Ironie. Der so vermittelte Eindruck, daß Boas der Biologie schlechthin und nicht speziell der rassistischen Pseudowissenschaft der Eugenik feindselig gegenübergestanden habe, ist entschieden irreführend.

Was Freeman aufzeigt, ist das *Ringen* um ein wissenschaftliches Paradigma. Die Anhänger von Boas mußten (wie die Anhänger Durkheims in Frankreich) darum kämpfen, einen Bereich spezifisch »kultureller« (oder »sozialer«) Tatsachen zur Geltung zu bringen. Für Kroeber ging es um »eine antireduktionistische Proklamation der Unabhängigkeit von der vorherrschenden biologischen Erklärung soziokultureller Phänomene«. (Es ist charakteristisch, wie Freeman Kroebers Ansicht durch die Weglassung des qualifizierenden »antireduktionistisch« verschärft.) Wissenschaftshistoriker und -soziologen haben sich mittlerweile daran gewöhnt, den Wettstreit um eigenständige, erkenntnistheoretisch abgesicherte Domänen und Untersuchungsobjekte als einen unabtrennbaren Teil des Wissensfortschritts aufzufassen. Die Wechselbeziehung zwischen ideologischen und wissenschaftlichen, politischen und rationalen Prozessen, vor allem innerhalb der Menschenwissenschaften, ist Thema einer fortdauernden Diskussion. Freeman kennt entweder diese Diskussion nicht, oder er zieht es vor, sie zu ignorieren. Für ihn ist der Kampf der Boasschule um die Durchsetzung eines wissenschaftlichen Paradigmas schlichtweg ideologisch, eine Sache extremer »Glaubenssätze« und »Doktrinen«. Man hat jedoch guten Grund zur Skepsis gegenüber Wissenschaftsgeschichten aus der Feder von Fachvertretern, die sich anheischig machen, die Übertreibungen ihrer Vorgänger von der Warte eines »wissenschaftlicheren Paradigmas« aus zu beurteilen. Wie sich herausstellt, besteht Freemans neues Paradigma lediglich aus einer Reihe von Vorerwägungen zu einer möglichen Theorie biologischer und kultureller Interaktion. Und sein Buch ist selbst, unter dem Deckmantel einer wissenschaftlichen »Widerlegung«, zutiefst polemisch, eine Attacke gegen einen einseitig präparierten Gegner, die ihrerseits Platz für einen neuen Problemzugang zu schaffen sucht.

In Wahrheit läßt sich Freeman nirgendwo im Ernst auf ein gewichtigeres »kulturistisches« Argument ein und übergeht die differenziertesten modernen Ausprägungen des »Kulturismus«, die hermeneutisch und semiotisch arbeiten. Er erprobt seine Geschütze an einer schwachen Position, an Margaret Meads frühen Samoaforschungen, deren Problematik in kulturanthropologischen Kreisen längst kein Geheimnis mehr ist. In den zehn Hauptkapiteln seines Buches wird Freemans Argumentationsmuster dem Leser bis zum Überdruß vertraut. Jeder Abschnitt beginnt mit einigen besonders zugespitzten Verallgemeinerungen Meads, ohne auch nur im geringsten ihr Belegmaterial, ihre Einschränkungen oder ihre spezielle Art der Auswertung zu würdigen. An diese knappen Zitate schließen sich massierte Gegenbeispiele an, die Freeman unkritisch aus historischen Berichten und eigenen Feldforschungen zusammenträgt. Im Gegensatz zu Meads Behauptungen werden also samoanische Kinder durchaus hart bestraft; Vergewaltigung ist häufig, es herrscht eine heftige Statuskonkurrenz, die Belastungen der Pubertät können zu kriminellem Verhalten führen. Aber 150 Seiten Overkill zeigen nur immer wieder, was jeder Interessierte bereits wußte (und was bei einer aufmerksamen Lektüre von *Kindheit und Jugend in Samoa* ins Auge springt): daß nämlich Mead ein verkürztes, idealisiertes Bild zeichnet, das unverhohlen darauf abzielt, der westlichen Welt eine moralische, praktische Lektion zu erteilen. Auch Freeman bietet keine ausgewogene Darstellung Samoas, sondern häuft gnadenlos, ja zwanghaft immer neue Belege für Unterdrückung und Gewalt aufeinander. Offensichtlich soll damit mehr zum Ausdruck gebracht werden als lediglich, wie Freeman selbst sagt, die »dunklere Seite« des Lebens in Samoa. In einer aufschlußreichen Passage am Ende räumt er dies auch ein, wenn er Meads »apollinischen« Sinn für kulturelle Balance mit der »dionysischen« Menschennatur der Biologie (der Sphäre des Elementaren, der Gefühle etc.) konfrontiert. Was aber ist der wissenschaftliche Status einer »Widerlegung«, die sich so nahtlos in ein Gegensatzschema der westlichen Mythologie einfügt?

Freemans Einwände gegen Meads Feldforschungen – ihre unvollkommene Kenntnis des Samoanischen, die relativ kurze Dauer ihres Aufenthalts, ihre Beschränkung auf eine kleine Gruppe von Informanten – treffen einen wesentlichen Punkt. Aber diese Mängel sind, dank der Freimütigkeit der Autorin, altbekannt; und Freeman versäumt unfairerweise zu erwähnen, daß viele frühen Klassiker der Ethnographie an ähnlichen Unzulänglichkeiten kranken. Im übrigen ergeht sich Freeman, wo er sein eigenes Samoabild entwickelt, in derselben Art absolutierender Aussagen wie Mead. Er redet von einem »samoanischen Ethos«, basierend auf Mut und Zähigkeit, und von einer »Kultur, in der Gewalt verherrlicht wird«. Gelegentlich führt er Samoaner an, die Sätze sagen wie: »In diesem Land bedeutet Wettbewerb sehr viel.« Aber auch hier bringt er nur kurze Zitate, und seine Gewährsleute bestätigen durchweg sehr buchstäblich seine eigene Meinung.

Im Gegensatz dazu bietet Bradd Shore längere und dichtere Deutungen von Samoanern. Er hat sich außerdem eine besonders wirksame Methode einfallen lassen, um die Komplexität samoanischer Selbstwahrnehmung zu vermitteln, indem er regelmäßig etwa ein Dutzend von Äußerungen zum selben Thema aneinanderreiht, die uns recht unterschiedliche Einschätzungen und Akzente hören lassen – samoanische Variationen statt einer samoanischen Wahrheit.

Shore setzt sich ständig mit der Schwierigkeit des interkulturellen Vergleichs auseinander, während Freeman Begriffe und Kategorien benutzt, ohne sich sonderliche Skrupel bezüglich ihrer Übersetzbarkeit zu machen. So glaubt er z. B., Meads Behauptung, daß es in Samoa »keinen Raum für Schuld« gebe, durch die Mitteilung einiger samoanischer Aussagen, die – in der Übersetzung – das Wort »Schuld« enthalten, und durch den Hinweis auf Gelegenheiten für öffentliche »Schuldbekenntnisse« erledigen zu können. Ein evident fragwürdiger Ausdruck und Begriff, für den kein samoanisches Äquivalent oder »semantisches Feld« benannt wird, bewegt sich hier allzu glatt von Kultur zu Kultur.

Das Desinteresse an Übersetzungsproblemen macht sich besonders störend in Freemans Verwendung vergleichender Statistiken bemerkbar. Er stellt britische, amerikanische und samoanische »Delinquenzraten« einander gegenüber, ohne jede Rücksicht auf die unterschiedlichen Definitionen von »Delinquenz«, die in die jeweiligen Erhebungsdaten eingebaut sind. Es gelingt ihm sogar, aus Meads anekdotischen Angaben über ihre 25 Hauptinformantinnen eine Delinquenzrate für jugendliche Samoanerinnen zu destillieren. Wer statistische Argumente ernst nimmt, wird ein derartiges Verfahren kaum überzeugend finden. In journalistischen Reaktionen auf Freemans Buch sind vor allem seine Zahlen über Vergewaltigung in Samoa herausgestrichen worden. (Vielleicht entdeckt jede Epoche ein Samoa, das ihren eigenen Obsessionen entspricht: die zwanziger Jahre fanden sexuelle Freizügigkeit, die achtziger Vergewaltigung.) Aus Polizeiakten der jüngsten Vergangenheit errechnet Freeman eine prozentuale Häufigkeit, die doppelt so hoch ist wie in den USA, und gelangt darauf zu der zitierenswerten Feststellung: »Tatsächlich gibt es in der ganzen Welt wenige Länder, in denen ähnlich viele Vergewaltigungen registriert werden wie in Samoa.« Grundlage dieses Urteils sind Prozentziffern für eine Reihe beliebiger Länder, die jedoch ganz unreflektiert herangezogen werden: es fehlt dabei jeder Hinweis auf ihre zweifelhafte Zuverlässigkeit oder auf die genaue Bedeutung desselben Tatbestands unter verschiedenen kulturellen Rahmenbedingungen. Nach Freemans eigenen Ausführungen ist Vergewaltigung in Samoa etwas anderes als das Verhaltensmuster sexueller Gewalt, wie es anderswo verbreitet ist. Sie richtet sich hauptsächlich gegen Jungfrauen, und die meisten ihrer Opfer sind unverheiratete Mädchen, die auf diese Weise zur Ehe gezwungen werden sollen (wobei sich die Vergewaltigung auf die erschlichene Durchbohrung des Hymen mit den Fingern beschränken kann). Über die Hälfte der Fälle in Freemans Erhebung scheint in diese Kategorie von Notzuchthandlungen zu gehören. Ganz gewiß hebt er einen gewalttätigen Aspekt des samoanischen Sexuallebens hervor, der von Mead heruntergespielt wurde. Aber die scheinwissenschaftliche Genauigkeit seiner Vergleichszahlen und seine schlichte Gleichsetzung der samoanischen und amerikanischen »Vergewaltigung« geben Anlaß zu ernsten Bedenken.

Mißtrauisch stimmt auch die Tatsache, daß Freeman dem Faktor des Geschlechts im Hinblick auf seine eigenen und die Forschungen Meads keine Beachtung schenkt. Meads Hauptinformanten waren jugendliche Mädchen. Die Informanten, auf die er sich beruft, sind ganz vorwiegend Männer; seine Statistiken beziehen sich fast ausschließlich auf männliche Gewalttaten; und die Züge der samoanischen Kultur, die er besonders betont – die oft ritualisierten Formen des Wettstreits um Status und Rang –, sind wiederum stark an Männer gebunden. Wenn Mead den Fehler beging, aus Mitteilungen ihrer jungen weiblichen Gewährsleute allgemeine Schlüsse für »Samoa« als Ganzes abzuleiten, so beschreibt Freeman ein Samoa männlicher Werte und Eigenschaften. Angesichts neuerer Untersuchungen, die zeigen, daß andere pazifische Kulturen aus gesonderten – wenngleich interdependenten – Domänen für Männer und Frauen bestehen, ist es zumindest merkwürdig, daß Freeman die Frage des Geschlechts übergeht. Sein eigenes Resümee über »Das samoanische Ethos« legt den Akzent auf männliche Qualitäten wie Konkurrenzstreben, Aggressivität, Mut und Anspannung. Ähnlich den Griechen des Thukydides, so heißt es, »schämen sich« die Samoaner »ebenso, die Zweiten zu sein, wie sie stolz sind, die Ersten zu sein«. Margaret Mead hingegen habe dadurch, daß sie die aggressive »dunklere Seite des samoanischen Lebens« vernachlässigte, die Mitglieder dieses »komplex-menschlichen« Volkes zu »charakterlosen Schemen« reduziert. Wer *Kindheit und Jugend in Samoa* gelesen hat, das auf seine Weise durchaus ein komplex-menschliches Porträt entwirft, muß wohl zu dem Verdacht kommen, daß der Streit sich letztlich um unterschiedliche Begriffe von »Charakter« dreht.

Vielleicht das gravierendste Versäumnis Freemans ist literarischer Natur. Er beschäftigt sich nie mit Mead als Schriftstellerin, sondern pickt sich aus ihren Arbeiten lediglich vereinfachende Schlußfolgerungen und isolierte Fakten heraus, die er dann »widerlegt«. Damit ignoriert er, daß jede Kulturbeschreibung (einschließlich seiner eigenen) ein Ensemble von Anekdoten, Erzählungen, Deutungen, typischen Ereignissen oder Charakteren, Allegorien, Teilargumenten darstellt – kurzum, eine komplexe rhetorische Leistung. Nichts dergleichen wird von Freeman gesehen.

Nach seinem Parforce-Unternehmen, das Kultur als einen Wahr-oder-Falsch-Test behandelt, ist es ein wahres Labsal, sich dem Buch von Shore zuzuwenden, das prononciert einer samoanischen »Leidenschaft für Komplexität« gerecht zu werden versucht. Die Version von *Sala'ilua* läßt Raum sowohl für die Balance und Flexibilität, die Mead schildert, als auch für die dunkleren, gewalttätigeren Aspekte Freemans. Doch stehen die letzteren nicht so beherrschend im Vordergrund wie in *Liebe ohne Aggression* und werden nicht als eine Wiederkehr des Verdrängten aufgefaßt, als eine Art Bodensatz einer biologischen Menschennatur. Spannung, Leidenschaft, Aggressivität sind immer vielschichtige, vermittelte Reaktionen.

Shore schreibt: »Eine Sache kompliziert zu machen und auszuspinnen, bedeutet in Samoa, das *fa'a Samoa* zu feiern, eine als vieldimensional verstandene Welt zu bereichern. Wie ein Mensch, so hat auch die soziale Welt in den Augen der Samoaner viele ›Seiten‹ und ›Teile‹ und ist nur in ihrem jeweiligen Kontext zu begreifen. Das Ganze läßt sich nicht auf irgendeine einfache Monade reduzieren, denn eine solche Vereinfachung der Struktur ist eine Art Tod.« Shore stellt das samoanische Leben als diskontinuierlich dar, als eine Reihe von »Kontexten« (ein Terminus, der in seiner Analyse vielerlei Zwecke erfüllt und eine kritischere Prüfung vertragen könnte). Im Vorübergehen klärt er auch ein Problem, auf das, wie er sagt, alle kulturanthropologischen Feldforscher in Samoa stoßen. Autoritative Aussagen, selbst über nicht-kontroverse Sachverhalte, werden dort ständig durch andere Autoritäten oder durch dieselbe Person in einer neuen Situation bestritten. Man muß sich an einen durchdringenden Stil des Kontextwechsels gewöhnen, in dem widersprüchliche Wahrheiten oft als komplementäre Gegensätze ausgegeben werden.

Shores dialektische Betrachtungsweise mag eine Erklärung bieten für die voneinander abweichenden Samoas, die Mead und Freeman beobachtet haben. In einem bemerkenswerten Kapitel über die Persönlichkeit schlägt er ein samoanisches Äquivalent für das abendländische »Erkenne dich selbst« vor: »Nimm Rücksicht auf die Beziehung«. Es ist wahrscheinlich, daß Meads Informantinnen »Rücksicht auf die Beziehung« zu ihrer Ethnographin nahmen und sie nicht etwa, wie Freeman unterstellt, bewußt »an der Nase herumführten«. Einer ausgesprochenen Fälschung, selbst wenn sie im Spaß geschah, wäre eine so scharfsichtige Forscherin wie Mead schwerlich über sechs Monate hin aufgesessen. Aber kontextsensible Samoaner werden rasch erkannt haben, an welchen Aspekten ihrer Kultur Mead interessiert war, und werden daraufhin diese »Facette« ihrer selbst ausgesponnen haben. Mead hielt bis an ihr Lebensende und trotz starker empirischer Gegenbeweise, die sie akzeptierte, an der Überzeugung fest, daß ihr Samoabild nicht falsch war. Shores These von der Kontextvielfalt läßt vermuten, daß sie tatsächlich eine samoanische Wahrheit erfuhr und aufzeichnete, wenn auch gewiß nicht *die* Wahrheit von Samoa. Es ist sehr erhellend, wenn Shore erzählt, wie seine eigenen Gewährsleute ihre Ansichten änderten, um sie einer neuen Situation und oft genug seiner eigenen Gegenwart und seinen Fragen anzupassen.

Mit Hilfe von Gregory Batesons Theorie der »Schizogenese« zeigt Shore auf, wie Widerspruch und Paradox – ohne aufgehoben zu werden – in typisch samoanischer Weise strukturiert werden können. Doch selbst nach dieser eingehenden, differenzierten Untersuchung entzieht sich das *fa'a Samoa,* die samoanische »Kultur«, unserem Zugriff. Um die Ungereimtheiten samoanischen Verhaltens unserem Verständnis nahezubringen, muß Shore eine Menge kulturanthropologischer Theorie über »Dualsysteme« bemühen. Er entdeckt eine zugrundeliegende »Schablone sozialer Ordnung«. Was Samoaner zu Samoanern macht, ist offenbar dies, daß sie – selbstschöpferisch und unbewußt – Strukturalisten sind. So löst der kulturanthropologische Detektiv zu seiner Zufriedenheit das samoanische Geheimnis.

In seinem Schlußwort freilich eröffnet Shore den Prozeß von neuem: »Die Tatsache, daß wir die Muster, die das samoanische Leben prägen, einsichtig machen und in ihnen vielleicht sogar ein Stück unseres eigenen Lebens erahnen konnten, deutet über Samoa hinaus auf etwas anderes hin. Aber das ist ein neues, tieferes Geheimnis.« In dem Maße, in dem Ethnographen mehr und mehr »auf ihre Beziehungen sehen«, werden sie vielleicht auch zu einem besseren Verständnis ihres Faches, ihrer Erklärungen und Allegorien gelangen, so wie es Shore für das *fa'a Samoa* vorführt – »eine Doppelvision, mit deren Hilfe sie sich selbst zu einem Ganzen machen«.

(Aus dem Englischen von Michael Schröter)

Die Tragik des Mittelmäßigen

Über Emmanuel Bove

Es ist ihm nur zu Lebzeiten gelungen, bekannt und unbekannt zugleich zu sein: Emmanuel Bove. Sein Werk: zwanzig veröffentlichte und drei unveröffentlichte Romane, eine große Anzahl von Novellen und Erzählungen. Weil kein Werk mehr ohne seinen Autor verkauft wird, hat der Pariser Verlag Flammarion, der 1977 auch die Wiederentdeckung Boves einleitete, ein kleines Heftchen mit biographischen und bibliographischen Angaben herausgegeben. Auf diesen 37 Seiten findet sich fast alles, was wir heute über ihn wissen und wahrlich genug Material für eine spektakuläre Schriftstellerexistenz: 1898 wurde er in Paris geboren als Sohn eines russischen Anarchisten, der vor der Polizei des Zaren fliehen mußte, und eines Dienstmädchens aus Luxemburg. Ein unstetes Leben führt ihn quer durch Europa. Er nimmt kurzfristig Arbeiten an als Straßenbahnfahrer, Kellner, Hilfsarbeiter und Taxifahrer. Dann das fanatische Schreiben. Die Erfolge. Die Krankheit zum Tode. Der Tod im Juli 1945 in Paris. Wie in idealen Biographien muß natürlich auch hier alles darauf hindeuten, daß der kleine Emmanuel später ein großer Schriftsteller wird: mit vierzehn hat er sich entschlossen zu schreiben. Sein unstetes Leben hat er nur geführt, um Erfahrungen für seine Romane zu sammeln. Natürlich wird er seine Romane später in den berühmten Cafés am Montparnasse und am Boulevard Saint Germain schreiben... Der tote Bohemien taugt immer noch und immer wieder zur Apotheose der Individualität.

Aus Emmanuel Bove, diesem Unsichtbaren, läßt sich kein spektakulärer Verschollener machen. Wohl aber muß man in seiner Unauffälligkeit einen der Gründe sehen für sein Verschwinden, mehr noch: für die völlige Abwesenheit seines Werks in den Annalen und dem Gedächtnis der Literaturgeschichte.

1950 wurde Beckett gefragt, welchen Schriftsteller er am nachdrücklichsten empfehlen würde, und er antwortete: »Emmanuel Bove. Wie niemand sonst verfügt er über das treffende Detail.« Sicher eine Hommage an den früh verstorbenen Kollegen, aber auch ein Abschied, denn Beckett und die Seinen hatten etwas ganz anderes im Sinn als das »treffende Detail«. Bove ist der Meister des Details – wie keiner vor ihm, wie keiner nach ihm. Weit davon entfernt, eine Manie oder eine Leidenschaft zu sein, ist die Detailbesessenheit vielmehr ein strenges literarisches Prinzip. Eine Dinglichkeit, eine Aufdringlichkeit der Wirklichkeit, die die Wirklichkeit an den Rand ihrer selbst bringt, sie mit Unwirklichkeit bedroht: »Ein anderes Zimmer ist belegt von einem alten Mann. Er ist schwer krank und hustet. Sein Stock hat unten einen Gummiaufsatz. Seine Schulterblätter bilden hinten zwei Höcker. Eine Ader läuft über seine Schläfe, zwischen der Haut und dem Knochen, reliefartig. Sein Rock reicht nicht mehr bis an die Hüften und flattert, als seien die Taschen leer. Dieser arme Kerl schleppt sich von einer Stapfe zur anderen ohne dabei das Geländer loszulassen.«

Ein beliebiges Zitat aus Emmanuel Boves erstem Roman *Meine Freunde*, in der glänzenden Übersetzung von Peter Handke.[1] Da klammert und verkrallt sich ein Zuschauer in die Wirklichkeit und hat doch nur ein totes Spiegelbild. Es ist die Genauigkeit, die die Welt verhüllt. Die Welt Emmanuel Boves ist eine Welt voller Gesten, die wir durch eine dicke Glasscheibe sehen; zu den Tönen, zum Kontext der Gesten dringen wir nicht durch. – Oder will er sagen: es gibt keinen Kontext?

Meine Freunde hat Bove 1922/23 geschrieben. Vom Schreiben in einem anderen Sinn lebt er schon damals: »Ich habe begonnen mit Hunderttausenden von Zeilen für volkstümliche Romane. Ich machte hundert Zeilen in der Stunde, 800 am Tag, d.h. einen Band in 10 oder 12 Tagen. Eine Arbeit, die der des Schriftstellers völlig fremd ist. Es ist, als ob ich in jener Zeit einen anderen Beruf ausgeübt hätte.«

Meine Freunde erscheint 1924, übrigens auf Bitte und Anraten der Colette hin. Es ist ein Roman um den Weltkriegsinvaliden Victor Bâton, zu deutsch: Victor Stock. Stocksteif – eine Gliederpuppe – macht er sich auf, Liebe, Freundschaft, Wärme, Heimat zu finden. Der Titel versteckt, was uns in Wirklichkeit erwartet – die Verlorenheit des modernen Menschen: Victor Bâton ist in gewisser Weise ihr Inbegriff. Er steht auf einer Ebene mit Franz Biberkopf aus Alfred Döblins fast zeitgleichem Roman *Berlin Alexanderplatz*. Gleich diesem ist auch hier die materielle Armut nur Korrelat der sozialen und menschlichen Armut. – Von einer kleinen Rente am Leben erhalten, vom dünnen Faden des sozialen Netzes vor dem Letzten bewahrt, ist Victor Bâton doch ein Asozialer: er gehört zu nichts und niemandem. Und sein einziger Anhaltspunkt: er selbst. Aber dieses »Selbst« verkürzt sich auf diffuse Sehnsüchte zum einen und auf ein rechenhaftes Registrieren zum andern. Er, der aus seiner Misere ausbrechen will, ist eingeschlossen in seinen Kalkül, mit dem er nichts aus sich heraus und nichts an sich heran läßt. Ständig inszeniert er sich und spielt Rollen und bleibt doch sein einziger Zuschauer: »Ich hatte nicht vor zu sterben; aber Mitleid zu erwecken, das hat mir oft gefallen. Kaum näherte sich ein Passant, so verbarg ich das Gesicht in den Händen und schniefte wie jemand, der gerade geweint hat. Die Leute, im Vorübergehen, drehten sich um. – In der Woche davor hätte ich mich fast ins Wasser fallen lassen, um wenigstens aufrichtig zu erscheinen.«

In einer kalten und unbeweglichen Sprache, die alles entziffert, aber doch nichts versteht, versickert die Heimatsuche des Victor Bâton im Kümmerlichen. Sie hat nichts Erhabenes, nichts Passioniertes. Aber es gehört zur Kunst Emmanuel Boves, aus dem läppischen Scheitern noch eine Tragödie zu formen. Das Leben verzehrt sich in leisen Tönen, beim Leser kommt der Schmerz dieses Mittelmäßigen als Schreien an.

Der Roman wurde ein großer Erfolg. Sascha Guitry widmete ihm eine enthusiastische Besprechung. Rainer Maria Rilke wurde auf Bove aufmerksam. Er lernte ihn übrigens auch bald danach kennen. In einem Brief an seinen französischen Übersetzer Maurice Betz schreibt er über Bove: »In meiner Jugend hatte man noch die Gewohnheit, sich die

[1] Von Emmanuel Bove liegen auf deutsch vor: *Meine Freunde* (1981) und *Armand* (1982), beide Suhrkamp; *Flucht* (1983) im Verlag Köln '78. Bei Flammarion in Paris erschienen 1983 neu *Journal écrit en hiver* und *Henri Duchemin et ses ombres*.

Handschuhe ›nach Maß‹ machen zu lassen; die Hand dem Handschuhmacher hinzuhalten war eine sehr sonderbare Empfindung. Bei der Lektüre des neuesten Buches von Bove ist mir diese ganze Erinnerung wiedergekommen, das körperliche Gefühl der den Berechnungen ausgesetzten Finger inbegriffen.«

Im Oktober 1926 erscheint Boves zweiter Romen *Armand*. Auch hier wieder die Monologe einer unbewegten Innerlichkeit, der gleiche Ton, die Beobachtung, die Maß nimmt. Armand ist niemand anders als Victor Bâton – ganz so, als ob er am Ende des ersten Romans nicht noch tiefer abgestiegen, sondern eine Stufe die Leiter hochgeklettert wäre. Armand kommt zwar aus einer ähnlichen Dachkammer wie Bâton, aber er hat eine Freundin gefunden, die ihn zum Günstling ihres bescheidenen Wohlstandes gemacht hat.

In diesem Roman weitet Bove eine Episode aus, die sich schon in *Meine Freunde* angedeutet hatte. Armand ist von einer flüchtigen Zuneigung zur Schwester seines Freundes Lucien erfaßt. Aber niemand begreift die diffuse Psychologie dieser Zuneigung weniger als gerade Armand. Mit dieser sprachlosen, zarten Leidenschaft für Marguerite verläßt Armand ein einziges Mal das Schachbrett seines Lebens, wo alles nach bestimmten Regeln abläuft, wo man selbst so berechenbar ist, wie der andere berechenbar und berechnend ist. Der Gescheitere gewinnt. Aber Armand hat die Regeln gebrochen; Lucien hinterbringt diesen harmlosesten aller Zwischenfälle Armands Geliebten. Diese zieht ihre Konsequenzen und schickt ihn dahin zurück, wo sie ihn aufgelesen hat, wohl auch »wegen seiner Frechheit gegenüber denen, die ihm wohlwollten«. Quälend minuziös überdehnt Bove diese Episode zum Roman. Von nichts zu nichts, möchte man fast sagen, führt die Handlung. Ein Sturm im Fingerhut. Aber erinnern wir uns: das ist der Ort der Tragödie des Mittelmäßigen. Vielleicht es es der Ort unser aller Tragödie. Denn Bove ist der Seismograph einer unsichtbaren Grund- und Hauptbelastung unseres Lebens: Der lautlose Kampf um Orientierung, das Ringen mit den Spielregeln, die nirgends stehen, die aber eingebrannt sind in unsere Angst, sie zu verletzen, in die Angst, aus dem angenehmen Nichts in das elende Nichts zurückzufallen.

Alle Helden bei Bove scheitern. So auch der Tagebuchschreiber des *Wintertagebuchs,* das 1930 erstmals und 1983 bei Flammarion in Paris neu erschienen ist. Auch hier die konzentrierte Atmosphäre eines Schachspiels. Im Duell stehen das Ehepaar Louis und Madelaine Grandeville. Der eine denkt, was der andere denken mag, man kennt sich genau, weil man genau so ist wie der andere. Das Tagebuch ist die Buchführung über den Spielstand.

Die Welt Emmanuel Boves ist wie ein gekacheltes Laboratorium, in dem sich Forscher aller Art gegenseitig ihre Gesten entziffern. Der Leser versucht, durch ein Guckloch das Entziffern zu entziffern. Bove führt uns oft auf das Glatteis des Artifiziellen. Wir wissen es nicht mehr: ist die Welt ein Laboratorium, oder ist es Boves wissenschaftliche Versuchsanordnung von Welt? Boves Personal besteht aus erzwungenen oder freiwilligen Müßiggängern. Keiner arbeitet. Man ist Rentier, Pensionär, Invalide oder sonstwie arbeitslos. Es ist, als ob in diesem Klima die Saat am besten aufgehen könnte. In diesen Treibhäusern gedeihen die Ängste und Zweifel, blüht die Neurose der Freiheit, denn die Freiheit heißt hier einfach: alles ist möglich, und man selbst immer unmöglich. Boves Figuren erleiden ihre Freiheit. Die Freiheit ist der Zwang schlechthin, sie bedroht mit ihrer Offenheit, sie erst fordert jenen Zwang zur Orientierung heraus.

»Ich kann nicht alleine sein und ich verachte die Welt. Ich liebe Madelaine und zugleich liebe ich sie nicht«, sagt Louis Grandeville, er sagt es in vielen Variationen. Die Leere fordert Posen, Fassaden, die das Nichts zusammenhalten. Eine immer unglückliche Traumchoreographie, die die Räume durchschwebt, aber niemals die Leere füllt. Bove entläßt auch im Scheitern seine Figuren nicht aus dem Wahn. Noch dem gepreßten Ton von Traurigkeit nimmt er die Reinheit. Victor Bâton, Armand, Louis Grandeville – keiner, der nicht auch die Trauer des betrogenen Gerechten trauert. Boves Menschen, diesen ferngesteuerten Menschen – aber von wem und wie? – fehlt alle Spontaneität, Intuition und Innerlichkeit. Da, wo man Menschen erwartet, Menschliches, haben seine Sätze das Metrum eines Registrierkassenklingelns. Dieses Fehlen ist das ständige Thema dieses Schriftstellers. Da, wo Spontaneität und Innerlichkeit auftauchen, wie etwa bei Armands plötzlichem Liebesbegehren, führen sie die sofortige Bestrafung herbei.

1928 steht Bove im Zenit seiner Produktivität. Nur wenige Jahre nach seiner ersten Veröffentlichung erscheinen in einem Jahr vier Romane, acht Novellen und eine Erzählung. Freilich muß man einräumen, daß seine Romane in der Regel 200 – zudem großzügig eingerichtete – Seiten nicht überschreiten. Und es fällt weiter auf, daß die Kapitel einiger Romane jeweils Erzählungen für sich sein können. Abgeschlossene Ansichten, Szenen, Tableaus eines gesellschaftlichen Ensembles mit wechselnden Protagonisten und Statisten. Aber wie die einzelnen Kapitel ineinandergreifen und den Spannungsbogen eines Romans ergeben, so greifen die Romane und Erzählungen insgesamt ineinander, und statt sich in erzählerischen Kleinformen zu erschöpfen, merkt man bald, daß Boves Œuvre von der monumentalen Idee eines erzählerischen Zyklus inspiriert ist.

Man denkt an Balzacs *Menschliche Komödie,* und gewiß teilt Bove mit Balzac die Idee vom immergleichen Menschen; er teilt mit ihm die besessene Produktivität; er übernimmt die Idee des Romanzyklus, die Idee einer epischen Totalität – und doch trennt ihn fast alles von Balzac. Denn während Balzac zum Teil einfach informiert und dokumentiert, ins Bild setzt über die Sitten in Paris und auf dem Land, wandelt sich die Funktion des Romans schon seit und infolge von Gustave Flaubert ganz erheblich. Der Text gewinnt eine eigene Wirklichkeit vor der geschilderten Wirklichkeit, eine gelegentlich sogar hochgradige Unabhängigkeit. Und gerade mit dieser Differenz zwischen Roman und Wirklichkeit spielt Bove. Die Kunst des Details, von der Beckett sprach, scheint uns mitten in eine Welt zu werfen, in eine fast übergenaue. Doch in Wahrheit steht alles zwischen den Zeilen. Victor Bâton, jener mickrige Tragöde, wir kennen die Rundung seiner Knie, die sorgfältig verborgene Verschlissenheit seines Kragens, den Sitz seines Scheitels – er könnte vor uns sitzen und mit uns sprechen, wir würden ihn nicht erkennen. Bove zitiert den Realismus eines Balzac, eines Zola, dann aber wirft er über ihn das gleißende Licht seiner kurzen Sätze, legt dem von aller Welt verlassenen Frühinvaliden eine klassische Schriftsprache in den Mund und läßt die Dinge von den Menschen zeugen, die Details verzehren die Handlung. Seine Sprache befreit die Dinge vom Zusammenhang (damit nimmt er übrigens schon ein Stilmittel des Nouveau roman vorweg). Die Prosa, die Poesie geworden ist, verwandelt die Wirklichkeit in Unwirklichkeit. Allein, die Unwirklichkeit ist. Gezeugt zwischen den Zeilen des Romans, ist sie Spiegelbild des Unsichtbaren, ist sie eben nicht dokumentierbar, ihre Referenz ist die Kunst.

In diesem Sinne kann es auch kaum erstaunen, daß so etwas wie Handlung bei Bove so gut wie keine Rolle spielt. Am 15. November 1936 schreibt Bove in sein Tagebuch: »Habe über meinen nächsten Roman nachgedacht. Seltsam: Ich kenne bereits alles, nur das Thema nicht. Es gibt nichts Blockierenderes als diese ewige Suche nach einem handlungsfähigen Thema. Jean Fayard hat mich gestern besucht. Er sagt: ›Man muß zunächst ein gutes Thema haben. Schauen Sie sich die Russen an, Bove.‹ Ich bin überhaupt nicht seiner Meinung. Es ist der Ton, der die Größe der Russen ausmacht. Die Themen der französischen Feuilletonisten sind genauso großartig wie die Themen Fjodor Michailowitsch Dostojewskis.«

In den dreißiger Jahren verlangsamt sich Boves Produktivität erheblich. 1942 emigriert er nach Algerien, gleich vielen seiner Schriftstellerkollegen, die er dort trifft und mit denen er im antifaschistischen Widerstand arbeitet. Er schreibt noch drei Romane, die erst nach seinem Tod herauskommen.

Am Ende seines Lebens steht der folgende Text, den der Dr. Louis Pictet am 13. Juli 1945 verfaßt hat. Er hätte von Emmanuel Bove stammen können. Übergenau und faktenreich: »Monsieur Emmanuel Bove verstarb heute morgen gegen 8 Uhr an Auszehrung und Herzversagen, das durch eine Serie äußerst heftiger Sumpffieberanfälle herbeigeführt wurde.«

Walter van Rossum

Der dreifaltige Teufel

Feuchtwanger und Frankreich

»Breit, niedrig, einsam stand es an einer kleinen Bucht, rosigbraun, verwittert, auf nicht hoher Klippe. Dahinter erhoben sich Hügel mit Ölbäumen, Reben und, vor allem, Pinien. Die Straße erstieg in rundem, klarem Schwung die Klippe … Vor dem Haus war nur das Meer und, sanft fallend, besonnt, sandiges Gelände, gesäumt von einer dichten Schonung junger, niedriger Pinien, die die Klippe hinunter zum Meer krochen.« Ein Haus, in dem gut schreiben ist, eine idyllische Enklave, ein paradiesischer Flecken an der französischen Mittelmeerküste. Dr. Gustav Oppermann, jüdischer Publizist und Privatgelehrter, aus Berlin geflohen, kurz bevor ein SA-Schlägertrupp sein Haus am Grunewald verwüstet, mietet sich ein. So geschieht es in Lion Feuchtwangers Roman *Die Geschwister Oppermann*, dessen Exilproblematik des Autors eigene Situation reflektierte. Zum Zeitpunkt der Machtübergabe an Hitler war der überaus einflußreiche, bereits einmal zum Nobelpreis vorgeschlagene Erfolgsautor von *Jud Süß* (1925), *Erfolg* (1930) zu seinem Glück auf Vortragsreise in den USA, wo er warnte: »Hitler means war«, wo er aber auch hoffte: »Hitler is over.«

Doch Hitler blieb, und Feuchtwanger kehrte nie wieder nach Deutschland zurück; er ließ sich in Sanary-sur-mer nieder: »Ein malerisches Fischerdorf mit einem Hotel, zwei oder drei Cafés und ein paar schmucken Villen. In der stattlichen Villa haust, wie sich's gehört, Lion Feuchtwanger, ein zäher Arbeiter, dabei immer munter und guter Dinge. Warum sollte er nicht lustig sein? Er glaubt an den Fortschritt und schreitet übrigens seinerseits von einem Erfolg zum anderen. ›Die Geschwister Oppenheim‹,« – der Titel wurde später geändert – »die er gerade bei Querido hat erscheinen lassen, sind die wirkungsvollste, meistgelesene erzählerische Darstellung der deutschen Kalamität.« (Klaus Mann, *Der Wendepunkt*) Konzipiert war der Oppermann-Stoff ursprünglich als Filmskript, angeregt vom englischen Premierminister Ramsey McDonald, der das Interesse der Weltöffentlichkeit auf die Errichtung der Diktatur in Deutschland lenken wollte. In knapp zwei Monaten verfaßte Feuchtwanger, in Zusammenarbeit mit dem englischen Drehbuchautor Sidney Gilliat, das gewünschte Skript. Doch kaum war es fertig, drehte der politische Wind in

Richtung Appeasement: England beschloß, »Hitler hinzunehmen« – der Film wurde nicht gedreht, Feuchtwanger arbeitete den Stoff zum Roman um.

Die Fernsehverfilmung der *Geschwister Oppermann* durch Egon Monk[1] aus Anlaß des 50. Jahrestages der »Machtergreifung« markierte 1983 den vorläufigen Höhepunkt einer erstaunlichen Feuchtwanger-Renaissance, die 1984, zu seinem 100. Geburtstag, kulminieren wird – ausgerechnet mit jenem Werk, das der erste und noch ganz unmittelbare Reflex des Autors auf seine Vertreibung und die Jahre des Exils war, denen die Jahre des Vergessens folgen sollten. Monks Zugriff auf das Buch, die ganz unprätentiöse, quälende Präzision seiner Bilder, geriet zwar traditionalistisch, kam damit aber Feuchtwangers sachlicher, unartifizieller, den Bereich des Dokumentarischen streifender Diktion sehr nahe. Anders als die siebenteilige TV-Version des Romans *Exil*, die 1981 den bis dahin weithin vergessenen Feuchtwanger einem breiten Publikum wieder in Erinnerung brachte, verzichtete Monk auch auf die Ausbeutung des kolportagehaften Zugs, jenes »Elements des *Graf von Monte Christo*«, das fast allen Werken des Bestseller-Autors eingeschrieben ist (die Gesamtauflage dürfte heute annähernd bei 10 Millionen liegen), wie eine höchst informative Einführung in Leben und Werk anmerkt.[2]

Feuchtwanger hatte kein Interesse an der Produktion hermetischer Kunstwerke, sieht man von seiner ästhetizistischen Frühphase ab, die mit dem Ersten Weltkrieg zu Ende ging. Seine Arbeiten gehorchen einem Konzept – gemeinsam mit seinem Freund und Ko-Autor Brecht entwickelt –, das Literatur als Gebrauchswert begreift, als Bedarfssache. Das führte allerdings dazu, daß gerade der *Oppermann*-Roman, geschrieben unter strategischen Prämissen, von Fehlinterpretationen der historischen Situation nicht frei ist. Das lag weniger am spärlichen Informationsfluß als vielmehr an der Absicht, die Hitler-Diktatur vor der Weltöffentlichkeit, besonders auch vor der französischen Republik, die Feuchtwanger ehrenvoll empfangen hatte, als kurzfristige Entgleisung der deutschen Geschichte darzustellen, erzwungen durch den Terror einiger weniger: »Das Volk war gut.« Johannes R. Becher sah im *Oppermann*-Roman »das wirkliche Gesicht der deutschen Konterrevolution entlarvt«, ein etwas naives Lob, das Monk in seiner Verfilmung weitgehend richtigstellte.

Das französische, später dann das amerikanische Exil war für Feuchtwanger, nicht zuletzt aufgrund seiner Finanzen, die ihm der internationale Erfolg seiner Werke garantierte, trotz aller Widrigkeiten durchaus nicht jene »tödliche Krankheit«, die andere Exilanten verstummen ließ oder in den Selbstmord trieb, wie Wolfgang Müller-Funk im *Merkur* (Nr. 414) ausgeführt hat. Im Gegenteil nutzte Feuchtwanger die Spannungen und neuen Erfahrungen der Exilsituation. Das wohl wichtigste Resultat seiner ungemein produktiven Umsetzung einer an sich deprimierenden Lage ist der Roman *Exil*, der, 1939 abgeschlossen, 1940 erschienen, mit *Erfolg* und *Die Geschwister Oppermann* die *Wartesaal-Trilogie* bildet. *Exil* ist nicht nur die Chronik des zermürbenden Alltags unterschiedlichster Emigranten im Paris der dreißiger Jahre, nicht nur Darstellung antifaschistischen Widerstandskampfes und auch nicht nur ein politischer wie künstlerischer Um- und Neuorientierungsprozeß des Autors: Vielmehr begegnet uns in diesem Roman die erste Facette jenes Teufels, der Feuchtwanger während seiner sieben Jahre in Frankreich in dreifacher Gestalt begegnete.

In *Exil* nimmt er Form an in dem zwielichtigen deutschen Publizisten Erich

---

[1] Egon Monk, *Fernsehfilm »Die Geschwister Oppermann«*. Frankfurt: S. Fischer 1983.
[2] Wulf Köpke, *Lion Feuchtwanger*. München: C. H. Beck / edition text + kritik 1983.

Wiesener, der, wiewohl in Paris lebend, als »erster Schriftsteller des Reiches« gilt, da »die Bücher aller jener, die schreiben können, innerhalb der Reichsgrenzen verboten sind«. Er sieht sich selbst »vor Deutschen und Franzosen als ehrlicher Vermittler«, verachtet den Nationalsozialismus und fühlt sich zugleich fasziniert von dessen Macht: »Seine Artikel fanden Anerkennung nicht nur bei den Machthabern, sie beruhigten auch die Skrupel der vielen, welche die Vorteile gern hinnahmen, die das Regime ihnen bot« bei Enteignungen und »Arisierungen« wie im Fall der Oppermanns, »sich aber Vorwürfe machten wegen der zunehmenden Barbarei, in die es das Land, ja den Erdteil stürzte. Wenn sie Erich Wieseners Aufsätze lasen, dann war die Barbarei nicht mehr Barbarei, dann war sie Kraft, die sich höchstens ab und zu ein wenig wild gebärdete.« Wiesener ist der Teufel der zynischen Anpassung, des kalkulierten Mitläufertums, das sich in rabulistischer Spitzfindigkeit alle Türen offen zu halten glaubt: »Er arbeitete mit der Passion des Virtuosen; zuweilen glaubte er selber, was er schrieb.«

Anregungen für diese Gestalt, die im Roman fast die positiven Gegenfiguren erdrückt, gab zweifellos Friedrich Sieburg, der damals Pariser Korrespondent der *Frankfurter Zeitung* war und sein Talent und seinen Kredit als Weimarer Republikaner mißbrauchte, um in Frankreich mit erheblichem Erfolg für das Dritte Reich zu werben und die von Feuchtwanger unterstützte Volksfront zu sabotieren, indem er sie verunglimpfte. 1941 traf sich Ernst Jünger mit Sieburg im besetzten Paris und notierte, daß Sieburg »mit dem Rüstzeug des Weltjournalismus die Niederlage Frankreichs für unheilbar hält«, dagegen noch »an eine lange Vorherrschaft dieses Landes in Dingen des guten Geschmacks und der Kultur« glaube …

Inzwischen mit knapper Not in die USA entkommen, hatte Feuchtwanger gerade seinen Erlebnisbericht *Unholdes Frankreich* verfaßt, der 1942 bei »El libro libre« in Mexiko erschien, 1954 unter dem Titel *Der Teufel in Frankreich* in der DDR aufgelegt wurde und nun auch endlich hier zu haben ist.[3] Warum Feuchtwanger den Titel änderte, ist unbekannt; ich halte es jedoch nicht für ausgeschlossen, daß er damit einen späten Hieb gegen das »Rüstzeug des Weltjournalismus« eines Friedrich Sieburg führen wollte, indem er auf dessen Titel *Gott in Frankreich* anspielte.

1938, so erinnert sich Robert Neumann, saß er mit Franz Werfel, Heinrich Mann und Feuchtwanger in einem der Bistros von Sanary. Das Radio lief. Plötzlich: »Hitler. Eine Rede. Jeder seiner Sätze unterbrochen, überlärmt von einer sieg-heilenden Horde … Feuchtwanger und ich versuchten den Leuten ein paar Worte zu übersetzen – aber da ging es immer schon weiter. Und dann – Werfel war es, daran erinnere ich mich genau. Er hatte bis dahin geschwiegen. Jetzt sagte er's. Vier Worte. ›Das ist der Teufel‹, sagte er.« (Robert Neumann, *Ein leichtes Leben*) Die Ruhe in Sanary wurde gegen Ende der dreißiger Jahre immer trügerischer, die Idylle der Kolonie des Geistes, die sich dort gebildet hatte, immer brüchiger, gespannter. Bevor der Teufel kam, dessen Stimme aus dem Radio gedrungen war, machte sich ein ganz und gar französischer Teufel daran, Feuchtwanger aus seinem Paradies zu vertreiben.

Im Mai 1940, sofort nach dem deutschen Überfall auf Frankreich, wurde er, zusammen mit anderen Emigranten, mit Saarländern, die für Frankreich optiert, mit Fremdenlegionären, die für Frankreich gekämpft hatten, mit deutschen Kaufleuten und Frankreichtouristen verschiedener Nationalität sowie einigen Nazi-Spionen, denen die ganze Aktion

[3] Lion Feuchtwanger, *Der Teufel in Frankreich. Ein Erlebnisbericht*. München: Langen-Müller 1983.

angeblich galt, im KZ Les Milles bei Aix interniert: es war dies eins der Lager, die die Regierung Reynaud aus dem Boden stampfen ließ, um »die Aufmerksamkeit der Bevölkerung abzulenken von denjenigen, welche in Wahrheit die Schuld trugen an den Fehlschlägen«, an der absehbaren militärischen Niederlage der Grande Nation, »an die man« aber »nicht herankonnte«. Den deutschen KZs, die Feuchtwanger schon im *Oppermann*-Roman beschrieben hatte, mit knapper Not entronnen, gerieten die Emigranten vom braunen Regen in die Traufe des Teufels in Frankreich in seiner zweiten, sehr französischen Gestalt, nämlich der der Widerstandslosigkeit, die die Kollaboration des Vichy-Regimes vorbereitete. »Es war ein weicher, molluskenhafter Teufel; wenn man ihn anpackte, leistete er keinen Widerstand.« Feuchtwanger wußte, »daß der Teufel, mit dem wir im Frankreich von 1940 zu tun hatten«, im Vergleich zu dem Teufel, der vor der Tür stand, kein »besonders ausgekochter Teufel war, der seine Freude hatte an sadistischen Späßen. Ich glaube vielmehr, daß es der Teufel der Schlamperei war, der Gedankenlosigkeit, der Herzensträgheit, der Konvention, der Routine, eben jener Teufel, den die Franzosen mit dem guten Wort ›Je-m'en-foutisme‹ bezeichneten.«

Schlamperei, Gedankenlosigkeit, Unverständnis über das eigene Tun ließ die Lager in organisatorisch und hygienisch chaotischen Zuständen versinken. Feuchtwanger behielt dennoch seinen trockenen Humor und lenkte seine Aufmerksamkeit bewußt auf tragikomische, groteske Details des Lagerlebens, um sich von Befürchtungen des kommenden, gänzlich Bösen abzulenken: »Daß so viele von uns überlebten, ist eine schlagende Widerlegung unserer gängigen Anschauungen über die Notwendigkeit der Hygiene.« Beim Anstehen an der völlig verseuchten Latrine, stundenlang in brütender Hitze, wird ihm einmal respektvoll der Vortritt gelassen: »Ich habe in meinem Leben mancherlei Ehrungen erfahren. Dies war die höchste.« Er behielt auch seinen unerschütterlichen Optimismus, seinen Glauben an den Sieg der Vernunft über Barbarei, Dummheit und Trägheit, behielt seine stoische Ruhe: »Um mich aufzurichten, dachte ich ... an die Bücher, die ich noch schreiben wollte ... Ich war zufrieden. Es war schon so: im Grunde hatte alles gelohnt, auch das Sinnlose ... Ich lächelte auf meinem Stroh.«

Sein Erlebnisbericht ist von doppeltem Interesse: Biographisch insofern, als Feuchtwanger mit autobiographischen Äußerungen zurückhaltend war. Wie ihn in der Geschichte stets »das Feuer und nicht die Asche« interessierte, interessierte ihn an sich selbst weniger »der Friedhof meiner Vergangenheit« als vielmehr die produktive Bewältigung seiner Gegenwart. *Der Teufel in Frankreich* zeigt nun sehr anschaulich, wie der historisch-distanzierende Blick, den der Romanautor Feuchtwanger auf seine Stoffe warf – und zwar sowohl auf die historischen wie auf die aktuellen, die er mit solcher Perspektive künstlich historisierte, um Überschaubarkeit zu schaffen –, sich auch für den Privatmann Feuchtwanger lebenspraktisch bewährte. Vielleicht überlebte er, trotz seiner physisch schwachen Konstitution (»ich bin schwächlich, anfällig für Erkältungen, ich sehe schlecht«), die grauenhaften Monate in Les Milles nur deshalb, weil er zu solchen Distanzierungen fähig war, die dem Bericht übrigens, aller Detailbeschreibung zum Trotz, einen eigentümlich objektivistischen Klang verleihen: »Natürlich gab es auch politische Debatten, Arbeiter und Bauern zeigten da manchmal viel Verständnis und sahen die Dinge aus einiger Distanz. Aber immer wieder war ich erstaunt, auf was für kümmerliche Einzelmotive die meisten der anderen Lagerinsassen die großen Geschehnisse zurückführten, wie sehr ihnen der Blick fürs Ganze verbaut war durch ihre eigenen Interessen, wie sehr sie die Mühe und Unannehmlichkeiten scheuten, die größeren Ursachen auch nur von fern zu sehen.«

Wie Feuchtwanger »die größeren Ursachen« sah und interpretierte, das macht den ganz aktuellen Gehalt seines Erlebnisberichts aus. Denn er deutet die französische Niederlage und die Kollaboration der Vichy-Regierung Pétains als ein inneres Bündnis des französischen Faschismus mit dem deutschen Nationalsozialismus: »Die französischen Faschisten hatten ihr Land unserem Feind ausgeliefert ... Es war nicht so sehr ein militärischer Sieg. Es war nichts anderes als der Beweis für die Tatsache, die wir von vorneherein gewußt hatten: daß nämlich die Faschisten aller Länder, wenn es darauf ankommt, das nationale Interesse ihres Landes ohne Skrupel ihren Sonderinteressen opfern.« Wenn heute in Frankreich, ausgelöst durch den Fall Klaus Barbie, die offizielle Legende vom heroischen Widerstand der französischen Nation diskutiert wird und ins Wanken gerät, liefert Feuchtwangers Bericht einen Diskussionsbeitrag der unbequemsten Art. Die französische Gestalt des Teufels hieß die deutsche willkommen, denn die französische Regierung und »die Regierung Hitler ... arbeiteten einander in die Hände«, weshalb die »deutschen Linksleute« und Juden wie Feuchtwanger »den heutigen faschistischen Führern Frankreichs viel mehr verhaßt als die Nazis« waren. 1941 schrieb die Zeitschrift *Paris Midi* unverhohlen: »Die Erledigung des jüdischen Problems ist eine Frage der Müllabfuhr.« Und erledigt werden sollte das jüdische Problem von den SS-Jagdkommandos, denen der berüchtigte § 19 des Waffenstillstandsabkommens Tür und Tor öffnete. Denn die Vichy-Regierung hatte sich verpflichtet, alle Deutschen auszuliefern, die von der Gestapo benannt würden. »Marschall Pétain spricht viel von Ehre. Geht es nicht gegen die Ehre, Menschen auszuliefern, denen man feierlich Gastrecht und Schutz zugesagt hat?« Mit diesem § 19 wurde Feuchtwanger endgültig klar, daß der Teufel in Frankreich ihn freiwillig nicht würde ziehen lassen.

Ihm gelang eine abenteuerliche Flucht, über die seine Witwe Marta in ihren Memoiren (die sonst leider nur wenig Lesenswertes enthalten) berichtet: verkleidet als Schwiegermutter eines Konsuls der Vereinigten Staaten durch Frankreich, schließlich mit Papieren, die auf den Namen J. L. Wetcheek lauteten, jenes Pseudonym, unter dem er während der zwanziger Jahre satirische Gedichte auf den »American way of life« geschrieben hatte, durch Spanien und Portugal, das er im September 1940 in Richtung USA verließ.[4] Hinter ihm lag Europa, lag der dreifaltige Teufel in Frankreich, der der Anpassung, der der Widerstandslosigkeit und der der Vernichtung. Dieser ist nun, wie die Zeitung *Liberation* 1983 schrieb, nach Frankreich zurückgekehrt: »Frankreich hat auf ganz legale Weise einen Teufel empfangen. Klaus Barbie ist sogar der Archetyp des Nazi-Teufels. Er ist kein Kollaborateur wie Touvier, kein Bürokrat wie Eichmann, er ist ein Chef-Schlächter, besser noch ein Multi-Rückfalltäter des Infamen.«

In den USA griff Feuchtwanger das französische Thema wieder auf. Der Teufel in Frankreich lag hinter ihm; nun bemühte er sich, der anderen Seite gerecht zu werden, beleuchtete *sein* Frankreich, das der bürgerlichen Revolution, der Demokratie und des Widerstands gegen den Faschismus. Gemeinsam mit Brecht arbeitete er an dessen Stück *Die Gesichte der Simone Marchard*: Drehpunkt wurde die Erfahrung der Jeanne d'Arc, nämlich daß »die Leute, die sie verderben, nicht Landesfeinde, sondern reiche Franzosen sind – reich und reich gesellt sich gern«. In einem Sammelband mit Aufsätzen zu Feuchtwanger[5] läßt sich nachlesen, wie er nicht nur an Brechts Stück mitarbeitete, sondern wie beide versuchten, den Stoff als Filmskript zu bearbeiten und wie Feuchtwanger ihn schließlich für sich umschrieb zum Roman *Simone* (1943).[6] Der langwierige Erkenntnisprozeß der Heldin mündet dort in die direkte Aktion des aktiven Widerstands: »Wer, wenn nicht du? Und wann, wenn nicht jetzt?«

Zwischen 1944 und 1946 schrieb Feuchtwanger dann einen seiner großen Altersromane, *Die Füchse im Weinberg* (ursprünglich *Waffen für Amerika*), der die Beziehungen der amerikanischen zur französischen Revolution entfaltet. Held des Romans ist »jener unsichtbare Lenker der Geschichte, der ... im zwanzigsten Jahrhundert bitter verleugnet und verleumdet« wurde: »der Fortschritt«. Gemeint ist freilich nicht der blinde Fortschritt einer Wachstumsideologie, als vielmehr ein stiller, vielfältig vermittelter Fortschritt: der der Vernunft.

Die Vernunft würde endlich siegen über die Teufel der Barbarei, so Feuchtwangers Hoffnung. Was am Schluß des Romans der alte Benjamin Franklin als seine Utopie ausspricht, war auch die Lion Feuchtwangers, den die Unvernunft von München nach Berlin, von Berlin nach Frankreich, von Frankreich in die USA gejagt hatte: »Ich bin ein alter Mann, und ich gestatte mir zuweilen zu träumen. Ich träume von einer Zeit, da nicht nur die Liebe zur Freiheit, sondern auch ein tiefes Gefühl für die Menschenrechte in allen Nationen der Erde lebt. Ich träume von einem Zeitalter, da Leute wie wir, wohin immer auf dem Planeten wir unsere Schritte lenken mögen, sagen dürfen: Hier bin ich zu Hause.«[7]

Klaus Modick

---

[4] Marta Feuchtwanger, *Nur eine Frau. Jahre–Tage–Stunden.* München: Langen-Müller 1983.

[5] *text + kritik. Lion Feuchtwanger.* Heft 79/80, Oktober 1983.

[6] Lion Feuchtwanger, *Simone.* Frankfurt: S. Fischer 1983.

[7] Lion Feuchtwanger, *Die Füchse im Weinberg.* Frankfurt: S. Fischer 1983.

Der Häresieverdacht in der Demokratie

Der Verdacht geht um. Das ist immer so in Zeiten der Ungewißheit. Die Wirtschaft ist »noch nicht über den Berg«. Der Frieden unsicher. Wichtigste Fragen sind nicht nur unentschieden, sondern unentscheidbar. Heikel, prekär, ungeklärt, zweifelhaft die »große« Lage, nicht geheuer die kleine. Er habe fast den Verdacht, »daß hier bewußt oder unbewußt so gehandelt worden ist, wie es andere mit der Exekution von Ponto und Schleyer vorgenommen haben«, verdächtigte CSU-Generalsekretär Tandler die Bonner Staatsanwaltschaft im Falle des Grafen Lambsdorff (FDP). Der stellvertretende Generalstaatsanwalt von Nordrhein-Westfalen, Schmitz, erwiderte darauf: »die Äußerung einer derartigen Ungeheuerlichkeit über die Tätigkeit einer deutschen Justizbehörde, wie man sie in Deutschland seit den Tagen des NS-Kampfblattes *Der Stürmer* nicht mehr gehört hat, ist in einem Rechtsstaat unerträglich und kann nicht ohne Folgen bleiben.«

Die Folgen stehen bei Niederschrift dieser Zeilen noch aus. Der Politiker rechtfertigte sich damit, es sei ungewöhnlich, wenn ein weisungsgebundenes Organ wie die Staatsanwaltschaft einen amtierenden Bundesminister der Bestechlichkeit beschuldige. »Wenn es bei dem Verdacht der Vorteilsannahme geblieben wäre«, hätte Tandler sich nicht geäußert, berichtet die Presse. Ponto und Schleyer seien als Leitfiguren eines bestimmten Systems von Terroristen ermordet worden. Lambsdorff werde in eine ähnliche Rolle gedrängt.

Die Justizministerin von Nordrhein-Westfalen, Frau Donnepp (SPD), vermutete, Tandler versuche, von der juristischen Ebene »herunterzukommen« und das Ganze auf die politische Ebene zu verlagern. Mischnik (FDP) hielt den Ausdruck für nicht angebracht, aber die Justizschelte für berechtigt. Bereits am Montag nach seinem rüden »Wort zum Sonntag« erklärte aber Tandler, er sei von vielen Bürgern auf seine Äußerung angesprochen worden. Man habe dafür Verständnis, und der Bürger denke anders, als man sich das vorstelle.

Geäußerter Verdacht und die Vorstellung darüber, wie der Bürger denke, ergänzen sich wunderbar. Man hat Tandlers Verdächtigung der Justiz als den Ausrutscher eines politisierenden Gastwirtes aus Altötting verstehen wollen und erklärt, in Bayern werde eben deftig formuliert. Dem widerspricht aber seine eigene Erklärung, der (bloße) Verdacht der Vorteilsannahme hätte ihn nicht bewegt, sich zu äußern. Vielleicht denkt »der Bürger« dieser Republik anders über Vorteilsannahme durch Politiker als über Bestechlichkeit, wer weiß? Korruption ist eine Ordnung, die sich selbst verletzt. Vielleicht ist die Vorteilsannahme von Amtsinhabern in Ordnung, die Bestechlichkeit nicht?

Seitdem Theodor Eschenburg in den fünfziger Jahren seine *Zeit*-Aufsätze zu den Korruptionsfällen in der Bundesrepublik schrieb, ist viel Wasser den Rhein hinuntergeflossen, und seine Anwohner haben sich an manches gewöhnt, was sie vor dreißig Jahren moniert haben: die »Verbandsdemokratie«, die oligarchischen Tendenzen der Parteien, deren Finanzierung aus der Staatskasse, nicht zuletzt die Patronage der Ämter. Vielleicht denkt »der Bürger« heutzutage anders darüber, als er nach den Vorstellungen der Verfassungsgeber denken sollte?

Der folkloristische Bonus, den bayerische Politiker sich erworben haben – zur krachledernen Hose das krachlederne Maul –, sollte nicht davon ablenken, daß Tandlers Gegenüberstellung von amtierendem Bundesminister und weisungsgebundener Staatsanwaltschaft akkurat das Verständnis einer herrschenden Partei von der Funktion der Staatsorgane ausdrückt. Die Parteien, die nach der vorsichtigen Formulierung des Grundgesetzes an der politischen Willensbildung *mit*wirken sollen, *lassen* längst mitwirken: Staatsanwaltschaft, Richterämter, Rundfunksender und andere Kulturpositionen unterliegen dem Parteienproporz, genauer gesagt dem Oligopol der Bundestagsparteien. So ein Geschäftsführer einer herrschenden Partei fühlt sich dann für alles zuständig, weil er den Kooptationsmechanismus des Parteiapparates beeinflußt. Der Proporz frißt sich wie Rost in die Gänge der politischen Willensbildung und verengt sie.

Wie es dahin kommen konnte, wäre in die Geschichte der letzten vier Jahrzehnte zu schreiben, wenn sie nicht von Parteisekretären finanziert würde. Jedenfalls scheint die verbale Omnipotenz von »Spitzenpolitikern« strukturell bedingt zu sein. Sie ist der Ausdruck sich selbst ergänzender »Führercliquen«, vor denen Alfred Weber 1946 gewarnt hat. Die »politische Ebene« ist dann nur noch Exerzierplatz der bürokratischen Großformation: Linksum! Rechtsum! Wende! Kehrt! Hinlegen! (vor den Amerikaner), Aufstehen! (gegen die Russen), je nach dem, was die drei Heiligen Bücher der deutschen Politik vorschreiben, Gesangbuch, Parteibuch und Scheckbuch in der jeweils »richtigen« Kombination. Die Kombination begründet Zugehörigkeit und Status. Texte und Zahlen dienen mehr der Rechtfertigung. Ein Bibelspruch da, ein Verfassungspostulat dort, Prozente und Zinsen in jedem Falle.

Ich möchte hier nicht mißverstanden werden: die Kombinationsmöglichkeiten sind weitaus besser als alles, was aus *einem* Buch (wie *Mein Kampf*) oder nur aus dem Scheck- oder Gesangbuch abgeleitet werden könnte. Die Möglichkeit zu kombinieren verweist auf die libertäre Voraussetzung der Demokratie, die höchsten Werte *frei* zu lassen. Sie sind weder beweisbar noch widerlegbar und leben in der Vorstellung. Tandler hat immer recht, wenn er sagt, »der Bürger« denke anders, als man sich das vorstelle. Jeder einzelne denkt anders, und der demokratische Kompromiß der Mehrheitsentscheidung ist aus dem Respekt vor der Verschiedenheit der Wertsetzungen geboren. »Frei verantwortliche Spontaneität und selbstverantwortliches Handeln« (Alfred Weber) sollte auch der deutsche Nachkriegsstaat ermöglichen. Demokratie setzt Duldsamkeit voraus, und wenn die Unduldsamen regieren, ist sie in Gefahr zu verkommen. Tandlers Vergleich der Bonner Staatsanwälte mit den Terroristen der RAF verbreitet solche Unduldsamkeit.

Die weltpolitischen Kehrtwendungen in unduldsame Positionen, wie sie im Westen mit Namen wie Thatcher, Begin, Pinochet, Reagan sich verbinden, von Nordirland und Südafrika zu schweigen, erfassen unvermeidlich die deutsche Innenpolitik; aber in spezifischer Weise. Wie die von Berkeley ausgegangene Studentenbewegung in Berlin andere Formen annahm und ihre Begründungen woanders herholte, ist auch die deutsche »Wende« nicht eine Xerokopie des Reaganism oder Thatcherism. Einen »Kohlismus« gibt es nicht; aber Tandlers Unduldsamkeit, die unsere Betrachtung veranlaßt hat, steht auch nicht vereinzelt. Sein Ausflug in die politische Symbolik folgt ähnlich maikäferhaften Aufschwüngen des CDU-Generalsekretärs Geißler. Dieser machte im Sommer 83 den Pazifismus der dreißiger Jahre für Auschwitz mitverantwortlich und verkündete im September, die SPD werde »Fünfte Kolonne der anderen Seite«, weil sie in der Rüstungsdiskussion Positionen Moskaus übernehme. Wenige Tage später sagte der Bundesminister des Inneren, Zimmermann (CSU), bei der Amtseinführung des neuen Verfassungsschutzpräsidenten, es komme »nicht so sehr darauf an«, was der einzelne Friedensdemonstrant »für möglicherweise ehrenwerte Motive hat, als vielmehr darauf, welche Ziele diejenigen verfolgen, deren Mitläufer er ist.« Im Unterschied zu Tandler, der sagte, er habe *fast* den Verdacht, sind Geißlers und Zimmermanns Sätze klare *Verdächtigungen.* Geißler unterstrich den Verdacht mit seiner Weigerung, das Gesagte zurückzunehmen, solange kein klares Bekenntnis zum NATO-Doppelbeschluß vorliege.

Wenn ich recht erinnere, ist seit Adenauers innenpolitischen Schwierigkeiten mit der »Wiederbewaffnung« vor dreißig Jahren in der deutschen Politik nicht so viel Bekenntnis gefordert und abgelegt worden wie in den letzten zwölf Monaten. Sich bekennen zu, auf gut deutsch, treuherzig, Hand aufs Herz und »ganz offen«, ein Mann von Wort, ein germanischer Bär im Brustton der Überzeugung – nein, soviel Farbe gibt es selbst bei der BASF nicht, wie sie bekennen. Und auf der anderen Seite nichts als Teufelswerk, »Mietenlüge«, solche, die falsches Zeugnis ablegen, heuchlerisch, gewissenlos, verräterisch, wortbrüchig, unaufrichtig, eben von Grund auf verdächtig. Es soll von Herzen kommen und zu Herzen gehen, daß dem Vater der Lüge verfallen ist, wer nicht das richtige Bekenntnis ablegt.

Was das richtige Bekenntnis ist, bestimmt die Parteilinie, in der CSU das Wort des Großen Vorsitzenden. Das führt dann bei Schwankungen, wie Straußens unerwartetem Milliardending mit der DDR, »der anderen Seite« also, zum Abfall rechtgläubiger Biedermänner. Das Problem der »Altgläubigen« entsteht.

Prinzipiell steht im Verdacht, wer nicht immer wieder das richtige Bekenntnis ablegt. Das ist eine alte dogmatische Figur, die auf Ketzerängste der katholischen Kirche zurückgeht und sogar ins kanonische Recht Eingang gefunden hat. Es sollte nicht nur die offene Häresie bestraft werden, das eindeutig bewiesene Delikt, sondern schon der Verdacht. Damit entledigte sich die Kirche der Schwierigkeit, den inneren Zweifel an ihrem Dogma, der zum Begriff der Häresie gehört, nachweisen zu müssen: Zimmermanns »möglicherweise ehrenwerte Motive« machen dem Parteistrategen die gleichen Schwierigkeiten. Wie soll er nachweisen, daß Friedensdemonstranten die Friedens-Ordnung des Staates leugnen, den seine Partei regiert? Die Demonstration ist zwar ein Verstoß gegen die Parteilinie, aber nicht ohne weiteres auch eine Leugnung der Verfassungsgrundsätze, auf die sich auch seine Partei berufen muß. Also spricht der Minister, jeder *müsse* wissen, daß er bei manchen Aktionen nicht nur für Frieden und Abrüstung eintrete, sondern auch gegen die Interessen der Bundesrepublik und damit gegen die eigenen Interessen handle. Die Aktion läßt nämlich keinen eindeutigen Schluß auf Subversion, Verrat, Illoyalität zu, sondern nur auf den Verdacht, die Oppositionspolitiker und die Friedensfreunde könnten das Dogma leugnen, weil sie eine andere Militärpolitik vertreten.

Deshalb muß eine kontroverse politische Frage zu einer Bekenntnisfrage stilisiert werden. Der Glauben, die *fides*, war schon immer unentbehrlich, um die Organisation Kirche zu erhalten. Warum nicht die Parteiorganisation? Nur so wird man mit den Schwierigkeiten fertig, die der Rechtsstaat dem politischen Eifer nun einmal setzt, und kommt auch hier von der juristischen Ebene auf die politische herunter, wie Frau Donnepp im Falle Tandler bemerkt hat. Man verwandelt oppositionelle Stellungnahmen einfach in Verdacht, gegen den Glauben zu verstoßen – »Fünfte Kolonne«, »Mitläufer«, »Angstpazifisten« und was das Arsenal sonst noch aus alten Beständen der dreißiger Jahre hergibt –, und ist des Beweises ledig.

Das hat nach der jahrhundertelangen Tradition der Verdächtigung und des Denunziantentums in Zusammenarbeit kirchlicher und weltlicher Obrigkeiten den unschätzbaren Vorteil, daß die Leute Angst davor haben, in Verdacht zu geraten. Ist der Souverän, »der Bürger«, wieder darauf eingestimmt, *suspectus de haeresi* werden zu können, so erübrigt sich der Staatsanwalt. Die Verdächtigung isoliert ihn von seinen Mitmenschen, deren Vorfahren jahrhundertelang fürchten mußten, sich verdächtig zu machen. Das hat nicht 1933 angefangen und 1945 nicht aufgehört, das sitzt uns im Blut, und wir hatten in den letzten vierzig Jahren nur eine geringe Chance, davon loszukommen. Nicht nur, daß solche Verdächtigungen eine Atmosphäre des Hasses erzeugen, wie Hans-Jochen Vogel (SPD) dem wackeren Schwaben Heiner Geißler entgegenhielt. Was wiedererweckt wird, ist nicht bloß Haß, sondern die Erfahrung deutscher Untertanen, daß schon der Verdacht eine Strafe ist und das Verharren im Verdacht der Ketzerei existenzgefährdend. Nicht zufällig richtet sich der Verdacht vornehmlich gegen Angehörige der neuen Generation nach 1945, die in mehr Freiheit heranwuchs als ihre Väter und Vorväter je hatten.

Sollten wir demnach den Spieß umdrehen und fragen, wessen »Fünfte Kolonne«, wessen »Mitläufer« die Verdächtiger werden, heute im Besitz der Regierungsgewalt über jeden Verdacht erhaben? War es nicht entlarvend, daß diese Verdächtiger im Falle Graf Lambsdorff von »Vorverurteilung« sprachen, weil die Presse Spuren der Korruption suchte? »Vorverurteilung« ist wiederum eine Verdächtigung, nicht beweisbar, nicht widerlegbar. Aus ihr spricht der Ärger, daß die Medien der Massenbeeinflussung nicht nur im Sinne der »Führerclique« wirken, sondern eigene Initiativen entfalten: Zweifel am Dogma nicht nur äußern, sondern sogar im Zweifel verharren, Zweifel nähren – mithin immer im Häresieverdacht stehen und doch nicht belangt werden können. Statt das Urteil zu lähmen und die Massen für Zwecke der Führung zu emotionalisieren, wie es Presse und Rundfunk zum Schutze des Glaubens zukommt, bringen sie alles durcheinander, und die Referenten müssen täglich mit Zeitungsausschnitten, Fernseh- und Abhörergebnissen herzueilen, damit sich die Obersten kundig machen, wieweit der Zweifel ins Kraut geschossen ist …

Tatsächlich ist das propagandistische Mittel des Verdachts eine bloße Spiegelfechterei, solange es den *Spiegel* und andere undogmatische Organe gibt. Diese sollten sich freilich davor hüten, von den »möglicherweise ehrenwerten Motiven« der Verdächtiger abzusehen, um nicht in Zimmermanns Fußstapfen zu geraten. Bölls *Verlorene Ehre der Katharina Blum* wieder zu lesen, ist für Journalisten in der Demokratie immer gut.

Der Häresieverdacht in der Demokratie, wie ihn deutsche Spitzenpolitiker heute verbreiten, richtet sich gegen die frei verantwortliche Spontaneität und das selbstverantwortliche Handeln der einzelnen. Diese deutsche Variante der konservativen Wende findet sich im »Reaganism« und »Thatcherism« nicht in vergleichbarem Umfang. Sie führt politisch die Ächtung auf bloßen Verdacht hin wieder ein, die erst das 19. Jahrhundert als juristische Strafe abgeschafft hat.

Die Auslassung des Polizeiministers vom 22. September 1983 aber, daß es auf die möglicherweise ehrenwerten Motive des einzelnen »nicht so sehr« ankomme, als vielmehr darauf, welche Ziele diejenigen verfolgen, deren »Mitläufer« er ist, widerspricht dem Grundsatz aller Demokratie, die Verschiedenheit der Menschen und deren verschiedene Anschauungen zu respektieren. Demokratie kennt keinen Glauben als durchgehende, gleichförmige Überzeugung. Er ist in der Verfassung nicht vorgesehen. Damit entfällt aber auch der Anspruch, ihn zu schützen, indem die Regierung abweichende Denkweisen der Ketzerei verdächtigt.

Vermutlich wird es noch eine Weile dauern, bis das den Propagandisten der gegenwärtigen Regierung mit ihren durchaus ehrenwerten Motiven aufgeht. Da ihnen die Mittel der täglichen, ja stündlichen Massenbeeinflussung zur Verfügung stehen, muß »der Bürger« wachsam sein.

Harry Pross

Der letzte Schrei oder Im Zeichen der Wende

Sagt, ist noch ein Land außer Deutschland, wo man die Nase eher rümpfen lernt, als putzen?
Georg Christoph Lichtenberg

Wenn von den »Herausforderungen« und »Fragen der Zeit« die Rede ist, vom »Gebot der Stunde«, dem man sich stellen muß, und von »historischen Aufgaben«, die zu bewältigen sind, wenn der »historische Wendepunkt«, an dem wir Deutschen angelangt sind, beschworen wird, dann begreift nicht nur jeder, daß die Lage ernst ist, dann erkennt auch jeder, daß hier ein Mann spricht, der in der »Stunde der Not und tiefen Unsicherheit« sich der Bürde seines Amtes bewußt ist und den besten Willen hat, aus dem »Geist gemeinsamer Verantwortung« heraus zu handeln; wenn an »Wagemut und Entscheidungskraft«, an »Tüchtigkeit und Fleiß« appelliert wird, diese »unverzichtbaren Tugenden deutschen Gemeinsinns«, und für eine »Gesellschaft mit menschlichem Gesicht« ein »notwendiges Opfer« gefordert wird – dann weiß man: Helmut Kohl spricht.

Die unfreiwillige Komik, durch die Kohls Phrasen sich auszeichnen, sollte einen indes nicht darüber hinwegtäuschen, daß dieser stets offen schauende, freundlich lächelnde Biedermann es ernst meint mit dem, was er sagt. Und es scheint, als ob er mit seiner aus dem Moralismus eines Landpfarrers und der Sachlichkeit eines Bürokraten gespeisten Emphase in Deutschland Erfolg hat. Und wie macht er das? Indem er sich eines Jargons bedient, der rein formal auf die Bedingungen der Informationstechnik zugeschnitten ist, inhaltlich den bundesrepublikanischen Mythos vom unbegrenzten Aufschwung kultiviert und über alle nüchternen Bilanzaufnahmen hinaus vor allem eines nie vergißt: daß man in Deutschland nur gewinnen kann, wenn es einem gelingt, die existentiell-moralische Seite der deutschen Seele zu rühren, jenes dumpfe Gemisch aus Wehleidigkeit und Idealismus, aus Opferbereitschaft und Gottvertrauen.

Was Adorno als spezifisch deutsche Ideologie entlarvt hat, jener »von der Philosophie und Theologie nicht bloß Evangelischer Akademien über die Pädagogik, über Volkshochschulen und Jugendbünde bis zur gehobenen Redeweise von Deputierten aus Wirtschaft und Verwaltung« sich erstreckende »Jargon der Eigentlichkeit«, lebt ungebrochen fort und kulminiert dieser Tage in des Kanzlers neuen Reden: »Während er überfließt von der Prätention tiefen menschlichen Angerührtseins, ist er unterdessen so standardisiert wie die Welt, die er offiziell verneint; teils infolge seines Massenerfolgs, teils auch weil er seine Botschaft durch seine pure Beschaffenheit automatisch setzt und sie dadurch absperrt von der Erfahrung, die ihn beseelen soll.«

Allein die Suggestivformel von der »Wende«, unter deren Flagge die Restauration der Bundesrepublik auf den

Grundlagen von 1949 betrieben wird, ist ein Beweis, wie mit einem Public Relations-Slogan wenn schon nicht Politik gemacht, so doch wenigstens ein legitimer Spielraum für politisches Handeln gewonnen werden kann. Da ein Wort wie das von der »Wende« in einer als miserabel deklarierten Situation radikale wie schlichte Gemüter gleichermaßen anzuziehen vermag – läßt sich darunter doch von einer totalen Veränderung der Verhältnisse bis zu einer unmerklichen Kurskorrektur alles mögliche vorstellen –, ist es geradezu die optimale Formel zur Eroberung der Wählermassen: umfassend, suggestiv und inhaltsarm stellt es die ideale Schablone für alle nur denkbaren Hoffnungen und Versprechungen dar.

Das wußte allerdings schon das Propagandaministerium des NS-Regimes, als es die Wende zum Markenzeichen der braunen Revolution stilisierte. Besser als die von den Kommunisten bereits reklamierte Revolution eignete sich das Wort »Wende«, das nazistische Politprogramm zu umreißen, erinnerte es doch nicht nur an mittelalterlich Beständiges, sondern enthielt obendrein auch noch das Versprechen, nach all den abenteuerlichen Manövern der letzten Jahre sei das von Juden und Kommunisten gereinigte Staatsschiff nunmehr im Begriff, in den sicheren deutschen Hafen heimzukehren. Mit der Machtübernahme avancierte das Wort von der Wende dann zu einem sehr beliebten »Kultwort der Hitlerei« (Victor Klemperer) und diente bis zuletzt als Fetisch der vom Führer Besessenen. Noch in den Tagen der Katastrophe, als die alliierten Truppen bereits weit in Deutschland standen, erwies das Wort seine Zauberkraft, war es ein Born des deutschen Glaubens, eine magische Formel zur Aufrechterhaltung von Hoffnung und Zuversicht. Umringt von feindlichen Geschützen, restlos ausgezehrt, aber unerschütterlich im Glauben, versicherten die seit Stalingrad um so mehr auf die Wende Eingeschworenen, daß es jetzt nicht mehr lange dauern könne, bis ihr oberster und unschlagbarer Kriegsherr durch den Einsatz der ihm von der Vorsehung zugespielten Wunderwaffen die Wende herbeiführen werde. Ob man die Nutzanwendung auf die Krausche These, heutigentags gebäre die Phrase die Wirklichkeit, hat machen wollen?

Nie wohl hat sich die unbewußte Falschmünzerei der Deutschen, ihre immer latente Verlogenheit sich selbst und anderen gegenüber, mächtiger gezeigt als in diesen Tagen, nie aber auch erbärmlicher. Angesichts solcher Ereignisse ist man gewillt, dem Richtspruch Nietzsches zuzustimmen, der sich als »Verächter der Deutschen par excellence« für unbefangen genug hielt, diesen alle großen Kulturverbrechen der Menschheit zur Last zu legen. Die Deutschen nämlich hätten es nicht nur auf dem Gewissen, daß der in der Renaissance erwachsene Humanismus durch die Reformation abgewürgt und so der bereits erloschene Glaube an Gott neu entfacht worden wäre, sie hätten obendrein den Siegeszug des wissenschaftlichen Geistes durch den Idealismus eines Kant und Hegel sowie Napoleons Idee eines geeinten Europas durch den Enthusiasmus der Freiheitskriege zum Scheitern gebracht und durch die Gründung des Deutschen Reiches die Kleinstaaterei und den Nationalismus restauriert. Und ihnen, so darf man von heute her hinzufügen, ist es zuzuschreiben, daß Europa zwar geographisch noch existiert, politisch aber längst zum Truppenübungsplatz der Weltmächte heruntergekommen ist. Und aus welchem Grund? Aus immer demselben, antwortet Nietzsche, »aus ihrer innerlichsten *Feigheit* vor der Realität, die auch die Feigheit vor der Wahrheit ist, aus ihrer bei ihnen zum Instinkt gewordenen Unwahrhaftigkeit, aus ›Idealismus‹ ...«

Die mit dem Regierungswechsel einhergehende Inflation des NS-Schlagwortes »Wende« ist aber keineswegs ein Indiz für die faschistoide Gesinnung der neuen Koalition der Mitte. Abgesehen von dem andauernden »Idealismus«, der an der Popularität dieser Phrase erkennbar wird, zeigt sich hier vielmehr die Borniertheit der gegenwärtigen Verhältnisse. Die Rückgriffe auf Parolen des Nazismus sind jedenfalls eher zufällig und unbewußt, als daß sie von einem solchen Programm diktiert wären; sie sind Teil eines Marketings und deshalb mehr oder weniger unverbindlich. Im Rahmen marktstrategischer Überlegungen sind ja Inhalte und Prinzipien der Politik nahezu austauschbar; was hier zählt, ist die Eroberung der Wählermassen, und zu diesem Zweck läßt sich jede Art von Aussage gebrauchen, aus welchem Kontext sie auch stamme. Wenn Konservative sich auf Brecht oder Bloch berufen, um im nächsten Atemzug faschistische Parolen aufzuwärmen, wenn die Regierung die Friedensbewegung als kommunistisch unterwandert denunziert, während zur gleichen Zeit der Kanzler sich als heimlicher und wahrer Führer dieser Bewegung ausgibt, dann sind alle politischen Ortsbestimmungen ins Schwanken geraten, die Demarkationslinien sind durchlässig, und statt daß ein jeder entschieden politische Interessen vertritt, spielen alle gemeinsam am großen runden Meinungsroulett: »fair is foul and foul is fair«.

Fashion – Turn to the left
Fashion – Turn to the right
We are the goon squad
And we're coming to town
Beep-Beep – Beep-Beep
Oop bop-do do do do do do do
Fa fa fa fa – Fashion

David Bowie

Daß sich das Juste-milieu in Deutschland nach seinem sozialliberalen Versteckspiel einmal wieder offen als Stimme des gesunden Menschenverstandes präsentieren würde, war seit längerem schon absehbar. Wer etwa auf den letzten Schrei des Zeitgeistes achtgegeben hat, jene nach dem Erscheinen des Punks sich ausbreitende Neue Welle, der hätte die Wende in Bonn schon anno 77/78 ahnen können. Denn die Erscheinungen der Mode sind ja einem Diktum Benjamins zufolge die Sibyllinischen Bücher der Moderne.

Anders als in der gegenwärtigen Diskussion, wo die Mode entweder als ein bloßes Randphänomen abgewertet oder aber ob ihrer Referenzlosigkeit zum Indiz einer allgegenwärtigen »semiotischen Katastrophe« stilisiert wird, hielt Benjamin die Mode für ein Phänomen, das philosophisch erst noch zu entschlüsseln wäre. Im Rhythmus der Mode nämlich erkannte er die geschichtsphilosophische Figur der Moderne und indem er deren Gesetzmäßigkeit mit der paradoxen Formel von der »Ewigen Wiederkunft des Neuen« umschrieb, glaubte er nicht nur ein Modell gefunden zu haben, mit dem sich der verwirrend zweideutige Prozeß modernen Lebens – jenes heillose Widerspiel des Neuen und des Immergleichen, jenes Ineinander-verzahnt-Sein von Fortschritt und Wiederholung, von Schock und Langeweile, von Geschichte und Natur –, deuten ließe, er glaubte zugleich die Mode als den Seismographen eben dieses Prozesses betrachten zu können. Da in ihr sich das Wunschpotential der Massen in konkreten Phantasmagorien entlädt, die Mode also der unmittelbare Ausdruck des Kollektivbewußtseins ist, meinte Benjamin in ihren Trends und Verhaltensstilisierungen Chiffren für die Gefühlsdispositionen der Massen vor sich zu sehen und behauptete, daß die Mode »in weit konstanterem, weit präziserem Kontakt mit den kommenden Dingen« stehe als die Kunst, »kraft der unvergleichlichen Witterung, die das weibliche Kollektiv für das hat, was in der Zukunft bereit liegt. Jede Saison bringt in ihren neuesten Kreationen irgendwelche geheimen Flaggen-Signale der kommenden Dinge. Wer sie zu lesen verstünde, der wüßte im voraus nicht nur um neue Strömungen der Kunst, sondern um neue Gesetzbücher, Kriege und Revolutionen. – Zweifellos liegt hier der größte Reiz der Mode, aber auch die Schwierigkeit ihn fruchtbar zu machen.«

Im Rückblick auf die letzten Jahre erweist sich Benjamins Spekulation als Erleuchtung scheinbar banaler Ereignisse. Setzt man an Stelle des weiblichen Kollektivs die Jugend, die in der entfalteten Warengesellschaft zum eigentlichen Agenten der Mode geworden ist, dann entdeckt man in der Neuen Welle die Antizipation der Bonner Wende. Was als Punk mit der Aufkündigung der Utopie begann, hat in Gestalt der Neuen Welle harmlos, aber frech sich etabliert: *ein inwendig hohler, aber durch die schöne bunte Warenwelt gedeckter Schein-Optimismus.*

Als der Punk im Spätsommer '77 inmitten von Krisen- und Untergangsgerüchten auftauchte und durch seine grotesk-bizarre Maskerade aller Welt demonstrierte, daß die Katastrophe bereits geschehen sei und es nichts mehr zu retten gebe, war die Öffentlichkeit ratlos. Denn mit ihrer Parole »No future, we are the future« erteilten die Punks nicht nur dem bürgerlichen Versprechen auf uneingeschränkte Glücksoptimierung eine Absage, sondern ebenso den Reformbestrebungen der 68er Generation. Deren Epigonen jedenfalls scheinen längst vergessen zu haben, was es heißt, offen und direkt zu agieren; sie sind derart beschränkt, daß sie einzig noch zu reagieren in der Lage sind. Nach dem Motto: Retten, was noch zu retten ist, protestieren sie brav für den deutschen Wald, den internationalen Frieden und die kanadischen Robbenbabies, »zart, aber subversiv«, unter der Schirmherrschaft von AP-Oppositionellen, deren langer Marsch durch die Institutionen wenigstens einen Erfolg zeitigte: sie haben im einst bekämpften System ihr Unterkommen gefunden. Saturiert und selbstgefällig, wie es ihrer Stellung als Sozialingenieuren des Wohlfahrtsstaates entspricht, schimpften diese dann auch den Punk faschistoid und verräterisch, während die Mode bereits eine viel raffiniertere Antwort auf die Herausforderungen des Punk parat hatte: die Neue Welle.

Unter diesem Warenzeichen begann man einen *fashionable style* für den allerorten aufsprießenden Nihilismus zu kreieren. Plötzlich fetzten vordem unerhörte Songs los wie »Tanz den Adolf Hitler« oder »Das ist neu, das ist geil, hurra, hurra, die Schule brennt«; über Nacht wurde alles bunt und bunter; grellfarbige, wie in Bonbonpapier gewickelte Kids flanierten kühl, aber mit dem großen Scheck durch die Straßen – kurzes Haar wunderbar, Adidas-Renner an den Füßen, Buttons am Revers und Make-up im Gesicht. Statt den Radikal-Nihilismus zur Methode auszubilden, zog man es vor, ihn elegant zur Schau zu tragen, statt der vom Punk verkörperten Sinnannihilation sich hinzugeben, entdeckte man inmitten des Sinnlosen einen neuen Sinn. Als dann der liebe Markus aus Frankfurt »Gib Gas, ich will Spaß« sang, war der Schock des Punk bereits entschärft und dessen offen anarchistische Gebärde zum Freizeitvergnügen diskriminiert: »Ich schubs die Enten aus dem Verkehr, ich jag die Opels vor mir her. Deutschland, Deutschland spürst du mich? Heut' nacht komm ich über dich«.

Was als Amoklauf in den Einkaufszonen des Konsumismus begann, ist zum harmlosen Schülerstreich auf bundesdeutschen Autobahnen verkommen, was als offene Drohung gemeint war, ist nurmehr eine aufmüpfige Pose. In frechfröhlichen Kleidern läßt sich zynisch zwar, aber ungebrochen optimistisch weiterleben.

Bevor also noch die Wiedergeburt des Optimismus aus dem Geiste des Pessimismus zum offiziellen Regierungsprogramm in Bonn erklärt wurde, findet sie sich in den Annalen der Mode verzeichnet. Und eben weil die Bereitschaft, den alten Traum vom Glück weiterzuträumen, durch die Mode bereits präformiert war, erwies sich die Wahllosung »Den Aufschwung wählen!« als so erfolgreich. Denn allen Schreckensmeldungen zum Trotz lag in ihr das Versprechen, daß das Glück weiterhin machbar ist, und wenn auch nicht für alle, so doch für den einzelnen: als Erlösung im Privaten.

Und dieser Flucht in das Glück der Privatheit hat sich – ohne es zu ahnen – auch die Linke noch verschrieben, wenn sie glaubt, ihr schlechtes Gewissen durch Friedensspektakel beschwichtigen zu können und sich dabei widerstandslos von den Straßen wegtragen läßt. Hab' Frieden im Herzen und Sloterdijk im Kopf, das mag zwar recht lieb und nett sein und obendrein der öffentlichen Diskussion einigen Gesprächsstoff liefern, politisch aber hat man sich damit auf eine Position selbstbefriedeter Ohnmacht und schwatzhafter Resignation zurückgezogen. Exemplarisch ablesbar ist der zum Himmel schreiende Fatalismus von links am Szenenbestseller '83: einer auf 954 Seiten angelegten *Kritik der zynischen Vernunft*. So lang kann die Wahrheit nicht sein, sagte schon Benn. Und ich sage, wer so lange braucht, die gegenwärtige Misere zu durchleuchten, der kann kein guter Zyniker, geschweige denn ein echter Kyniker sein – denn deren Würze besteht bekanntlich in der Kürze.

Mag das Werk unter Feuilletonisten immerhin für ein philosophisches Meisterwerk durchgehen, für einen Philosophen ist es nicht mehr als ein feuilletonistisches Machwerk, eine umständlich ausladende, manchmal flott, meist aber langatmig dahintrabende Abhandlung über die Erscheinungsformen des Zynismus in Gegenwart und Vergangenheit, eine Abhandlung, die getreu der eigenen Devise sich ungehindert gehenläßt und darüber vergißt, das einzulösen, was sie im Titel versprochen hat. Denn, wie gesagt, hier ist die zynische Vernunft zwar das Objekt der Kritik, deren Subjekt aber ist eine mit kynischer Gebärde um ihr Überleben ringende Weltverbesserungsvernunft alten Schlages. Wer sich durch die logischen Patzer, Ungereimtheiten und Sprachverdunklungen nicht abhalten läßt und das Buch liest, der entdeckt bald, daß das wahre Wesen dieses Möchtegerndiogenes das eines von allem und jedem betroffenen Weltverbesserers ist, der, von seinen sozialutopischen Neigungen enttäuscht, sich nur noch danach sehnt, ganz entspannt im Hier und Jetzt zu leben. Weil er, klug wie er ist, »sich als Überlebenden versteht, als jemand, an dem der Tod eben noch vorübergegangen ist und der den Zeitraum bis zur erneuten definitiven Begegnung mit dem Tod als *Aufschub* begreift«, weiß er auch, daß alle Weltverbesserungspläne sinnlos sind und das Heil einzig durch die Kultivierung der eigensten Eigentlichkeit zu erreichen ist, durch ein Leben »in Liebe und sexuellem Rausch, in Ironie und Gelächter, Kreativität und Verantwortung, Meditation und Ekstase«. Man sollte sich innerhalb der linken Szene nichts vormachen: mit dieser Art therapeutischen Defätismus betreibt man keine Kritik mehr, damit kompensiert man allerhöchstens seine verlorenen Illusionen.

Und wer angesichts dieser Verhältnisse immer noch glauben sollte, es sei etwas Wahres an dem Kohlschen Wort: »Die Deutschen lernten wieder – um mit Ernst Bloch zu sprechen – die Würde des aufrechten Ganges«, der sollte auch den im Zitat unterschlagenen Zusatz Blochs nicht vergessen, daß nämlich der aufrechte Gang zu nichts berechtige, da auch der Vogel Strauß aufrecht geht und doch im entscheidenden Augenblick den Kopf in den Sand steckt.

Wolfgang Lange

Der Schnurrbart und das Grinsen

Physiognomische Notiz zur Friedensdiskussion

Die Rückkehr aus dem Exil bedeutete für viele Emigranten ein Leben unter Vorbehalt. Noch war die Wahrnehmung auf die Identifizierung von Freund und Feind fixiert (*SIFF, Selective Identification of Friend and Foe,* das Kodewort der Navy, diente nicht zufällig einem der ehemals »verbrannten Dichter«, dem Exilautor Ulrich Becher – meinem Vater – als Titel für eine Essaysammlung), eine Wahrnehmung, die schon lange vor der Nazizeit an den Zeichnungen von George Grosz geschult wurde, den Unmenschen an verschiedenen signifikanten Einzelheiten zu erkennen: an den Wülsten des ausrasierten Nackens, wie sie bei Streicher ihre vollendete Ausprägung fanden, an den Schmissen à la Röhm etc.

Gewissermaßen die Überdeterminierung im Optischen war dann die Physiognomie des »Führers«, das Mienenspiel des Herrenmenschen, die marionettenhaften Bewegungen, das emblematische Schnurrbärtchen, das unter Mithilfe von Chaplin kulturgeschichtlich konnotiert ist mit dem Verwerflichen, Perversen, Niedrigen, aber auch mit dem Lächerlichen, Größenwahnsinnigen. Ich erinnere mich, daß in den Nachkriegsjahren – besonders in Österreich – noch zahlreiche Männer mit diesem charakteristischen Oberlippenbürstchen geschmückt waren, meist handelte es sich um sogenannte einfache Menschen, Gepäckträger oder Hausierer, deren Ähnlichkeit mit H. sich dann in Reziprozität zur Auffassung von der gewissermaßen unschuldigen Seite des Führers fand, der ja auch ein einfacher Mensch gewesen sei, bis unter den Eindrücken des ersten Weltkrieges etwas in seinem Wesen entgleiste. Die wahren Schuldigen waren die anderen – diejenigen, die der Zeichner Grosz *gezeichnet* hatte, karikierend und damit überdeutlich abgebildet und damit zugleich für eine ganze, schon historische Dekade gezeichnet im übertragenen Sinne mit der Signatur des Unmenschen.

Soviel zum autobiographischen Vorfeld einer geschichtlich geprägten Wahrnehmungsweise, einer erworbenen Idiosynkrasie gegenüber bestimmten physiognomischen Charakteristika, eine Idiosynkrasie, die sich im Verlauf meiner Kindheit durch Übernahme kultureller Kodesysteme auf mich übertragen hatte. Noch heute habe ich beispielsweise ein Faible für Schnurrbärte à la Stalin, der mit seiner ungeschlachten, gravitätischen Ländlichkeit – die ihn fundamental von der Pseudo-Urbanität Hitlers unterschied – den Emigranten der damaligen Zeit Vertrauen einflößte, freilich nicht im gleichen Maß wie der völlig bartlose Präsident Roosevelt, aus dessen Gesicht man wohl nicht ganz unberechtigt Großzügigkeit, Offenheit und Intelligenz zu lesen glaubte und der unbestritten die Spitze der physiognomischen Sympathiekurve einnahm. Zwei Präsidenten später ging bei den ehemaligen Emigranten und deren Nachkommen, die inzwischen bloß mehr via Fernsehkanäle und Wahlstudios mit den Vereinigten Staaten verbunden waren, angesichts Kennedys die Sympathiekurve noch einmal in die Höhe, während sie heute absolute Tiefstwerte anzeigt: Engstirnigkeit und geistige Beschränktheit sind milde Umschreibungen des Eindrucks, den die Physiognomie des jetzigen Präsidenten hinterläßt. Freilich ist – intersubjektiv – auch vorstellbar, daß für jemanden, der in einem anderen Kulturkreis, mit einem anderen kulturellen Kodesystem aufgewachsen ist, dasselbe Gesicht Zähigkeit, Humor und moralische Kraft konnotiert.

Festzuhalten ist: eine bestimmte physiognomische Wahrnehmung, wie sie sich in der Vor-Hitler-Zeit an Grosz-Zeichnungen ausbilden und orientieren konnte, erleichterte den Entschluß zur Emigration und war damit für viele lebensrettend. Spätestens zu dem Zeitpunkt, in dem das Gesicht Görings vor dem Hintergrund des Präsidentensessels des deutschen Reichstags auftauchte, war – stelle ich mir vor – das Signal zum Aufbruch gegeben.

Daß derselbe Mechanismus heutzutage völlig wirkungslos ist, macht die Geschichtsgebundenheit gewisser Wahrnehmungsweisen und Kodesysteme deutlich: vom Groszschen Bestiarium, dessen Typisierungen sich einem hochentwickelten Sensorium für die physiognomischen Ausprägungen bzw. biologischen und zivilisatorischen Pigmentierungen geistig-politischer Bewußtseinsformen und Ideologien verdankte, bis zum Loriotschen Männchen, etwa dem Bundestagsabgeordneten Müller-Lüdenscheidt mit seiner zeittypisch entdifferenzierten Physiognomie jenseits von Gut und Böse, führt ein kurzer Weg, der nicht die Entpolitisierung des Künstlers beschreibt, sondern die zunehmende Kontingenz des Wahrgenommenen – die Enttypisierung.

Daß es heutzutage kein physiognomisch interpretierbares oder konstruierbares Feindbild mehr gibt, kann nicht unbedingt als Fortschritt gewertet werden, denn die intuitive Wahrnehmung von Bedrohung, die sich damals auf eine Minderheit begrenzte, ist heute zur Massenerscheinung geworden. Nicht nur der Intellektuelle fühlt sich bedroht, der seine diffusen Ängste mit Carl Friedrich von Weizsäcker rational begründen kann, das Gefühl des Bedrohtseins ist nicht mehr das Signet eines bestimmten aufgeklärten Bewußtseins, keine besonderen Bildungswege führen mehr dahin – es genügt, wie es Willy Brandt unlängst im Bundestag anmerkte, die Alphabetisierung (sinngemäß zitiert: Es sind ja keine Analphabeten, die uns ihre Besorgnisse schreiben).

Um so spürbarer ist der Mangel physiognomisch definierbarer Feindbilder, ein Mangel, der sich wissenschaftlich mit einem Exkurs in die Paläoanthropologie begründen ließe. So beschreibt der Anthropologe Rudolf Bilz den Menschen als »stammesgeschichtlich-vorpersonal zu definierendes Lebewesen«, dessen ursprüngliches und natürliches Subjekt-Umwelt-Gleichgewicht von äußerer tatsächlicher Bedrohung und innerer subjekthafter Ängstlichkeit zerstört wurde und wird. Auf einer vorgeschichtlichen, schamanistischen Stufe wurde das dem Menschen eingeprägte »Radikal der Angst« von einer bedrohlichen Götter- und Geisterwelt personifiziert und zugleich im Gleichgewicht erhalten. Die mit der Aufklärung einsetzende Vertreibung der Dämonen führte Bilz zufolge zu einem Angst-Erregungsdefizit, das sich im sozialen Feld im Aufbau eines zwischenmenschlichen Konflikt- und Bedrohungspotentials, im pathologischen Bereich in Halluzinationen und Neurosen äußerte.

In Begriffen wie *Doppelbeschluß* und *double bind* findet die zeittypische Ambivalenz von Gefährdung und Sicherheit, Schutz und Bedrohung ihren Ausdruck, je nachdem ob man die Sache vom formal-politischen oder psychiatrischen Standpunkt aus betrachtet. Anthropologisch gesehen ist damit das Angst-Erregungsgleichgewicht endgültig zerstört, die schamanistische Grundlage endgültig entzogen, es herrscht Indifferenz auf allen Ebenen: Loriot-Männchen, wohin ich schaue. Ja selbst zurückblickend in die Geschichte, scheint es mir nun, daß das Feindbild des Unmenschen, mit dem noch in der Nazizeit und davor operiert wurde, eine Projektion war. Immerhin hat Stalin vielleicht nicht weniger Menschen auf dem Gewissen als Hitler, nach neuesten Erkenntnissen eher mehr. Weshalb also das Faible für den Stalin-Schnurrbart? Wenn schon, dann müßte auch hier Ausgewogenheit in der Schnurrbart-Idiosynkrasie herrschen, es ist höchste Zeit, sich aus dem kulturellen Kodesystem der Emigrationszeit zu befreien. Es mag lebensrettend gewesen sein, ist es nun nicht mehr, trübt vielmehr den geschichtlichen Blick.

Gesicht-Lesen: diese Kunst wird heutzutage nicht mehr recht ernst genommen – die Korrespondenzen zwischen Gesichtszügen und Charakter, wie sie Carus und Lavater, Klages und Kassner aufzudecken suchten, sind im Zeitalter der Semiotik, wo man von ikonischen Kodes etc. spricht, allmählich gegenstandslos geworden. Gerade vor dem Fernseher, der uns ständig mit fremden Physiognomien konfrontiert, wären wir jedoch auf die Theorien und Klassifikationen systematischer Menschenkenntnis besonders angewiesen. Mit dem Wissen der Phrenologie, der Physiognomik ausgestattet, säßen wir der abendlichen Flut von Gesichtern nicht mehr so orientierungslos gegenüber.

Ich erinnere mich, daß ich kurz nach einer Talk-Show im Fernsehen im Oktober 82, in der eine Frau Motschmann mit ihrer körperfeindlichen Einstellung Furore machte – von der *Bild*-Zeitung wurde sie damals zur abendländischen Heroine stilisiert –, in einem Handbuch der Physiognomik blätternd, auf die Skizze einer »Zimperlichen« stieß, die dieser Frau aufs verblüffendste glich. Ich erinnere mich auch, damals mein Verhältnis zur Physiognomik in gewissen Teilen überdacht zu haben. Vielleicht gibt es eben doch Korrespondenzen zwischen den Gesichtszügen, der Mimik und den Verhaltensweisen, den Charaktereigenschaften. Es lassen sich solche Korrespondenzen zwar nicht anhand statistischen Materials verifizieren, immerhin entsprechen sie aber einem intuitiven Wissen, das seine Wurzel weniger in der stammesgeschichtlich-vorpersonalen Existenzform als vielmehr in der kulturgeschichtlichen Entwicklung haben mag, in deren Verlauf sich Gesellschaftliches und Unbewußtes dem Körper eingeschrieben haben. Also kann man aus den Gesichtszügen doch *lesen* – in dem Sinn, in dem der Psychoanalytiker Erich Fromm von gewissen Ausprägungen der Triebstruktur in den Gesichtszügen spricht, etwa einer spezifischen Form der Oberlippe, wie sie Fromm an Hitler beobachtet haben wollte und die auf nekrophile Veranlagungen hindeute.

Also geht es nicht um Schnurrbärte, sondern um Oberlippen. Stalins Oberlippe sympathischer als die von Hitler – der eine mehr Räuber, der andere mehr Triebtäter. Auch Frau Motschmann hatte ich ja auf den ersten Blick, bevor sie den Mund öffnete, um ihre körper- und sexualfeindliche Haltung zu artikulieren, erkannt. Weshalb nicht im weltgeschichtlichen Maßstab ein ähnliches *Erkennen*? Furchterregend ist allerdings nicht mehr das Maßlose, sondern das Mäßige, die mäßige Intelligenz. Der Normalmensch am Drücker. Damit hat sich die physiognomische Wahrnehmung verkehrt: nicht mehr nach den Spuren des Abartigen wird gesucht, der Nekrophilie, des Sadismus der Mächtigen, der Blick ist vielmehr auf die Züge des Durchschnittlichen fixiert. Vor dem Hintergrund des dem Menschen zugewachsenen Vernichtungspotentials liegt die Dämonie im Menschenbild selbst, in der Kontingenz des Wahrgenommenen.

Abscheu und Abwehr weckt bei mir allenfalls ein gewisses Gebaren, ein bestimmtes telegenes, wählerwerbendes Verhalten. Darüber ist in den letzten Jahren schon viel geschrieben worden: das Grinsen von Carter und Reagan und Kohl, das angesichts weltweiter Krisen und Gefahrenmomente besondes deplaziert und zynisch wirkt, eben als Ausdruck der »zynischen Vernunft«, die im letzten Sommer alle deutschsprachigen Feuilletonisten und Kulturmoderatoren beschäftigte. Tatsächlich handelt es sich heute nicht mehr darum, die Massen zu mobilisieren, sondern es geht um die Sedierung und leichte Euphorisierung des einzelnen vor dem Fernsehgerät. Daher das Grinsen. Nur, die chemischen Reaktionen wollen sich bei mir nicht einstellen, deshalb ist das Grinsen gegenüber Leuten wie mir kontraproduktiv.

Aber das zählt, demoskopisch gesehen, wenig.

Im *Waldgang* von Ernst Jünger lese ich: »Die Gegner werden einander so ähnlich, daß man sie als Verkleidung ein und derselben Macht errät.« Das ist die Philosophie des »Anarchentums«, die derjenigen der Friedensbewegung vermutlich nicht zu fern ist, für die der Gegner, spiegelbildlich im Raum angeordnet, in Washington und Moskau, in Pankow und Bonn, Budapest und Paris, Warschau und London sitzt. Alle schrauben sie an der Rüstungsspirale, alle bereiten sie das Inferno vor. Was sie unterscheidet, die östlichen und westlichen Machthaber, ist eigentlich nur die Fasson, sich der Massenmedien zu bedienen. Bei den östlichen Machthabern fällt auf, daß sie sich steif und ungelenk vor der Kamera bewegen und daß sie ihre Reden ausnahmslos vom Papier ablesen – sie sind alle auch schon sehr alt, während die Führer der westlichen Welt, auch wenn sie alt sind – ja besonders, wenn sie alt sind –, gelöst und locker wirken, sich mit federnden Schritten vorwärts bewegen. An einem solchen, vielleicht etwas deplazierten Gebaren – angesichts der Krisen und Gefahrenmomente – läßt sich kein persönliches Bedrohungs- und Angstpotential aufbauen. Manchmal habe ich dann auch das Gefühl, es mit einem Phantom zu tun zu haben.

Es gibt keinen Gegner. Der Gegner bin ich selbst. Hinter dem Groszschen Spießer wie hinter dem Loriot-Männchen lauern die anthropofugalen Kräfte, die Ulrich Horstmann in seinem Buch *Das Untier* beschreibt. Ich trete also vor den Spiegel, um mich zu betrachten.

Martin Roda Becher

Glucksmanns Macht des Schwindels

Ein Rezensent, der das Buch, über das er schreibt, nicht gelesen hat, gilt unter seinesgleichen als Hallodri. Oder muß man sagen: galt? Im Medienzeitalter sind viele Regeln des intellektuellen Zusammenlebens auf den Kopf gestellt; alte Tugenden werden zum Handicap. Wer, als Rezensent, im Medienzeitalter nach alter Manier ein neues Buch von Anfang bis Ende liest und sich in seiner Kritik an nichts anderes als den gelesenen Text hält, kann eben deshalb den Sinn des Buchs vollkommen verfehlen; er fällt nicht nur selbst auf den Schein herein, sondern führt auch seine Leser in die Irre. Der Hallodri ist jetzt, wer liest und über das Gelesene reflektiert, statt das Fernsehen einzuschalten.

Das neueste Buch von André Glucksmann *La force du vertige* (Die Macht des Schwindels/Abgrunds)[1] ist nicht nur ein *im* Medienzeitalter geschriebenes, sondern *von* den Medien geschriebenes Buch: In seiner Art ein absolut avanciertes Produkt, ein großes Werk der neuen Avantgarde. So verlangt es auch den avantgardistischen Rezipienten, nicht den altmodischen Leser, einen, der bei Walter Benjamin theoretisch und durch die moderne Fragment- und Collageliteratur praktisch gelernt hat, als »zerstreuter Examinator« zu reagieren, das heißt schnell aufeinanderfolgende und weit auseinanderliegende Informationen zu verarbeiten. Konzentriert er sich auf das Buch, ist er schon verloren, so wie ein Besucher des Panoramakinos verloren wäre, wenn er nur eine einzige Leinwand im Auge behielte. Die deutschsprachigen Rezensenten von Glucksmanns *La force*

---

[1] André Glucksmann, *La force du vertige*. Paris: Grasset 1983.

du vertige, die nur das Buch vor Augen hatten, benutzten einen höchst unvollständigen Text; der ganze Wortlaut der Glucksmannschen Botschaft war nur jemandem zugänglich, der in den vergangenen Monaten Dutzende von Sendungen der französischen Fernsehprogramme TF 1 und Antenne 2, der Radiostationen France-Inter, Europe 1, RTL, France-Culture verfolgt, der regelmäßig *Le Monde, Le Matin, Libération, Le Nouvel Observateur, L'Express, Le Point* etc. etc. gelesen, der mehrere öffentliche Veranstaltungen mit André Glucksmann sowohl in der Pariser FNAC als auch im Berliner Reichstag besucht hat.

»In wenigen Wochen«, schrieb vom Zentrum des Geschehens aus Jean Chesneaux in *La Quinzaine littéraire*, »war das Buch dank einer tadellosen, den Militärs würdigen Programmierung, ›operationell‹ … Eine Rakete mit Mehrfachsprengkopf, in der Atomsprache …«

Mir ist beim Lesen von *La force du vertige* zuerst einmal ziemlich schleierhaft geblieben, worauf der Verfasser dieser 329 Seiten hinaus will. »Ich protestiere. Es regnet unfreundliche Äußerungen. Man schiebt mir eure künftigen Kriege in die Schuhe. Die Vergangenheit, die mich nicht kannte, verurteilt mich. Bin ich nicht die Frucht aller durch die Jahrhunderte hindurch akkumulierten Gewalt? …«, so beginnt Glucksmanns Buch, und es dauert eine Weile, bis man versteht, daß es sich dabei um die Ansprache einer Rakete handelt und nicht um einen Monolog des Verfassers. Nicht so laut und volltönend, wollte ich der Prophetenstimme aus dem Buch zuflüstern, Zimmerlautstärke reicht, wir sind hier doch nur zu zweit; aber das hilft natürlich nicht, weil Glucksmann gar nicht vorhat, einen solitären Partner in einen Dialog zu verwickeln: der Ton, den er anschlägt, rauscht über die Köpfe einzelner hinweg und richtet sich an ein Massenpublikum; die Mattscheibe flimmert bereits durch die Buchseiten.

Für eine solche große Ansprache werden allerdings Themen behandelt, denen der Kammerton des philosophischen oder politologischen Seminars angemessener wäre, von Platons *Politeia* ist die Rede, von Machiavelli, Hugo Grotius, Kant, Hegel, Nietzsche, Clausewitz, usw.: nehme ich die Leseanweisung zur Hand, die Glucksmann in den Medien hinterhergeschickt hat, darf man die vielen Seiten mit den Platon- und Grotius-Paraphrasen ruhig vergessen: Sie sind nicht Teil der zentralen Botschaft, sondern stellen den Raum für das Rauschen zur Verfügung, das, informationstheoretisch ganz richtig verwendet, alle Aufmerksamkeit auf die Hauptelemente der Glucksmannschen Botschaft lenkt.

Demokratie – Andropow. Pazifismus – Gulag. Auschwitz – SS 20. Rot – tot.

»Ni rouges, ni morts« steht auf der (roten) Bauchbinde, die der Verlag Grasset seit neuestem um *La force du vertige* legen läßt. Das ist im übrigen gar nicht der Wahlspruch André Glucksmanns, sondern der Slogan, mit dem Yves Montand vor kurzem an die große Öffentlichkeit trat. Glucksmann sagt nicht »weder rot noch tot«, sondern trifft eine eindeutige Wahl: »Sie müssen verstehen, daß ich lieber das Risiko eingehe, mit einem Kind, das ich liebe, in einem Austausch von Pershing und SS 20 zu sterben, als das Kind in irgendein planetarisches Sibirien verschleppt zu sehen.«

Das verstehe ich schon, dieses Bekenntnis. Es klingt so heroisch wie hilflos, denn auch André Glucksmann wird vor dem Abschuß der Raketen nicht gefragt werden, wie er es denn lieber hätte. Mich stört nur eines daran: das Kind. Nicht weil Glucksmann zu sehr auf die Tränendrüsen drückt; das machen andere auch. Sondern weil er die Möglichkeit ausschließt, daß dieses Kind anderer Meinung ist als er. Aber, wie überall in der Welt, werden auch bei Glucksmann die Kinder nicht gefragt; sie müssen, da kennt auch die heroische Großzügigkeit kein demokratisches Pardon, mit hinunter in den Orkus.

Hätte Glucksmann sein Bekenntnis, daß er lieber demokratisch sterben als totalitär leben möchte, als ein persönliches Bekenntnis stehen lassen, ohne gleich noch andere darauf zu verpflichten, gäbe es nichts weiter dazu anzumerken; jeder könnte sich dazu verhalten, wie er mag. Glucksmann macht aber flugs einen kategorischen Imperativ daraus, was dann jeden, der sich seinem Bekenntnis nicht anschließt, politisch und moralisch disqualifiziert. Weil der »Gulag« das absolut Böse ist, sind Raketen nicht gleich Raketen. »Die Raketen sind eine Tatsache, und die Abschreckung erkennt sie als solche an und kehrt sie gegen den einseitigen und damit ultra-terroristischen Einsatz der SS 20«. Probeweise den Satz umdrehen und die Aufstellung der SS 20 und anderer sowjetischer Nuklearwaffen als Abschreckung gegen den einseitigen Einsatz amerikanischer Raketen betrachten, wie Konfliktforscher es tun, ist für Glucksmanns Bekenntnislogik bereits die Kapitulation vor dem Bösen.

Selbst der amerikanische Präsident ist von dieser moralischen Sklerose angesteckt. »Zu selten wird beachtet, daß Ronald Reagan, Gegner Nr. 1 der Pazifisten, in der Hauptsache der geistigen Schlacht schon nachgegeben hat. Bekennt er nicht implizit, daß die Androhung massiver Vergeltung moralisch nicht zu rechtfertigen ist?« Ein pazifistisch infiltrierter amerikanischer Präsident auf der einen, und die ultra-terroristischen SS 20 auf der anderen Seite – da kann man wirklich nur noch beten.

Daß ein Intellektueller ein über dreihundert Seiten starkes Buch schreibt, ohne auch nur mit einem Satz auf das *Diskutable* des Gegenstands einzugehen, den er sich vornimmt, daß er etwa die unter westlichen Konfliktforschern geführte Debatte über den Unterschied zwischen »Gleichgewicht« und »Stabilität« nicht nur ignoriert, sondern jede Diskussion des Abschreckungsdogmas von vornherein für unzulässig erklärt, ist schon ein eigenartiges Phänomen. Für den promovierten Philosophen Glucksmann ist die Zeit der Diskussion vorbei, nur noch das mannhafte Bekenntnis zählt im Angesicht der Großen Gefahr. Die Gefahr geht nicht vom Nichtdialog zwischen den Supermächten aus und den psychologischen Effekten einer Waffentechnologie, die durch ihre Miniaturisierung und Komplexität eine wachsende Zone der Nichterkennbarkeit und des Unkalkulierbaren schafft, sondern von dem Einspruch, der sich an diesem Zustand entzündet, der Friedensbewegung.

Nun ist auch die Friedensbewegung, nur weil sie das große Wort »Frieden« auf ihre Fahnen schreibt, nicht tabu; ihre Motive, ihr Auftreten, ihre eigenartig nekrophilen Riten – »Fasten für den Frieden« – und ihre Untergangsrhetorik wären schon zu kritisieren. Glucksmann jedoch spricht ihr, kurzerhand und diktatorisch, die politische und moralische *Legitimität* ab. Nicht genug damit, er treibt mit ihr auch sprachlich Schindluder, indem er sie als »pacifisme« vorführt: Und das ist eine fälschende Manipulation.

Zum einen bestehen die europäischen und amerikanischen Friedensbewegungen nicht aus lauter Pazifisten; und wenn in diesen Bewegungen die politische Konzeption des »Nuklearpazifismus« entwickelt worden ist, so deckt sich diese Idee keineswegs mit dem historischen Pazifismus. Aber das Entscheidende ist, daß das französische Wort »pacifiste« seit dem Münchner Abkommen von 1938 und der Niederlage Frankreichs die Bedeutung von Kapitulant und Feigling mit sich führt, was im außerfranzösischen Sprachgebrauch nicht der Fall ist. Dem Pazifismus wird anderswo auch von seinen Gegnern die Würde einer legitimen politischen Konzeption nicht bestritten. Glucksmann, der unter anderem hervorragend Deutsch versteht und sich auch sonst in der Welt auskennt, weiß das.

»Vous, pacifistes allemands, vous faites le jeu d'Andropov« – dieser Satz, den ich schon Dutzende Male in französischen Kneipen gehört habe, ist der Basso continuo in André Glucksmanns Platzkonzert. »Der radikale Pazifist, der in seinem eigenen Lager den Antimilitaristen spielt, ermutigt blindlings den Raketenmann gegenüber.« Aus Friedensbewegung wird »pacifisme«, und der »pacifisme« wird eine deutsche Spezialität, wie Sauerkraut und Starkbier. »Peace movement«?, connais pas, sagt der Leitartikler, der keine Fremdsprachen versteht und nie aus Paris herauskommt. Glucksmann dagegen kommt herum in der Welt, erst kürzlich konnte man ihn in Berlin auf Einladung der CDU über »die deutsche Seele« nachdenken sehen; nicht die CDU-Einladung entehrt ihn, wohl aber die Tatsache, daß er sich so dumm stellt, wie ein Stammtischstratege quasselt. Warum verbreitet Glucksmann den Unsinn, daß es sich bei der Friedensbewegung um eine deutsche Eigenart und deshalb schon um etwas Anrüchiges handelt? Weil er sonst schlecht seinen Clou an den Mann bringen könnte: daß sich in den »pacifistes allemands« nichts anderes als die neuen Antisemiten verstecken.

»Der deutsche Pazifist macht, weil er Auschwitz stillschweigend zu den gewöhnlichen Kriegsexzessen rechnet, den Weg frei für einen neuen Antisemitismus.« Es hat ja in der Bundesrepublik eine heftige Diskussion über den inflationären Gebrauch des Wortes »Holocaust« gegeben, der, auf das Bombardement Beiruts durch die Israelis im Sommer 1982 angewandt, die Banalisierung des Massenmords an den europäischen Juden im Gefolge hat. Aber der Autor von *La force du vertige* will nicht diskutieren, sondern diffamieren; die Kader des deutschen »mouvement pacifiste« waren »lange Zeit überzeugte Antinazis«, schreibt er, und wenn man ihn fragt, was sie denn jetzt sind, deutet er an, daß aus ihnen Parteigänger des französischen Antisemiten und Auschwitzleugners Robert Faurisson geworden sind.

Nun habe ich mich vor drei Jahren mit der durch den Universitätsdozenten Faurisson ausgelösten Affäre beschäftigt und mit Faurisson selbst gesprochen. Es ist keine Retourkutsche, wenn ich behaupte, daß Glucksmann selbst der Faurissonschen Theorie nähersteht, als er glaubt; es gibt zwischen beiden eine merkwürdige Konvergenz. Wenn Glucksmann nämlich die wehrlos in die Gaskammern geführten Juden als Argument dafür heranzieht, warum man spätestens seit Auschwitz gegen den Pazifismus sein muß, legt er stillschweigend die Vorstellung nahe, daß die Juden, pazifistisch unbewaffnet, in einer *militärischen* Konfrontation unterlagen. Die militärische Logik ist nun genau die Grundlage der Argumentation Faurissons: Wenn er auch den Massenmord als historisches Faktum schlichtweg leugnet, so bestreitet er doch nicht, daß die Deutschen die Juden Europas hart angefaßt haben; aber das war nur normal, sagt der Dozent Faurisson, da sich »die Juden nach ihren eigenen Worten mit Deutschland im Kriegszustand befanden«. Bevor Glucksmann alles Mögliche und auch die weit hinter den Kampflinien ermordeten Juden zum Knüppel macht, um besser auf den »pacifisme allemand« einprügeln zu können, sollte er sich einmal genau ansehen, in welche Nachbarschaft er sich dabei begibt.

Solche Einwände, Fragen und Kritiken formulieren, heißt aber noch, *La force du vertige* als Buch ernst nehmen und nicht als bloßen Auslöser für das große Medienereignis betrachten, vor dem all die kleinen Unreinheiten verblassen. Dafür holt das Fernsehen ans Licht, was vorher verborgen war; am 4. Januar 1984 hat Glucksmann in der Sendung »Edition Spéciale« des Programms TF 1 eine Botschaft verkündet, die gerade dadurch, daß sie sich schlecht auf die Diatriben gegen »le pacifisme allemand« reimt, auf sich aufmerksam macht. »Die Sünde von Auschwitz muß in der dritten Generation irgendwie getilgt werden«, sagte dort Glucksmann, und seine Partnerin im Studio, Simone Veil fügte hinzu: »Fast vierzig Jahre nach dem Ende des Zweiten Weltkriegs hat die Bundesrepublik Deutschland das Recht, als ein vollwertiges Land angesehen zu werden, mit uneingeschränkter Souveränität, auch auf dem Gebiet der Verteidigung.«

Warum will mir nicht recht warm ums Herz werden bei dieser Großmut? Ist es nicht das, worauf wir als Deutsche insgeheim immer gehofft haben, das »große Verzeihen«, ausgesprochen von einer Jüdin, die Auschwitz überlebte, und einem Juden, dessen Vater von den Nazis ermordet worden war? Ja, schon – aber an der Großmut, die Simone Veil und André Glucksmann als Juden zeigen, haben beide, als Franzosen, Bedingungen geknüpft. Sie haben sehr wenig mit einer jüdisch-deutschen Versöhnung, dafür sehr viel mit der Verteidigungspolitik der fünften französischen Republik zu tun. Wir verzeihen euch, heißt das in knapper Form, aber dann müßt ihr auch die Raketen schlucken. »Wenn es eine europäische Verteidigung gäbe, in der die Bürger Deutschlands mitwirkten«, sagte die ehemalige Präsidentin des Europäischen Parlaments Simone Veil in dieser Fernsehsendung, »dann, glaube ich, hätte es nicht diese sehr gefährliche Flut des Pazifismus gegeben.«

In vollem Wortlaut ist die Fernsehbotschaft für mich lesbar geworden, als ich Ende Januar auf einem europäischen Kolloquium in Straßburg französische Generäle und Regierungsbeamte sprechen hörte. Wenn die »Force de dissuasion« als Abschreckung glaubwürdig bleiben will, so ging aus diesen Verlautbarungen hervor, muß sie auf einen Stand gebracht werden, zu dessen Entwicklung Frankreich allein technologisch und finanziell nicht in der Lage ist. Wer anders in Europa als die Bundesrepublik könnte da mit Kapital und Know-how beispringen? Bleibt also noch das knifflige Problem zu lösen, wie man die Bundesdeutschen, die man bis eben noch voll Mißtrauen als Erben der Naziokkupanten betrachtete, auf einmal als zahlungswillige Partner gewinnen und den Franzosen als vertrauenswürdige Kameraden an der Abschußrampe empfehlen kann. Als ich das begriff, machte das alles auf einmal einen Sinn. Stehen im Juni nicht Europawahlen an? Simone Veil ist Berufspolitikerin, und Öffentlichkeitsarbeit gehört zu ihrem Job. Was aber ist André Glucksmann?

Man sollte jetzt, finde ich, damit aufhören, André Glucksmann den Bonus eines »Dissidenten« zu gewähren und in ihm den reuigen Ex-Stalinisten und Ex-Maoisten willkommen zu heißen. Das alles liegt schon sehr weit zurück; die Erzählungen unserer kriegsteilnehmenden Väter haben uns auch irgendwann einmal nicht mehr beeindruckt. Glucksmann hat gewiß das große Verdienst gehabt, mit seinem nach der Ausweisung Solschenizyns ausgestoßenen Alarmruf »Der Marxismus macht blind« das traditionelle Prestige zu zerstören, das die Sowjetunion weit über die KP hinaus in Frankreich genoß. Aber er hat es in den vergangenen zehn Jahren verspielt, indem er bis in sein jüngstes Buch hinein einer »Gulag«-Religion das Wort redet, die dafür sorgt, daß Informationen nicht mehr durchkommen, daß die Wahrnehmung der internationalen Realitäten nicht mehr richtig funktioniert. Frankreich, hat der britische Historiker Edward P. Thompson kürzlich in *Le Monde* erklärt, »ist der provinziellste Teil Europas, es ist von den anderen europäischen Strömungen vollständig isoliert«.

»Dem Volke dienen«, hieß einer der Wahlsprüche der »Gauche prolétarienne«, zu der Glucksmann vor vierzehn Jahren gehörte. »Im Volke baden«, könnte seine heutige Maxime heißen; ist es sehr demokratisch, als Intellektueller das *sacrificium intellectus* zu bringen, nur um endlich am großen Konsensus teilzuhaben? »Wenn man in der Politik für die Mehrheit Partei ergreift, ist man noch kein Demokrat, sondern ein Kollaborateur«, schreibt Régis Debray. Mit seiner Operation *La force du vertige* jedenfalls hat Glucksmann nicht nur deshalb Erfolg gehabt, weil seine Botschaft erwartet, sondern auch, weil sie dringend gebraucht worden ist. Als inoffizieller Regierungssprecher ist er gewiß noch mehr wert als der unglückselige Max Gallo, eben deshalb, weil er kein offizieller Regierungssprecher ist. Mit Regierungssprechern möchte ich eigentlich nicht diskutieren, und von Kollaborateuren keine Lektionen in Demokratie entgegennehmen.

Lothar Baier

NOTIZEN

DOLF OEHLER, geb. 1943, bis 1983 Zeitprofessor für Französische und Vergleichende Literaturwissenschaft an der Universität Frankfurt. Lebt in Paris, arbeitet an der Fortsetzung seiner *Pariser Bilder* (Suhrkamp 1979).
HANS-MARTIN GAUGER, geb. 1935, Professor für Romanische Sprachwissenschaft in Freiburg. Zuletzt erschien *Sprachgefühl und Sprachsinn* (mit Wulf Oesterreicher), in *Sprachgefühl?* (Lambert Schneider 1982).
JEAN-FRANÇOIS LYOTARD, geb. 1925, Professor für Philosophie an der Universität Paris-VII. *Das Erhabene und die Avantgarde* wurde im Januar 1983 als Vortrag an der Hochschule der Künste in Berlin gehalten.
HANS ULRICH RECK, geb. 1953, lebt als Publizist, Lehrer und Dozent bei Basel. Arbeitet an einer Studie über Geschichtsphilosophie und Revolutionstheorie.
W. G. SEBALD, geb. 1944, lehrt Neuere deutsche Literatur an der University of East Anglia, Norwich. Zuletzt erschien *Der Mythus der Zerstörung im Werk Döblins* (Klett 1980).
KATHARINA RUTSCHKY, geb. 1941, veröffentlichte zuletzt *Deutsche Kinder-Chronik* (Kiepenheuer & Witsch 1983), arbeitet an einer »Weiblichen Ästhetik«.
Der Beitrag von NICOLAUS SOMBART, geb. 1923, ist seinem Buch *Jugend in Berlin* entnommen, das im Frühjahr bei Hanser erscheinen wird.
PETER GRAF KIELMANSEGG siehe *Merkur* Nr. 422.
JAMES CLIFFORD, geb. 1945, lehrt Anthropologie und Ethnographie an der University of California, Santa Cruz. Letzte Veröffentlichung: *Person and Myth. Maurice Leenhardt in the Melanesian World* (University of California Press 1982).
WALTER VAN ROSSUM, geb. 1954, Lehrbeauftragter an der Universität Köln, freier Autor.
KLAUS MODICK, geb. 1951, freier Autor. Veröffentlichte zwei Monographien über Feuchtwanger. 1984 erscheint die Novelle *Moos* (Haffmans).
HARRY PROSS, geb. 1923, war Professor für Publizistik an der Freien Universität Berlin. 1983 erschien *Friedenslesebuch* (Athenäum).
WOLFGANG LANGE, geb. 1955, studierte Philosophie, Geschichte, Germanistik, arbeitet an der Universität Bielefeld.
MARTIN RODA BECHER siehe *Merkur* Nr. 422.
LOTHAR BAIER, geb. 1942, freier Autor. 1982 erschien *Französische Zustände. Berichte und Essays* (Europäische Verlagsanstalt).

Im nächsten Heft:

Alexander Kluge, Bewußtseinsindustrie und Öffentlichkeit
Wolf Zuelzer, Polarisierung in den Vereinigten Staaten
Boris Chasanow, Der Mythos Rußland
Helmut Kuhn, Revolution und Revolutionismus
Claus Koch, Sartres Kriegstagebücher 1939–40
Karl Heinz Bohrer, Deutsche Köpfe. Eine politische Typologie, 1. Folge
Kolumnen zu den Bereichen Humaniora *(Manfred Schneider)* und Literatur *(Michael Rutschky)*

Im Jahr 1984 erscheinen acht Hefte des MERKUR. Die Zeitschrift kann durch jede Buchhandlung, die Zeitungsstelle des Postamtes oder unmittelbar vom Verlag bezogen werden. Preis des Einzelheftes DM 12,80/öS 111,–, im Abonnement jährlich DM 97,– /öS 843,–, für Studenten und Akademiker im Vorbereitungsdienst im Abonnement jährlich DM 76,– /öS 661,–, jeweils zuzüglich Versandspesen. Das Abonnement verlängert sich automatisch, wenn die Kündigung nicht bis zum 1. 12. erfolgt. Zuschriften, die den Vertrieb und die Anzeigen betreffen, an den Verlag erbeten. Für unverlangte und ohne Rückporto eingesandte Manuskripte kann keine Gewähr übernommen werden.

Verlag: J. G. Cotta'sche Buchhandlung Nachfolger GmbH, Postfach 809, 7000 Stuttgart 1, Tel. 6 67 21. Verantwortlich für den Anzeigenteil: Jürgen Meissner. Anzeigenverwaltung Klett-Cotta Verlag: Gisela Lutz, Rotebühlstraße 77, 7000 Stuttgart 1, Telefon (07 11) 66 72-6 47 oder 6 62. Zur Zeit ist die Anzeigen-Preisliste Nr. 9 vom 1. 1. 1983 gültig. – Gesamtherstellung: Sellier Druck GmbH, Freising.

edition text + kritik

Verlag edition text + kritik GmbH
Levelingstr. 6a · 8000 München 80

Lessing Yearbook/Jahrbuch

Herausgegeben von Edward P. Harris für die Lessing Society

Das Lessing Yearbook/Jahrbuch, das angesehene Periodikum der Lessing Society, ist ein internationales Forum nicht nur der Lessingforschung, sondern überhaupt der literaturwissenschaftlichen Diskussion über die aufklärerische Literatur des 18. Jahrhunderts.

Seit 1981 erscheint das Lessing Yearbook in den Verlagen edition text+kritik und Wayne State University Press; **alle bisher erschienenen Bände I bis XIV und der Sonderband sind durch unseren Verlag lieferbar.**

Lessing Yearbook/ Jahrbuch XV (1983)
etwa 310 S., Leinen DM 55,--

Aus dem Inhalt:

M. Draudt
Ein unbekannter Brief von Christian Fürchtegott Gellert

F. Andrew Brown
Documents to Lessing's Reception in German-Language Journals, 1749–1781

Helmut Fuhrmann
Lessings *Nathan der Weise* und das Wahrheitsproblem

Peter Pfaff
Theaterlogik. Zum Begriff einer poetischen Weisheit in Lessings *Nathan der Weise*

Gloria Flaherty
Emilia Galotti in Fact and Fiction

Arnold Heidsieck
Adam Smith's Influence on Lessing's View of Man and Society

F. Andrew Brown
Reason and Emotion in the Drama: Lessing *contra* Lessing

Ingeborg Hoesterey
Laokoon und Modernität — Eine Rettung

Leonard P. Wessell, Jr.
Lessing as an Aestetic Thinker: An Essay on the Systematic Structure of Lessing's Aestetics. Part I, The Philosophical Background

Dan E. Davidson
Christoph Martin Wieland in Russia.
On the Role of Nikolay Mixajlovič Karamzin (1766–1826)

Book Reviews

Notes of the Lessing Society